中国金融安全与风险通论

主编　王洪章

中国金融出版社

责任编辑：亓　霞
责任校对：潘　洁
责任印制：张也男

图书在版编目(CIP)数据

中国金融安全与风险通论 / 王洪章主编. — 北京：中国金融出版社，2020.8

ISBN 978-7-5220-0656-7

Ⅰ.①中… Ⅱ.①王… Ⅲ.①金融风险 — 风险管理 — 研究 — 中国 Ⅳ.①F832.1

中国版本图书馆CIP数据核字(2020)第101742号

中国金融安全与风险通论
ZHONGGUO JINRONG ANQUAN YU FENGXIAN TONGLUN

出版
发行　中国金融出版社

社址　北京市丰台区益泽路2号
市场开发部　(010)66024766，63805472，63439533(传真)
网上书店　http://www.chinafph.com
　　　　　(010)66024766，63372837(传真)
读者服务部　(010)66070833，62568380
邮编　100071
经销　新华书店
印刷　保利达印务有限公司
尺寸　169毫米×239毫米
印张　21.75
字数　320千
版次　2020年9月第1版
印次　2020年9月第1次印刷
定价　68.00元
ISBN　978-7-5220-0656-7
如出现印装错误本社负责调换　联系电话(010)63263947

序

出自不同的需要，对金融风险有不同的分类。按发生的范围和危害程度，金融风险可分为金融企业的风险、金融系统性风险、国家金融危机和国际金融危机。在计划经济体制下，我国金融风险集中在国有大型银行，这类银行曾经面临“技术性破产”，但由于背靠国家信用，加之中央政府大力救助和改革，避免了实际破产，成为大型上市银行。社会主义市场经济体制建立后，我国形成由银行、证券、保险、外汇市场组成的统一金融大市场，一个金融行业的风险可能向整个金融体系传递，形成金融系统性风险。党的十八大后，我国加快了金融业的开放步伐，金融体系和国际金融体系联结程度不断提高，我们更要关注国际金融风险对我国的传递和冲击。分析1997年东南亚国家的金融危机和2008年美国引发的国际金融危机的成因，客观评估我国防范和化解金融风险的综合能力，我认为在今后较长时期内我国可以避免发生全国性的金融危机。2017年，国务院成立金融稳定发展委员会，更是为防范和化解金融系统性风险提供了制度性保证。但是，我们仍要居安思危，坚持深化金融改革，不断提高防范和化解金融风险的能力，就可以保持我国金融业的长久稳定。

国际货币体系存在的弊端、经济体体制的变更和经济周期的波动，是引发金融系统性风险，甚至引发金融危机的主要外部因素。美元既是美国的本币，又是最重要的国际货币。美国政府根据本国宏观经济调控的需要，大幅度放松和收紧货币发行，是导致全球金融波动的重要原因。因此，要完善国际货币体系。我国经济发展从计划经济体制转向市场经济体制，从高速发展转向高质量发展，都有可能引发全国性金融震荡。党中央和国务院循序渐进地采取一系列措施，避免了全国性金融大震荡，国家宏观经济保持了稳定发展。但是，我国非金融企业资产负债率居高不下，中小金融企业隐性不良资产不断聚集，银行发放的住房贷款比例过大，仍是危害我国金融稳定和国家经济安全的巨大隐患。

我国金融业的开放，已从各类单项开放发展为全面开放，这对金融企业防范和化解国际金融风险能力提出了更高要求。我国是大国，很多金融数量指标名列世界前列，但是，切不可以大自满。按核心资本排名，我国四大银行集团在世界十大银行排名中已经稳居前四名，但是，国际化程度和综合服务能力远低于世界上许多大型银行。2018年底，我国四家大型商业银行的国际业务收入占全部业务收入的比例平均仅为10%，非银行金融业务的资产占全部资产的比例平均为5%，而这两项指标，美国四大银行集团平均分别为25%、31%。我国大型银行集团要加快发展国际业务，提高综合服务能力，努力提高国际竞争力。我国要保持国际收支平衡，维护人民币汇率和股票市场的稳定。人民币国际化，不是为了挑战美元，而是我国经济开放的需要，是国际货币多元化、合理化发展的需要。我们应顺势而为，及时应对有关国家对我国金融崛起的遏制。新冠肺炎疫情在全球爆发，导致全球经济发展缓慢和萎缩，原有产业链遭到割断，加上美国大量投放美元，给国际金融带来新的巨大风险，我国对此风险的防范和化解应早谋对策。

王洪章同志长期在中国人民银行从事金融监管方面的工作，多年担任中国建设银行的党委书记、董事长，对防范和化解金融风险具有较深的理论和实践经验。他邀请金融监管机构和银行业资深专家，对中国金融风险管理的演变、发展趋势和应对措施等为业界所关注的关键性问题进行了深入探讨，其中既包括信用风险、市场风险、流动性风险、合规风险等系统性金融风险的防控机制，也涵盖了国家金融安全观的形成和发展，中国杠杆率现状和风险防范、互联网和影子银行等新金融风险的防范等风险管理领域的新课题。

本书是诸多专家长期以来观察和实践的经验总结，书中有很多国际、国内金融重大风险事件的生动案例，不仅内容丰富，数据翔实，而且可读性强，具有重要的历史价值和现实意义。衷心希望本书可以引发更多更深入的分析与讨论，以促进金融行业的持续健康发展。

戴相龙

2020年6月15日

前言

最近，微信圈流传这样一个故事：股神巴菲特说，“在2020年3月8日之前，我活了89岁只见过一次美股熔断，但在3月8日以后的20多天中，我经历了第二次熔断、第三次熔断、第四次熔断和第五次熔断，这说明我还很年轻”。这个故事告诉我们，即使巴菲特这位见多识广的投资大师，也经常会遇到自己不曾经历过的风险时刻。

风险管理看似是一个老生常谈的话题，其实金融机构每天面临的风险形势和挑战都是新的。如果一家金融机构不能把风险管理好，那么这家机构就会像建立在沙漠上的楼阁，抵挡不了金融风险暴风雨的袭击，而不幸的是，当今世界的暴风雨往往来得异常诡异和凶猛。

在金融发展过程中，我们不断应对各类风险的挑战，历史与现实发生的金融风险，其风险类别、表现形式或均不一样，大家试图找出规律性的东西，但是很难。迄今为止，还没有人能准确预测出任何一次重大金融风险。我们需要在金融风险管理和实践中，提高对金融风险规律性的认识。而提高规律性认识的前提条件，是要把握好金融运行规律，深入了解宏观调控与金融风险防范的内在关系，实现调控目标与风险控制目标的个性与共性的统一，在宏观上实现全面主动金融风险管理。

其实，业务与风险是一家金融机构的一体两面，二者相伴而生，结伴而行！风险不是一个“坏孩子”，不要一说风险就大惊小怪，凡是做业务都会有风险，关键是如何管理风险。风险管理得好，就可以创造价值；管理得不好，就会毁灭价值。

金融机构要发展业务、开拓市场，必然要承担风险，关键是要平衡好业务发展和风险覆盖的关系，经营管理者要以风险管控能力为边界，业务拓展能力取决于风险管控能力。只有风险管控能力持续提升了，业务拓展才能有序、有效；只有业务稳健发展了，风险管理才有基础。业务发展和风险管控正相关、正反馈，相辅相成、相互促进。

市场上关于风险管理研究的书籍很多，我们为什么还要写这本书呢？因为本书不是对现有风险管理书籍已有内容的简单重复，不是对风险管理概念咬文嚼字式的诠释，而是作者从独特的视角和亲身经历中对风险管理实质理解而产生的真实感悟。本书的作者要么是宏观风险管理政策的制定者，要么是在大型金融机构直接从事实际经营风险的领导和专家，此外，本书还吸纳了北京大学习近平新时代中国特色社会主义思想研究院金融安全与风险管理研究中心的相关研究成果，包括国家金融安全的边界及构建，系统性金融风险的监测和预警，以及金融开放背景下的外汇管制等金融安全与风险问题。因此，本书的可读性很强，可借鉴性很强，可操作性很强，代入感很强，是一本难得的风险管理教程。

本书共分九章，作者运用时间和空间两个坐标，对我国改革开放四十年来中国的金融风险管理进行了全景式的扫描和分析，既有历史的纵深感，又有国际性的广角度，使各章既独立成篇，又相互呼应、浑然一体。

第一章是“中国金融风险管理演进”。本章作者以高屋建瓴的宏观视野、言简意赅的优美文字，通过对我国金融机构、监管依据、监管方式、监管国际化、金融机构公司治理、金融机构国际化的演进6条主线，把40多年的中国金融业改革与发展的波澜壮阔的历史画卷呈现在读者面前，把金融机构面临和经历过的各种风险全景式娓娓道来，使读者在很短的时间里，就可以畅游现代中国的金融发展史，学习了解“要把银行真正办成银行”的艰难历程。

第二章是“国家金融安全观的形成与发展”。“安而不忘危，存而不忘亡，治而不忘乱”。金融已成为国际竞争和国际关系中决定性的力量，谁掌握了金融主导权，谁就掌握了世界话语权。在和平年代，金融是没有硝烟的战场，金融安全在总体国家安全观中处于重要地位，决定着国家兴衰，甚至是民族存亡。那么，中国作为一个世界第二大经济体，应该如何构建金融安全的篱笆呢？本章作者从国家安全观的内涵、面临的挑战、落地框架等多个维度进行了系统而深刻的分析，进而提出了国家金融安全的底线思维、防范和化解金融风险的基本原则，可谓字字珠玑。

第三章是“信用风险防控机制”。信用风险是金融机构面临的最古老的风险，也是最基础和常见的风险。商业银行是经营信用风险的企业，从诞生之日起，其最基本的职能就是向市场提供信用。作者从信用风险及其表现形式、管理路径、管理工具、管理流程、管理进展、存在的问题、管理新举措等方面对信用风险管理做了一个立体式的分析，使读者很容易了解和掌握信用风险管理的实质内容和基本流程。

第四章是“合规风险防控机制”。合规、金融制裁和反洗钱是现代商业银行面临的一个新风险形态。严管重罚已成为全球监管机构的重要手段。从国际上看，2008年至2018年，仅美国监管机构对外披露的处罚金额就已经达到2500亿美元。从国内来看，中国监管机构也频频开出巨额罚单。对现代金融机构来讲，如果合规风险管理得不好，罚款将会成为其一项巨大的成本。作者通过对合规风险的界定、当前合规风险管理现状、合规风险管理存在的问题、改进方向，充分阐述了金融机构严格遵循合规、金融制裁和反洗钱工作的重要性，以及如何通过一套有效的制度和流程来保证合规，进而避免金融机构的声誉和财产的损失。

第五章是“市场风险防控机制”。随着金融产品的日益市场化，市场风险已经成为现代金融机构最重要的风险之一，如果一家金融机构对市场风险管理不善，就有可能导致一家金融机构陷入灭顶之灾，如美国曾经最大的保险公司AIG、英国最古老的巴林银行等。在现代社会，非预期的突发事件（“黑天鹅”）越来越多，如1995年1月日本神户大地震、2001年发生在美国的“9·11”事件，2020年在全球蔓延的新冠肺炎疫情等，都对金融市场进而对金融机构产生了巨大的杀伤力。作者通过对市场风险的界定、现状、存在的问题和改进建议的论述，提出了一般市场风险和特定市场风险的概念，并对市场风险的表现形式做了全面的阐述，特别强调了市场风险的传染性强，传播速度快，瞬间即可导致市场停顿。另外，由于金融衍生品的大量运用，交易结构更加复杂，杠杆性风险上升，市场更加脆弱，金融市场一有风吹草动，就容易形成市场的暴升和暴跌。从国际金融市场多年来的经验来看，要管理好市场风险，最有效的办法就是核定敞口、限定杠杆率、风险对冲、严格止损，做好风险缓释与抵押品管理。

第六章是“流动性风险防控机制”。流动性风险是指金融机构无法以合理成本及时获得充足资金用于偿付到期债务、履行其他支付义务和满足正常业务开展的风险。流动性是金融危机的生命线，一旦流动性出现问题，金融机构可能瞬间休克，如得不到及时补充流动性，就可能永远从市场上消失。特别是在金融危机时期，市场瞬间会发生流动性枯竭，市场因恐慌而互不往来。正因为流动性如此重要，各国中央银行对流动性都有明确的监管指标，金融机构必须满足，如流动性覆盖率、净稳定资金比例等。作者通过对流动性管理的界定、监管要求、管理实践、压力测试、突发事件和危机应急处理、存在的问题、管理改进等方面的论述，指出金融机构作为资金的一个中介机构，主要是通过期限错配、信用风险承担来赚取利润的，期限不匹配是一个天然要素。但作为一家管理优秀的金融机构，必须保持充足的流动性资产，能随时满足负债端客户按协议规定的提款需求，突发事件是导致流动性出问题的重要触发点，金融机构必须有一套应急预案，在晴天要备好雨衣，遇到突发事件才会不慌张。

第七章是“证券、保险、外汇市场风险表现与防范”。本章指出，中国金融开放正向纵深推进，以证券业和保险业为代表的金融服务业开放政策频出，资本项目开放也在稳步推进，这意味着我国证券市场和保险市场与国外金融市场的联系将更加紧密，但国外金融市场风险也更容易传导到国内，外汇市场的稳定性也可能受影响。此时，人民币国际化方兴未艾，对这些金融活动的风险开展深入研究，并提出有效的防范措施就显得尤为紧迫。作者对证券市场风险的表现与防范、保险市场风险的表现与防范、资本项目开放的风险与防范、汇率的风险与防范、人民币国际化的风险与防范五个方面做了比较全面的阐述。

第八章是“新金融风险的表现与防范治理”。当今社会正由信息化向数字化演进，数字技术已成为社会快速发展的核心基础和创新原动力，数字经济在国民经济中扮演着越来越重要的角色。数字经济时代已经到来，我们面临的风险环境正在发生巨大变化，风险类型复杂多样，风险危害不容小觑，风控成本日益攀升。为构建新时代风控体系、防范化解数字化浪潮下的新型风险冲击，风险与内控合规工作要培养、强化新的思维方式和管理理念。为此，全球银行业都在实施数字化转型战略，搭建智能风控体系，围绕场景搭建风控体系，结合场景特点和各方需求，将风控技术、管理工具嵌入客户全生命周期和业务经营全过程，深度融入供应链和产业链。智能风控能力将是未来商业银行的核心竞争力、同业竞争的主战场。作者通过对新金融形成的背景与特征、金融监管的自由化征程、金融科技的发展、金融全球化导致的竞争加剧、开放和国际监管的趋同、第三方支付、影子银行与房地产、地方债务交织等新金融特点的论述，揭示了新金融带来的风险管理的复杂性和独特性。因为，科技化的网络金融，使拓展“长尾客户”变成了现实，对科技系统的依赖性更强；监管的自由化特征，使中国新型金融机构快速增长；影子银行的出现，使金融机构之间的交叉、产品之间的交叉非常普遍，这就导致新金融具有更强的传染性。新科技、新生态、新产品导致金融机构风险的隐蔽性更强，风险的传染性和“羊群效应”更强，涉及面更广，风险化解的难度更大。为此，作者提出了金融必须以服务实体经济为初心、必须以监管科技创新来监管新金融、监管机构之间必须相互协同的新风险管理理念。

第九章是“宏观杠杆、金融监管、金融风险管理发展趋势与防范”。“不谋万世者，不足谋一时，不谋全局者，不足谋一域。”要确保中国不发生系统性风险，必须从宏观上识别可能引发系统性风险的“灰犀牛”“黑天鹅”，并通过切实可行的措施加以阻断。作者通过对杠杆率现状与防范、监管的新动向，即对美国、欧盟、英国、日本、中国监管改革的分析，说明各经济体均由微观审慎管理即监管金融机构个体为主，发展到重视宏观审慎管理即对金融系统的整体进行监管，特别是强调了逆周期调控。同时，作者全面阐述了全球全面风险管理模式的确立，即只做好贷款—贷款要评级—股权收益率目标—对风险进行评价—像管理投资组合一样管理贷款—股东要求风险与收益匹配—分散资产组合风险至高无上7个阶段，这7个阶段是叠加式的深化发展，而并非替代式的逐级演进。在此基础上，作者进一步提出了建立全面主动风险管理的模式及加强大数据的运用。

另外，在编著过程中，国内外发生了Libra、美国股市四次熔断等金融事件，我们对此进行了事件的收集和整理，作为附录编入书中。

最后，我们想用英文造字的趣闻来结束这篇前言。我们经常说“态度决定一切”，这句话显然是从英文“attitude is everything”翻译过来的。有人发现，attitude一词有一个小秘密，即如果把英文的26个字母用阿拉伯数字1~26做一个映射，并将映射后的数字相加，attitude正好等于100，而到目前为止，人们发现只有这个英文单词等于100。依此类推，英文风险“RISK”的造字是否也有什么含义呢？分析发现，这四个英文字母正好代表了现代风险管理的四个最基本的要素，即R是Regulation的第一个字母，代表监管；I是Information的第一个字母，代表信息；S是System的第一个字母，代表系统；K是Key Factors的第一个字母，代表关键因素。RISK（风险）这个构词告诉我们，要想做好风险管理工作，我们必须要满足监管要求，解决信息不对称问题，开发出一个智能化的管理系统，并在关键风险因素上做好制度、流程、执行、重检和改进。

总之，风险管理，知行都难！只要我们坚持科学的态度，掌握了风险管理的逻辑和方法，制定了符合实际情况的制度和流程，并持之以恒地加以运用和改进，风险管理就一定会成为一家机构或一个国家的核心竞争力。

编者

2020年7月

目录

第一章 中国金融风险管理演进

第二章 国家金融安全观的形成和发展

第三章 信用风险防控机制

第七章 证券、保险、外汇市场风险表现与防范

第八章 新金融风险的表现与防范治理

1 第一章 中国金融风险管理演进

- 中国人民银行对金融风险的统一监管（1978—2002年）
- 对金融风险的分业监管（2003—2016年）
- 建立中央银行和金融监管机构分工协作的审慎监管体制（2017年至今）

一、中国人民银行对金融风险的统一监管（1978—2002年）

（一）改革“大一统”银行体系（1978—1982年）

改革开放前的30年，我国已经基本上形成了高度集中统一、以行政管理办法为主的“大一统”中央银行体系。中国人民银行作为我国唯一的一家银行，不仅负责发行货币，还负责全国的储蓄和信贷业务，同时作为国家行政的金库，实施国家金融的行政管理职能。当时的银行业高度集中。在“文化大革命”中，中国人民银行曾一度与财政部合署办公。那时的经济管理体制是实行高度集中的计划经济管理体制，资源由国家统一分配和调度。其间，陆陆续续分设成立了专业银行，但还不是真正意义的商业银行，“大一统”式的银行管理和垄断的专业银行体制并未实质改变。

计划经济条件下的金融体制忽视了市场和价值规律的作用，银行和企业之间的信用链条连接不畅，银行只是作为财政的出纳或附庸，金融服务受到压抑，与社会生产力发展要求不相适应。党的十一届三中全会以后，随着经济体制改革的深入推动，金融体制的弊端越来越凸显，无法适应经济社会的发展，亟须改革。

1978年1月，中国人民银行与财政部分开办公，标志着我国的银行体系开始恢复。但是，中国实行的依然是“大一统”的国家银行体系，中国人民银行承担中央银行的管理责任，同时也办理具体的商业银行业务。

1978年12月，党的十一届三中全会决定将全党的工作重点转移到经济建设上来，并开始进行经济体制改革。在中国经济改革的大潮中，银行体系的改革开始启动。1979年，邓小平同志指出“要把银行真正办成银行”，指出了我国银行业发展和改革的原则、方向。中国的金融体系，尤其是国有银行开启了改革历程。

1979年2月，中国农业银行恢复，并根据农村金融活动自身的特点，负责各项支农贷款任务，同时，对其他农村金融机构进行改革，形成了由中国农业银行统一管理，中国农业银行和农村信用社分工协作的农村金融体制。

1979年3月，中国银行从中国人民银行分设出来，主要经营外汇业务，同时成立国家外汇管理总局，负责外汇管理。中国银行作为外汇专业银行，发挥海外机构众多、国际清算便捷、外汇买卖及其衍生业务品种齐全的优势，服务国家对外开放和国际金融业务发展。

1979年8月，中国人民建设银行从财政部分离，主要经营“拨改贷”和基本建设贷款业务，由办理财政性业务，逐步过渡到既办理财政性业务又办理基本建设信贷业务，且后者所占比重越来越大。

自1978年以来，我国的金融体制改革取得了一些突破，但中国人民银行仍办理商业银行业务，中央银行缺乏独立性，也缺乏对商业金融机构监管的职责，没有监管职能，没有明确监管对象，也没有监管法律法规。

（二）二元银行体系的初步建立（1983—1993年）

1983年9月，国务院决定中国人民银行为我国的中央银行，行使国家中央银行职能。同时，成立中国工商银行，承担原来中国人民银行办理的工商信贷和储蓄业务。

中国工商银行的成立标志着一个以中国人民银行为领导、以国家专业银行为主体的二元银行体系初步形成。这个时期，中国工商银行、中国农业银行、中国银行、中国人民建设银行具有较为严格的专业分工，业务各有“势力范围”，服务对象相对固定。1987年，重新组建后的交通银行开始营业，是我国第一家股份制商业银行。1987年4月，我国第一家完全由企业法人持股的股份制银行——招商银行成立，股份制银行开始进入市场。随后，包括保险、信托、证券等在内的非银行金融机构纷纷成立，各类金融机构如雨后春笋般涌现，各类金融市场大量出现。

同时，我国加快了金融各个领域的改革步伐。1990年底，上海证券交易所成立，深圳证券交易所也随后在1991年初挂牌。为了适应资本市场的建设和发展需要，1992年10月，国务院决定设立中国证券监督管理委员会（以下简称中国证监会），依法履行对全国证券市场进行集中、统一监管职能。

（三）中国人民银行监管体系的初步形成

随着社会经济逐步向市场经济体制的转轨，部分国有企业由于不适应新的市场机制，而产生经营困难，盈利能力下滑，亏损扩大，国有企业开始出现破产和倒闭，银行经营面临着风险考验，银行的风险管理意识逐渐增强。从20世纪80年代末到90年代初，国家专业银行以“贷款三查”分离为重点，规范贷款管理。当时的贷款风险管理主要是围绕不良贷款率为核心，以贷款期限为标准的被动管理为主。中国人民银行为强化金融风险防范，大力推进抵押贷款和担保贷款，20世纪90年代中期根据巴塞尔委员会制定的《巴塞尔协议》，督促国家专业银行建立以风险为基础的资本补充机制，逐步增加自有资金比重，提高资本充足率，加强信贷风险的防范。同时，强化稽核监督体系，加强稽查监督。1985年，中国人民银行总行设立稽核司，开始重视金融风险现场检查工作。金融稽核的加强，对于提高金融企业管理水平、防范金融风险起到了重要作用。

在监管法制方面，1986年1月，国务院颁布《中华人民共和国银行管理暂行条例》（以下简称《条例》），《条例》明确了包括中央银行、各专业银行、信托公司等在内的各类金融机构职能，明确了中国人民银行作为我国金融监管者的地位，对整个金融业履行监管职能。《条例》是中华人民共和国成立以来第一部综合性、系统的金融法规，为金融业和金融机构的健康发展起到了重要作用。总体来看，《条例》内容主要以市场准入为主，重点放在对银行业机构的审批和核准上。此后，中国人民银行相继发布了一系列规定，逐步完善对金融机构的管理制度。

金融体制改革过程中，各类金融机构纷纷涌现，对资金融通和经济增长起到了积极作用，但也出现了一些问题。地方政府、行政主管部门和企业、事业单位擅自开办信托等金融机构，这些金融机构乱拉存款，违规贷款，违规收取贷款“回扣”等，严重干扰了正常的金融秩序。为此，国务院于1982年发布了《关于整顿国内信托投资业务和加强更新改造资金管理的通知》，中国人民银行于1986年发布了《金融信托投资机构管理转行规定》，中共中央、国务院又于1988年和1989年分别发布了《关于清理整顿公司的决定》和《关于进一步清理整顿公司的决定》，对信托投资公司等金融机构进行清理整顿。按照要求，未经中国人民银行批准，任何部门不得以任何名义开办或变相开办信托投资公司、投资公司和其他金融机构。已办的，绝大部分予以取消，少数办得好的，符合社会需要的，经中国人民银行、国务院批准，可以保留。从1988年到1990年，中国人民银行对金融类公司进行了严格清查，撤销了一大批金融机构，对于保留的金融机构，则由中国人民银行统一审批，明确业务范围。清理整顿金融类公司是整顿经济秩序的重要工作，为金融业的健康发展打下了基础。

"三角债"是当时面临的一个严重问题。20世纪80年代，"拨改贷"制度开始实行，我国基本建设投资由财政无偿拨款，改为通过中国人民建设银行以贷款方式供应的制度。国有企业的自有流动资金也由财政拨款，改由银行供应和管理，企业资金由银行贷款的有偿使用代替财政拨款的无偿使用。由于经济部门和企业单位对信贷资金的有偿使用性质缺乏清晰的认识，尽管法律法规规定了企业偿还银行贷款的义务，但实际执行起来，约束并不强，导致逃废银行债务成为常态。20世纪80年代后期到90年代初期，企业的"三角债"问题突出，造成企业间商业信用链断裂，严重影响了国民经济的正常运行。据不完全统计，截至1989年3月末，企业间相互拖欠货款额高达1100亿元。因此，清理"三角债"成为中国人民银行执行监管职责的一项重要任务。中国人民银行在1988—1992年，共进行过三次清理工作，在一定程度上缓解了当时企业互相拖欠货款，导致社会经济秩序混乱的问题。例如，1990年启动的第二次清理工作，共清理拖欠货款1600亿元。但是，由于社会信用体系建设滞后的根本问题没有解决，企业"前清后欠"的现象依然存在。

总体来看，与改革开放之前相比，这一时期的金融风险监管取得了较大进步。但从根本上讲，仍然没有摆脱计划经济体制的思想束缚，中国人民银行主要是监督国家专业银行是否遵守了国家政策。中国人民银行和四大国家专业银行之间还存在行政管理和政企不分的问题，专业银行不是真正意义上的商业银行，中央银行监管严重行政化。这一时期尚未建立针对银行的风险量化研究和风险科学管理，内部控制和内部审计机制等尚处于起步阶段，对各金融机构的风险监管基本处于空白期。并且，由于当时我国出现了经济增长过热、通货膨胀严重等问题，中国人民银行的工作主要侧重于金融的宏观调控体系建设，在金融风险监管方面实质性进展不大。

（四）市场化监管与金融风险管理体系的初步形成（1993—1997年）

1. 风险的积累

1992年，党的十四大召开，会议提出，要建立社会主义市场经济体制，中国经济制度开始从计划经济体制向社会主义市场经济体制转变。随着经济体制的转变和国民经济总量的快速增长，中国银行业在经济体制的转轨中，也积累了巨大的风险。

从宏观经济层面来看，由于新旧体制的转换，经济体制中深层次矛盾的解决尚需一个过程，政府对宏观经济的调控经验，尚有一个积累的过程，经济一度出现过热现象，宏观经济运行产生了较大波动。其间，地方政府纷纷设立各种拆借市场、融资中心、信托公司、信用社和基金会等金融机构，经营不规范，形成了中国最早期的影子银行。由于政府和银行监管体系不完善，以“四热”（房地产热、开发区热、集资热、股票热）、“四高”（高投资膨胀、高工业增长、高货币发行和信贷投放、高物价上涨）、“四紧”（交通运输紧张、能源紧张、重要原材料紧张、资金紧张）和“三乱”（乱集资、乱拆借、乱设金融机构）为代表的经济问题和金融乱象屡禁不止。这些问题如果不及时调控，势必导致经济更大的波动，甚至影响社会安定。

从微观经济层面来看，随着经济体制的转轨，国有企业改革滞后，企业不适应市场竞争，出现经营困难、破产、倒闭现象。而为国有企业提供贷款的国有商业银行，由于风险管控能力不足，不良贷款率剧增。1995年底，四大国有商业银行不良贷款额达8500亿元，不良贷款率为21.4%。

为了摸清问题，中国人民银行牵头开展了一系列调研。1997年5月，中国人民银行组织调查组，对南方两省六个城市进行调查，结果显示，银行不良贷款率过高已经成为社会经济的重要问题，影响银行业深化改革和发展。即使有担保、质押等，但企业破产时银行的实际平均清偿率不到10%。同时发现，银行各级分支机构不同程度地存在着通过缩短贷款期限、调整贷款基数、借新还旧、调整会计科目或表外挂账等处理方式应付考核和检查的情况，不良贷款虚报、瞒报、错报问题十分突出，实际不良贷款问题远比账面情况严重得多。这些调研情况一定程度上反映了当时整个银行业的资产质量和风险管控问题。[①]

以上数据是按照当时信贷“一逾两呆”分类制度口径下的数据，若按严格的会计准则计算，商业银行的不良贷款率实际将更高。除不良贷款外，商业银行尚有数以千亿元的表外非信贷资产损失。这些不良资产对商业银行构成了沉重的财务压力，国有商业银行的财务状况已经严重“资不抵债”。因此，海外媒体形容中国商业银行已“技术性破产”。

当然，技术上破产并不代表实质上破产。因为，国有商业银行属于国有独资金融机构，银行最终损失责任由国家承担。事实上也是如此，在后来国有商业银行股份制改革中的财务重整，国家对参与改革的国有商业银行不良资产实行剥离，成立了华融、长城、东方、信达四大资产管理公司，对不良资产进行有效经营。

2. 化解历史风险与市场化监管启动

1993年11月，中共十四届三中全会召开，会议提出了加快金融体制改革的任务。同年12月，国务院作出了《关于金融体制改革的决定》，以此为标志，我国开始建立与社会主义市场经济体制相适应的金融组织体系、金融市场体系和金融宏观调控监管体系。国务院文件提出，金融体制改革的目标是：建立在国务院领导下，独立执行货币政策的中央银行宏观调控体系；建立政策性金融和商业性金融分离，以国有商业银行为主体、多种金融机构并存的金融组织体系；建立统一开放、有序竞争、严格管理的金融市场体系。

① 姜建清．中国大型商业银行股改史［M］．北京：中国金融出版社，2019.

中国工商银行、中国农业银行、中国银行、中国建设银行四大国有专业银行成立后，在相当长时期内，承担了规模大和周期长的基础设施投资、固定资产投资、支农、扶贫、卫生、教育等社会发展项目的贷款。这对支持国民经济发展发挥了积极作用，同时也出现了信贷资金使用的财政化、长期化等问题。国有专业银行在按照现代商业银行的原则经营管理的同时，还需要执行政府的政策性贷款任务。这些本应由财政解决的政策性支出，现由商业银行办理，使专业银行陷入两难境地，经营风险加大。因此，《关于金融体制改革的决定》中的一项重要内容，就是将政策性贷款业务从国有专业银行中分离，将国有专业银行办成真正的商业银行。

1994年3月至4月，国务院先后成立了三家政策性银行，即国家开发银行、中国农业发展银行和中国进出口银行，实现政策性金融和商业性金融分离。其中，国家开发银行负责为基础设施、基础产业和支柱产业的大中型基本建设、技术改造等政策性项目及其配套工程提供融资服务；中国农业发展银行承担国家规定的农村政策性金融业务，代理财政支农资金的拨付，负责提供农业政策性信贷资金，为农业和农村经济发展服务；中国进出口银行负责为出口企业提供信贷和金融服务，以促进中国对外贸易的发展。三家政策性银行的成立，为国有专业银行向商业银行转变提供了基本条件。

为了加快国有专业银行商业化改革，将银行办成真正的商业银行，除了设立政策性银行，国家还采取了一系列的重大措施。

第一，实行统一法人制度，加快国有银行的集中统一管理。从20世纪80年代开始，银行企业化改革提速，扩大经营自主权，国有银行不将经营权层层下放，各省级分行和计划单列市分行实际上以法人资格经营管理，分支机构出现了越权审批贷款、盲目扩张业务、违规经营的问题。这也是当时“三乱”等金融乱象频发的原因。因此，在国有专业银行向现代商业银行转变的过程中，建立统一法人管理体系、集中资金管理，显得极为重要。1994年和1995年，国有银行相继建立和强化了一级法人制度，实行了资金管理权和贷款管理权的统一管理。

第二，推动分业经营。随着金融市场的日益发展，证券业、保险业、银行业在业务上相互融合，不仅隐藏着金融风险，还增加了监管难度。因此，《关于金融体制改革的决定》明确要求金融业分业经营、分业管理的原则。随后，1995年《中华人民共和国商业银行法》(以下简称《商业银行法》)出台，明确指出，商业银行不得从事证券、保险、信托业务。各商业银行按照《商业银行法》规范其业务范围，撤销所办非银行机构。截至1997年，在中国人民银行的推动下，商业银行完成了与其所属证券公司、信托投资等机构的脱钩工作。在当时，严格分业经营对于划清不同金融机构的业务、提升经营效率、强化金融风险监管具有重大和深远的意义，也为后续改革发展创造了相对规范的市场环境。

第三，推行资产负债比例管理。1994年，中国人民银行下发《关于对商业银行实行资产负债比例管理的通知》，对中国工商银行、中国农业银行、中国银行、中国建设银行四家国有独资商业银行试行贷款限额控制下的资产负债比例管理。至此，银行的经营管理开始走上科学化的轨道。资产负债比例管理也是随后颁布的《商业银行法》的核心内容之一。为了适应市场经济体制的要求，在四家国有独资商业银行试运行之后，1998年中国人民银行正式取消了对国有商业银行的贷款规模控制。得益于此，银行的经营自主权逐步扩大，经营效益随后不断提高。

第四，调整组织机构体系。根据经济发展需要和经营效益原则，四家国有独资商业银行开始调整其基层结构，主要是针对同一地区重复设立的各级支行，以及业务量小、效益低的营业网点，进行精简、合并、撤销，减少管理层级，提高管理效率。同时，商业银行开始逐步打破行政区划限制，按照商业银行的经营管理原则要求，按经济区域设置二级分行及以下分支机构。

第五，开始重视内部控制。国有专业银行时期，银行主要是为了服务经济建设，国家对银行的经营效益、风险管理等没有明确的指标要求，因此，银行并没有特别重视风险管理、内部控制等相关问题。例如，对贷款前的审查评估不严格，信贷责任落实不到位，信贷审查重形式轻实质，对一线风险入口把控不严格等。由于内部控制管理体系缺失，规章制度不完善，分支机构违法违规经营比较普遍，对此，从1995年开始，国有独资商业银行开始逐步建立和完善内部管理体制，主要是建立贷款约束机制，实行审贷分离制度，以及建立和强化稽核机制，建立内部监督机构。1997年5月，中国人民银行发布《关于加强金融机构内部控制的指导原则》，金融机构内容控制步入规范化轨道。

3. 法制化监管的深化

1995年，全国人大常委会通过《中华人民共和国中国人民银行法》（以下简称《中国人民银行法》），为中国人民银行行使金融监管职责提供了法律保障。《中国人民银行法》明确规定，中国人民银行是我国的中央银行，履行对金融机构的监督管理职责，从而保证国家货币政策的制定和执行，建立和完善宏观调控体系，维护金融安全与稳定。

同年，《商业银行法》和《中华人民共和国公司法》（以下简称《公司法》）出台，据此，中国现代商业银行制度开始建立。《商业银行法》规定了商业银行的设立必须依据《公司法》，性质是企业法人，并规定了商业银行经营的十四项业务。

《商业银行法》规定，国有独资商业银行要以“效益性、安全性、流动性”（“三性”）为经营原则，实行“自主经营、自担风险、自负盈亏、自我约束”（“四自”），确定了我国国有商业银行公司治理和经营管理的基本框架。

《商业银行法》规定，商业银行须有资本金，有具备任职专业知识和业务工作经验的董事和高级管理人员；国有独资商业银行设立监事会，监事会的产生办法由国务院规定；为了保持业务工作和企业管理的连续性，《商业银行法》对施行前的商业银行，其组织形式、组织机构不完全符合《公司法》规定的，可以继续沿用原有的规定。

《商业银行法》首次对商业银行资产负债的比例等监管指标作出规定，例如，资本充足率不得低于8%；流动性资产与流动性负债余额比例不得低于25%；对同一借款人贷款余额与资本余额的比例不得超过10%。

这一时期，金融监管的法制化得到进一步深化，市场化监管取得了重大进步，中国人民银行的金融监管职责也开始受到重视。自1995年以来，《中国人民银行法》《商业银行法》《票据法》《担保法》等几部法规的出台，标志着中国银行业监管进入了一个新的历史时期，开始向法制化、规范化迈进。

（五）金融监管改革和金融风险管理进一步完善（1997—2002年）

1. 亚洲金融危机的教训

1997年1月，在以索罗斯为代表的国际金融投机势力的攻击下，泰铢大幅贬值。仅仅10个月后，泰国总理辞职，11月，泰国就有56家金融公司破产。与此同时，菲律宾、马来西亚、韩国也相继受到攻击，有的国家被迫放弃固定汇率制，股市大跌，韩国甚至不得不向国际货币基金组织（IMF）寻求援助，东南亚金融市场瞬间崩溃。

1998年，形势更加严峻，印度尼西亚、中国香港也开始遭到国际投机资本的攻击。虽然最终国际投机势力失败，但对东南亚国家和地区乃至亚洲经济产生了巨大的破坏。香港恒生指数由危机前最高的16820点跌至1998年8月最低时的6544点，市值从4.7万亿港元缩水至1.89万亿港元；韩国40%的中小金融机构在危机后倒闭，33家全国性银行只存活了19家；虽然金融危机没有直接波及日本，但日本金融业也没能独善其身，1997年10~11月仅两个月，日本京都共荣银行、山一证券、三洋证券、北海道拓殖银行、德阳银行相继倒闭，使早已千疮百孔的日本金融业雪上加霜。

亚洲金融危机的惨痛教训，使大家认识到了防控金融风险、维护金融安全的重要性和迫切性。反思我国金融体制和金融监管能力，难以应对重大金融风险和国际金融危机的挑战，需要强化中央对金融的宏观调控和管理，减少地方政府对金融机构干预，禁止将银行贷款投入低效企业，严格控制银行不良贷款率。亚洲金融危机进一步提高了大家对金融重要性的认识，银行体系作为金融业的基础，要保证体系的健康和稳定性，一个高风险的金融体系，一旦有突发事件，其脆弱性将暴露无遗。

1997年，我国还实行比较严格的资本账户管制，因此没有遭到金融危机的直接攻击。但由于银行业的经济能力较差和不良贷款率高等问题已非常严重，银行业隐藏着巨大的风险隐患。资料记载，1996年6月，我国四大国有银行不良资产总额达8400亿元，不良率接近25%，面临着严重的资产质量问题，部分银行已经资不抵债。

党中央、国务院密切关注亚洲金融危机的进展，并多次组织会议研究危机的发展趋势、影响、原因和应对措施。1997年11月，中央召开了第一次全国金融工作会议，这也是中央第一次专就金融改革问题进行谋篇布局的会议。会议深刻分析和揭示了中国金融体系存在的潜在风险，包括国有银行不良贷款率过高、“新三乱”现象频发、内部控制不严、金融机构违法违规经营等，会议发布了《关于深化金融改革，整顿金融秩序，防范金融风险的通知》（中发〔1997〕19号）。会议明确，“把银行办成真正的银行”是银行改革的重点，明确了银行风险管理体系改革重点，并针对金融行业存在的“乱集资、乱办金融业务、乱设金融机构”“新三乱”现象作出了新一轮治理整顿部署。首次全国金融工作会议之后，新一轮的深化金融改革开始启动。

2. 强化监管，防范金融风险

1997年的亚洲金融危机使我国充分认识到，吸收国际银行业先进管理经验，实行国际金融监管规则，有利于提升我国银行业经营水平，有利于我国商业银行规范有序发展，避免盲目经营、无序竞争和经营失控。所以，1997年全国金融工作会议提出了十五条治理措施，其中提到，要加强国际监管规则运用，强化《巴塞尔协议》约束，如商业银行资本充足率必须达到8%、建立内部控制机制、实行贷款五级分类、强化风险管理等。按照全国金融工作会议要求，金融部门认真落实会议精神，扎实工作，金融风险防控和强化金融监管在以下四个方面取得重要进展。

一是集中力量整顿金融秩序。国务院成立12个专项整顿工作小组，撤销了一批严重资不抵债、不能支付到期债务的地方中小金融机构。其中，撤销500多家城市信用社、4家城市商业银行、2万多家农村合作基金会，将全国239家信托投资公司撤并为60家，前后处理违法违规人员1万多人。这次金融整顿为此后顺利推进金融改革开放创造了条件。

二是国家注资与剥离不良。截至1997年末，国有独资商业银行总资产为87822亿元，净资产只有3062亿元，工商银行、农业银行、中国银行、建设银行的资本充足率远远低于《巴塞尔协议》最低8%的要求。1998年末，依据“一逾两呆”的标准，四家国有独资商业银行不良贷款比例为32.2%。为此，经过中国人民银行的努力，1998年，财政部定向发行2700亿元特别国债，专门用于补充四大国有独资商业银行的资本金，使四家银行资本充足率按1996年标准提高至4%。

不良贷款比例过高有多方面原因，既有历史的包袱，也有体制上的原因；既有行政干预，也有金融系统内控不严的问题，是国民经济深层次矛盾的综合反映。针对商业银行的巨额不良贷款问题，1999年到2000年，由财政部各出资100亿元，先后成立四家金融资产管理公司，专门承接和处置这些不良资产，按账面价值一次性接收了四家国有独资银行和国家开发银行剥离的13939亿元不良贷款（其中约1.3万亿元为四家国有独资商业银行的不良资产），使四家国有独资商业银行的不良贷款率一次性下降10个百分点。金融资产管理公司收购不良资产的资金来源，其一由中央银行把对有关商业银行的再贷款6000多亿元转由资产管理公司使用，其二由资产管理公司向有关商业银行发行金融债8000多亿元。

三是改善内部管理。首先，落实国有商业银行一级法人经营体系，强化授权授信管理，建立总行统一资金调度制度；国有商业银行自1998年起设立监事会，监事会成员来自中国人民银行、财政部、国家经贸委等部门，履行对国有商业银行的监督责任；取消中国人民银行对国有商业银行贷款规模限制，国有商业银行以法人为单位实行资产负债比例管理，保持适度的存贷比例；将经营效益和资产质量纳入对四家国有商业银行管理者的考核，实现了由行政评价向经济效益评价的转变；在中国人民银行指导下，国有商业银行认真落实《关于金融机构内部控制指导原则》，并进行了分支机构改革，精简合并分支机构，撤销低效亏损分支机构，较大规模地精简了机构和人员。

四是强化外部监管。为适应防范金融风险的需要，确立分业经营、分业管理框架。1998年，国务院决定对证券经营机构的监管职能由原来的中国人民银行划归中国证监会进行统一监管。1998年11月，国务院批准成立中国保险监督管理委员会（以下简称中国保监会），履行对全国保险市场、保险机构、保险业务集中统一管理的职责，中国人民银行对保险业的监管职能也被分离出来，划归中国保监会。中国人民银行从此集中精力监管银行业。为了加强对商业银行贷款质量真实性审查，按照全国金融工作会议精神，中国人民银行在广东省组织中国工商银行、中国农业银行、中国银行、中国建设银行、交通银行五家商业银行推行了以国际通行的、按照风险程度划分贷款占用形态的五级分类制度。在广东省试点的基础上，中国人民银行于1999年7月下发文件，在全国商业银行推行贷款五级分类制度，并在此基础上，建立贷款呆账准备金制度，提取普通呆坏账准备金和专项呆账准备金，提高了中央银行的监管水平。

二、对金融风险的分业监管（2003—2016年）

（一）“一行三会”分业监管体系形成

在2003年成立中国银监会之前，中国人民银行同时履行中央银行和对银行业的监督管理职责，这在过去二十多年银行业的健康快速发展中起到了非常重要的作用。然而，随着我国金融体系多元化的发展，以及进一步对外开放形势的需要，复杂的国内外金融形势对金融业的监管要求越来越高。银行业积累的巨大风险对专业化的银行监管机构提出了更高要求。银行业在支持国家经济建设的同时，自身积累了巨大的风险，形成了隐患。虽然在1998年国家发行特别国债补充资本金，又在1999年剥离了近1.4万亿元不良资产，但截至2001年底，四大商业银行的不良贷款额仍高达2.16万亿元。虽然这与剥离不彻底、贷款分类标准的调整等有关，但银行业依然存在巨额存量风险即是事实。

除了银行业的严重风险隐患，银行自身的风险管理、内部控制能力更加薄弱，金融机构信贷管理体系不完善、对风险的认识不足、风险管理技术落后等问题非常普遍。这些都对银行业的监管提出了更高的要求。

中国人民银行身兼中央银行和银行监管两个职能，执行货币政策的中央银行职能与银行监管之间存在一定的目标冲突。货币政策重在宏观调控，而银行监管则注重微观市场。特别是中国人民银行作为监管者，既负责市场准入，又负责银行业金融机构风险处置，容易形成道德风险。这些都对分离中国人民银行的银行业监管职能、成立专门的银行业监管部门提出了迫切需求。

2003年3月10日，第十届全国人大一次会议通过了《关于国务院机构改革方案的决定》，要求设立中国银行业监督管理委员会（以下简称中国银监会），专门承担对银行业的监督管理职责。同年4月28日，中国银监会挂牌成立，统一监督管理银行、金融资产管理公司、信托投资公司及其他存款类金融机构，维护银行业的合法、稳健运行。中国人民银行的职能则调整为强化与制定和执行货币政策，重点加强对金融业的宏观调控，防范化解金融系统性风险，牵头银行、证券、保险三大行业的监管协调。中国银监会的成立标志着我国银监会、保监会、证监会分业经营、分业监管的格局正式形成。

中国银监会成立之后，2003年12月，第十届全国人大常委会第六次会议通过了《中华人民共和国银行业监督管理法》（以下简称《银行业监督管理法》），从法律上明确了中国银监会作为对全国银行业金融机构及其业务活动实施监督管理的职责，为中国银监会履行职责提供了法律保障。《银行业监督管理法》与《商业银行法》共同构成了我国银行业监管的基本法律。

此次监管体制改革对国有银行乃至中国银行业此后一段时期的改革发展起到了重要作用。中国银监会专门负责银行业监管，有利于集中力量加强银行业监管；中国人民银行也更加集中精力、制定和执行货币政策。这不仅完善了对银行业的监督体系，有利于加强银行业风险管理、内部控制能力，提升银行管理水平，也为银行业进一步的改革发展提供了更有利的宏观条件。中国人民银行专注于货币政策和宏观调控，为金融市场的发展提供了更公平、更有效率的良好环境。同时，在金融业进一步对外开放，尤其是中国正式加入世贸组织后的新形势下，增强了我国银行业的风险管控能力，以更好地应对国际金融风险冲击。

（二）商业银行股份制改革

治理结构的改造是化解商业银行风险的唯一路径。我国银行业自改革开放以来，经过20多年的改革，取得了重要成绩。但由于没有解决现代企业治理结构、方式和对谁负责这些根本问题，依然没有避免经营混乱—不良—治理的风险怪圈，银行还不能成为一个真正自主经营的企业体，对银行管理人员仍然缺乏有效的监督制约机制。

尤其是在我国2001年加入世贸组织后，金融业面临来自全球金融业的竞争和挑战，而大型国有商业银行“大而不强”的问题更加突出，银行经营处于“山雨欲来风满楼”的困境。在这种背景下，深化金融体制改革，通过深化改革，按照现代企业治理模式，彻底改革国有独资商业银行，就成为我国商业银行深化改革的唯一路径。

2002年2月，第二次全国金融工作会议召开。会议明确了国有独资商业银行改革是整个金融改革的重点，实行股份制，建立现代企业制度，是国有独资商业银行改革的方向。

2003年底，党中央、国务院决定选择中国银行、中国建设银行作为股份制改革试点，国有独资商业银行的改革序幕拉开。时任总理温家宝讲：这是一场输不起的实践，只许成功，不许失败。进行股份制改革，首先要进行财务重组。对于这一轮四家国有独资商业银行的改革来说，是国家通过动用外汇储备向国有商业银行注资实现的，以改善其财务状况。在此基础上，成立股份公司。随后，引入境外战略投资者，让外资和内资参与到本次银行业改革中来。最后是股份制商业银行上市，成为公众持股的上市公司。

通过改革，中国银行和中国建设银行率先建立起了现代公司治理架构，规范公司治理体系，进行财务重组，加快处置不良资产，补充资本金。2003年12月30日，中央汇金公司向中国银行、中国建设银行分别注资225亿美元，补充两家银行的资本金，提高资本充足率。在此基础上，2004年8月和9月，中国银行股份有限公司和中国建设银行股份有限公司相继挂牌成立。中央汇金公司代表国家对中国银行、中国建设银行行使出资人权利，向两行派出董事和监事，以履行国有资产出资人的职能。

为了解决商业银行面临的自身盈利能力不足、风控水平落后、经营理念不够先进等多方面的压力，引入境外战略投资者，借此完善公司治理、改进管理机制，从而提升公司竞争力，对于刚刚成立的股份制商业银行来说意义重大。2005年6月和7月，中国建设银行分别与美国银行和淡马锡控股有限公司签署了认购协议，两家战略投资者分别购买中国建设银行9.0%和5.1%的股份。随着两家战略投资者的资金到位，同年10月27日，中国建设银行股份有限公司在香港联合证券交易所正式挂牌上市。

中国银行的战略投资者引入也取得积极进展。2005年8月，中国银行与苏格兰皇家银行集团、淡马锡控股有限公司签署战略性投资与合作协议，两家战略投资者分别出资31亿美元，各收购中国银行10%的股权。9月，瑞银集团与中国银行达成协议，出资5亿美元，成为中国银行第三家战略投资者，持股约1.6%。2009年6月1日和7月5日，中国银行股票先后在香港联合证券交易所和上海证券交易所挂牌交易。

经国务院批准，中国工商银行的股份制改革于2005年4月正式启动。财政部保留其原在中国工商银行的资本金1240亿元人民币，中央汇金公司向中国工商银行注资150亿美元，同时进一步处置不良资产和补充资本金。2005年10月25日，中国工商银行股份有限公司成立。随后，2006年1月，中国工商银行引入境外战略投资者，高盛投资集团入资37.8亿美元购买中国工商银行约10%的股份。同年6月，中国工商银行与全国社会保障基金理事会签署战略投资与合作协议，社保基金理事会向中国工商银行投资180亿元人民币。2006年10月27日，中国工商银行A股和H股分别在上海证券交易所和香港联合证券交易所同步上市交易。

按照“先易后难”的原则，中国农业银行的股份制改革被安排在四家大型商业银行的最后一家。2007年1月，第三次全国金融工作会议召开，会议提出，中国农业银行按照“面向‘三农’、整体改制、商业运作、择机上市”的改革总原则，进行股份制改革。国家的大力支持、宏观经济的快速发展及其他银行的改革经验，为中国农业银行股改上市提供了有利条件。2010年7月15日和16日，中国农业银行股份公司A股和H股先后在上海证券交易所和香港联合证券交易所成功上市。

（三）现代企业制度与全面风险管理体系的建立

1. 公司治理不断完善

按照国际银行业最佳实践标准和境内外监管规则的要求，国有大型商业银行公司治理制度得以健全规范，初步建立了较为完善的公司治理架构，包括股东大会、董事会、监事会、管理层。“三会一层”按照制度规定各自履行职责，独立运作，相互制衡。公司信息披露及时、规范，激励约束机制高效实施，公司治理从“形似”转向“神似”。随着公司治理的不断完善，银行内部的责、权、利关系更为明晰，对商业银行增强经营活力、改善内部管理打下了重要基础。

2. 经营理念全面提升

商业银行开始将价值最大化作为自己的经营目标，确立了资本约束与资本推动，风险经营与风险管理等先进经营理念，从根本上扭转了过去长期没有得到解决的“重总量，轻结构；重扩张，轻效益”粗放式发展模式。国有大型商业银行开始主动适应市场形势和客户需求的变化，以服务实体经济和价值创造为目标，打造财富管理银行、零售银行、综合化经营、国际化经营、智慧银行等发展战略，突出自身经营特色，提升差异化竞争优势，统筹改革发展和经营管理，从而更好地平衡发展速度、质量和经营效益。

3. 体制机制不断优化

股份制改革带来的体制优势成为商业银行内部改革的强大动力，以此为基础，改革后的国有大型商业银行积极推进内部体制机制的改革和优化。例如，通过集中大数据、建立会计管理系统，实现了管理信息集中处理，提升了管理水平和效率；通过销售前台的改造和运营后台的集中，优化业务流程，加大产品创新，丰富服务内容，提高了银行的服务效率和内部控制水平；通过优化组织架构和人力资源管理，建立与一流公众持股银行相适应的内部管理机制。随着银行内部改革的不断深入，中国银行业整体管理水平显著提高[①]。

---

① 宋海林．中国银行业市场竞争力分析［M］．北京：中国金融出版社，2010.

4. 风险管理水平大幅提升

银行业的发展水平在很大程度上取决于商业银行的风险管理水平。在2003年中国银监会推进《巴塞尔新资本协议》之后，商业银行的风险管理被提到了一个更高的层面。在商业银行的股份制改革中，风险防控机制的建立和完善成为改革的核心目标之一。商业银行从转变理念、改进流程、引进工具入手，建立起高效的全面风险管理体系。部分银行引入了经济资本的理念，将经济利润和经济资本回报率作为经营绩效考核的核心指标，以提高经营效率和发展质量。各行开始落实《巴塞尔新资本协议》的要求，对标国际标杆银行进行内部评级体系建设，开发了资本计量模型，提高了风险管理水平，逐步与国际接轨，完善公司治理，努力建设最具价值创造力的现代商业银行。

在风险管理制度和风险控制机制建设上，商业银行取得了明显成效。一是建立完善的风险治理架构。在集团层面，设立风险管理委员会、审计委员会，设立首席风险官，并组建专业的风险管理部门，确立互相补充的风险治理架构，并构建严格的授权与限额管理体系。二是内控合规管理体系的建设。2004年以后，我国商业银行开始设立单独的内控合规部门，完善合规管理组织架构，加强职责、制度建设，建立内控监督问责机制等工作，不断完善内控合规管理体系。三是建立科学的风险识别、监控与计量体系。通过先进的风险管理工具和方法，由依靠业务人员的经验，向对数据的量化分析转变。同时，建立统一的IT系统，强化风险的集中、系统化监控和管理。

（四）全面金融风险管理体系的完善与深化（2009—2016年）

1. 国际金融危机后的挑战

2008年国际金融危机之后，世界经济受到重挫。全球化的宽松货币政策和人民币升值预期，促使“热钱”持续流入，至2009年，我国M_2同比增速达26.5%，我国面临通货膨胀和“热钱”炒作的双重风险。

在此背景下，2012年1月召开的全国第四次金融工作会议提出，确保资金投向实体经济，防止虚拟经济过度自我循环和膨胀；同时提出八项金融改革措施，即深化金融机构改革，加强和改进金融监管，防范化解地方政府性债务风险，加强资本市场和保险市场建设，完善金融宏观调控体系，扩大金融对外开放，加强金融基础建设，提升金融服务能力。

2012年是中国商业银行转型发展的一个分水岭，随着上一轮刺激效果的逐渐消退，全球经济增长动力不足，我国亦然。对于我国银行业来说，2012年也正是商业银行开始思考新一轮转型的起点。

从外部因素来看，首先，2008年国际金融危机后，世界经济增长乏力，全球经济步入“新平庸”，我国经济也进入“新常态”，经济增速换挡、结构调整深化，必然对商业银行的业务发展、盈利能力、资产质量带来影响。其次，利率市场化、汇率改革和人民币国际化的进展，对中国商业银行的服务能力和全面风险管控能力提出新的要求。最后，风险呈现跨界化和多元化趋势，以及以人工智能、大数据、区块链、移动互联网和物联网等为代表的第四次工业革命，这些都需要商业银行识变、应变、求变，避免错失发展机遇。

从内部因素来看，首先，先行改革红利基本丧失，经过多年快速发展，商业银行的优势日趋弱化，发展面临增长瓶颈。其次，外延发展难以为继，以资源要素投入驱动的发展模式，受到资本、风险、人力资源等多方面制约，商业银行必须以技术创新、科学管理来激发新要素的活力。最后，传统打法明显力不从心，面对新业态、新模式及同业和跨界的竞争，过去很多行之有效的方式不管用了。

在此背景下，监管部门对全面风险管理、资本覆盖风险等监管要求不断升级，宏观审慎和微观审慎监管规则日趋严格。国内银行业长期以来以信用风险(且主要是信贷风险)为主的风险管控模式，已明显不适应市场变化和监管的要求。

2. 银行开启新一轮转型，提高风险防范能力

为了顺应和服务经济发展、改善经营、提高风险防范能力，商业银行开始进行新一轮转型。纵观我国商业银行发展的历史，本身就是个跌宕起伏的转型发展史：从最初承担国家计划经济职能转变为专业银行，进而从

专业银行向商业银行转轨、向股份制银行转制。在我国经济发展历程和金融改革的关键历史节点上，我国商业银行都在不断地转型，而这次转型又不同于以往。不同之处主要是：第一，这是在我国经济进入“新常态”、改革进入“深水区”的大背景下，我国大型商业银行开启深刻变革、推动整体转型的一次先行探索，其复杂性、挑战性不言而喻。第二，从商业银行自身看，这是第一次自觉主动的转型。过去国有大型银行每次转型都是中央确定了政策方略，商业银行作为具体的执行者；这次转型是完全的自主行为，是基于现代公司治理机制作出的商业化决策。第三，这次转型不是局部的修补调整，而是银行经营战略的高度深化，是全面的系统工程。第四，这次转型要深度解决中国现代商业银行“形似神不似”的问题，是有效应对经济全球化、金融国际化的自主选择。

从市场总量看，在全球按市值排名十大银行中，中资银行占据五席；在按资本排名全球1000家大银行中，中资银行有126家。但是，我们不可以自满，要努力提高竞争力。到2018年底，我国四大商业银行的非银行金融资产占全部资产的比例仅为5%，而美国四大银行集团平均为31%；我国四大商业银行境外业务收入占全部收入的比例仅为10%，而美国四大银行集团为25%以上。

这一轮的商业银行转型主要体现在以下五个方面。

（1）综合化经营。自股份制改革以来，大型商业银行通过深化综合化经营改革，推进金融创新，提升国际竞争能力，成为客户综合金融解决方案的提供者。

始终有人批评银行的混业经营，其实这是不了解银行，当前的金融风险并非因综合化所为，银行的历史也无法证明混业经营造成或产生了风险。综合化总体上讲不属于影子银行范畴。企业集团同时需要获得多种金融服务，大型金融企业开展综合经营是大型客户的迫切需要，是提高国际竞争力的迫切需要，也是大型企业减支增收的迫切需要，是国际上大型金融企业主流业务模式，也是银行从单一的“融资中介”向“融资与融智并重”服务转型的大势所趋。

商业银行通过投资设立基金、租赁、保险、信托公司，探索一站式服务，依托全牌照优势，为客户提供了更高水平的金融服务。

（2）国际化。截至2017年底，工商银行、农业银行、中国银行、建设银行、交通银行五家银行在境外共设立了超过1200家机构，在扩大业务和收益来源的同时，对国家对外开放战略的支持力度也有了极大提升。海外业务在总资产中的比重及收益贡献越来越大，企业“走出去”、技术输出、项目承包等给银行“走出去”创造了更大的空间和机遇。银行参与国际竞争，也有利于分散风险，实现国内最佳、国际一流的愿景。

（3）集约化。集约化经营也是我国大型商业银行的主要转型方向之一。通过集约化，推进经营全要素的优化配置。从企业级层面推进集团化、规模化资源统筹，对银行经营全要素进行优化配置，实现流程精益、运营集中、技术集成、成本节约、效率提升、管理科学。

以中国建设银行为例，其集约化转型主要体现在以下五个方面。一是流程银行再造，通过减少层级、避免叠床架屋，缩短流程链条，提高服务效率。二是功能集中整合，建立集中、专业的全面风险管理体系，以统一视图强化对综合风险、集团风险、境内外风险的集中管控。三是打造集约处理平台，实现各种中心集中管理、线下渠道统一管理，提高业务响应速度和处理能力大幅提升。四是节约运营成本。五是优化资源配置。

（4）创新型。商业银行通过创新型银行建设，打造创新驱动的强力引擎。服务更加多功能、高效率。各商业银行加大科技系统改造，推动传统物理网点转型，对营业网点进行“综合性”改造、授权调整和转型“赋能”，将营业网点打造成为产品展示与销售平台、客户体验与互动平台、客户交流与咨询平台，实现线上线下平台对接和生态融合。各商业银行加大线上服务渠道建设，通过开放短信银行、微信银行、手机银行等服务入口，提高移动金融服务便捷性和效率，大型商业银行网络金融业务笔数占全部业务笔数的比重高达95.0%以上。探索推动线上线下一体化，依托传统服务渠道优势，借助App、智能网点和二维码等技术，打通线上线下的渠道连接，提升银行渠道服务的综合效能。

借力互联网驱动创新经营。继中国建设银行于2017年3月与阿里巴巴公司签订战略合作协议之后，中国工商银行、中国农业银行、中国银行、中国建设银行分别与京东、百度、腾讯合作，建立战略合作关系，构建起面向未来、更加智慧、可持续的发展新模式；以打造金融生态系统为核心，推动传统银行服务向全面电子银行服务模式转型；着力构建移动化、服务型电商为核心的网络银行，以广泛获取客户、全面提升账户黏性、深入服务实体经济为目标，实现金融服务的场景化、生态化融合。

创新成果全面转化为生产力。各家银行通过技术创新和产品创新，不断推出快捷方便的产品，2016年，中国建设银行推出全线上信贷产品——“快贷”，中国工商银行、中国农业银行、中国银行也纷纷推出“网上贷”“网捷贷”等线上产品，无须客户提供任何纸质材料，全流程自助即可完成贷款办理。

（5）智慧型。随着大数据、云计算、区块链、人工智能等创新技术的发展，银行不仅可以通过运用新的技术，着眼于金融的创新，从而满足客户需求，提高银行的管理水平、分析能力，金融科技在风险防范方面也发挥了重要作用。

运用新技术构建金融风控体系。运用大数据方法和模型工具，在风险预警监测、智能反欺诈、风险计量模型运用等风险防控方面推广应用，由“人控”变为“机控技防”，做到事前预判、事中分析、事后控制，从而减少损失。比如，授信监测中通过系统自动筛选疑似风险客户，发布预警提示。中国工商银行大数据2.0版，完成覆盖境内外的电子银行事中监控、业务运营风险监控、黑名单监测等建设，日均承接5亿笔主机交易和7亿笔平台交易。再比如，人工智能和机器学习应用在信用等级评定、信用违约预处理；区块链技术进行数据加密和交易结算；大数据和物联网技术强化客户识别和安全管理等。

运行新技术助力金融监控。当前，金融风险的交叉性和复杂程度日渐上升，这对金融监管的穿透性、精准性和实时性提出了更高的要求。监管科技已成为防范金融风险的关键。例如，在反洗钱方面，监管机构可运用大数据知识图谱技术，构建基于社交网络、最短路径等算法的客户资金链路图与洗钱可疑评分，同时引入大数据算法，包括神经网络、决策树、逻辑回归等算法，进行智能反洗钱交易监测模型探索。

三、建立中央银行和金融监管机构分工协作的审慎监管体制（2017年至今）

（一）客观评价分业监管的利弊

“一行三会”金融监管框架在我国经济金融快速发展中发挥了重要作用。但同时也应该看到，在当时中国金融市场不成熟、开放度比较低、监管经验和资源比较有限的情况下，这种分业监管体制是有效的。在该框架下，监管者通过专业分工专注于各自的金融领域，从而提高监管成效。然而，中国金融在不断发展，随着金融创新的涌现和混业经营的开展，“一行三会”监管框架存在的问题也开始暴露。

目前，传统金融机构把新金融业态和跨界交叉经营视作转型发展的重要方向，跨市场、跨行业的业务链条拉长。尤其是随着互联网金融等金融创新的出现，非金融机构也开始投资金融业务，并设立金融控股公司。由于不属于金融机构，没有相应的监管机构，处于监管的真空状态。例如，网络小额贷款、P2P等新兴金融业态，正是由于对其监管的长期缺位，才导致诸多风险事件的发生。因此，以往以机构监管为主的金融监管框架难以适应金融创新的需要，在混业经营趋势下，分业监管存在监管漏洞。

另外，在分业监管体系下，原中国银监会、原中国保监会、中国证监会各司其职，相互之间政策不协调，信息不沟通，尤其在经济结构调整和监管由松到紧的周期转换中，极易产生由市场投机、监管套利相互交织导致的风险隐患。比如，近几年，影子银行发展过快，金融衍生品跨市场、跨领域问题突出，对此缺乏有效监管，银行产品、资本市场产品、保险产品时常在不同金融机构之间销售和交易。对此，监管者却无相应的监管制度，无计可施，各监管机构之间无法得到相关信息。2013年的“6·20”事件，2015年的股灾，各种影子银行、表外风险、交叉传染风险等风险事件和金融乱象等，也与此相连。

2017年7月，第五次全国金融工作会议召开，习近平总书记强调，必须加强党对金融工作的领导，坚持“稳中求进”的工作总基调，遵循金融发展规律，紧紧围绕“服务实体经济、防控金融风险、深化金融改革”三项任务，创新和完善金融调控，健全现代金融企业制度，完善金融市场体系，推进构建现代金融监管框架。做好金融工作，要把握好“回归本源、优化结构、强化监管、市场导向”四个重大原则，同时，会议决定，设立国务院金融稳定发展委员会，统筹金融监管协调和重大金融风险处置，切实做好金融风险防范，促进实体经济健康发展，实现金融稳定。此次会议是党的十九大召开之前的一次重要会议，为未来金融体制改革指明了方向，明确了新机制框架下的金融改革和发展重点。

（二）国务院金融稳定发展委员会和新型金融监管框架

2017年10月，党的十九大召开。会议上，习近平总书记提出防范化解重大风险、精准脱贫、污染防治“三大攻坚战”。其中，防范化解重大风险主要是防范金融风险。防范金融风险，包括货币政策的调控、逐步收紧货币流动性、降低金融部门杠杆率、完善金融监管框架等，其中，金融去杠杆逐步成为防范金融风险的重点。监管部门先后出台了多项针对金融乱象的监管规定，如《商业银行理财业务监督管理办法》、《商业银行表外业务风险管理指引》、“资管新规”等。中国人民银行制定了MPA考核升级及理财穿透登记工作等措施，重点整顿以套利为目的的短期业务及违规业务，使相关监管文件与办法更加系统化，监管效率大幅度提高。

政府进行机构改革。2018年3月17日，第十三届全国人大一次会议通过国务院机构改革方案。其中，中国银监会与中国保监会职责整合，组建中国银行保险监督管理委员会（以下简称中国银保监会），中国证监会继续保留。连同国务院金融稳定发展委员会（以下简称金融委）与中国人民银行，至此，中国金融监管框架由“一行三会”调整为“一委一行两会”，这标志着中国金融监管框架改革迈出了决定性的一步，新时期金融监管框架已形成，也标志着中国金融监管体制机制进入了新的发展阶段。2018年4月8日，中国银保监会挂牌成立，开启了混业监管的新时代。

为了防范和化解金融风险，在宏观层面，建立了稳健货币政策与宏观审慎政策的“双支柱”框架，关注金融风险形成机理的同时，又及时采取有效措施防范化解金融风险。2016年，中国人民银行将差别准备金动态调整机制上升为宏观审慎评估（MPA）机制，从资本和杠杆情况、资产负债情况、流动性情况、定价行为、资产质量情况、跨境业务风险情况、信贷政策执行情况七个方面对金融机构的行为进行引导，为“货币政策+宏观审慎政策”“双支柱”的金融调控政策框架的建立奠定了基础。2017年，中国人民银行将表外理财纳入MPA广义信贷指标范围，2018年又把同业存单纳入MPA同业负债占比指标考核，将跨境资本流动纳入宏观审慎管理范畴。

在金融监管层面，从以机构监管为主的监管模式，向以行为监管、功能监管为主的监管模式转变，形成了以中国人民银行为宏观审慎政策的主体、中国银保监会着重行为监管、中国证监会着重市场监管的新格局。传统的金融监管理论认为，对单个金融机构的微观审慎监管能够有效地防范系统性风险。但2008年国际金融危机表明，个体金融机构的稳健并不意味着金融系统的稳定，在关注和强化微观审慎监管的同时也应关注和加强宏观审慎政策和监管。第五次全国金融工作会议指出，要“加强功能监管，更加重视行为监管”，并将其作为监管强化和补短板的重点方向。与机构监管不同，功能监管更多地关注特定金融机构的各种业务和产品，而不再是金融机构本身，可以更好地进行对金融业跨行业、跨机构和跨市场的监管。行为监管通过制定公平的市场规则，对金融机构的经营活动及交易行为实施监督管理，营造公开、透明的金融市场环境，保障金融消费者的合法权益。

（三）新的“一委一行两会”监管框架提升了金融监管全覆盖水平

作为国务院统筹协调金融稳定和改革发展重大问题的议事协调机构，金融委的职责主要包括：落实党中央、国务院关于金融工作的决策部署；审议金融业改革发展重大规划；统筹金融改革发展与监管，协调货币政策与金融监管相关事项，统筹协调金融监管重大事项，协调金融政策与相关财政政策、产业政策等；分析研判国际国内金融形势，做好国际金融风险应对，研究系统性金融风险防范处置和维护金融稳定重大政策；指导地方金融改革发展与监管，对金融管理部门和地方政府进行业务监督和履职问责等。由此可见，“一委”并不直接介入“一行两会”的具体监管工作，更多的是发挥协调作用。

在“一行两会”各自职责范围内的政策仍由各自单位制定，不需要各单位联合讨论起草，但需要在金融委备案，保证金融委及时掌握相关动态。涉及跨行业跨市场的监管政策制定时，则需要“一行两会”相互配合，在金融委统筹安排下共同起草，协调推进。同时，在新的监管框架中，原银监会和原保监会拟订银行业、保险业重要法律法规草案和审慎监管基本制度的职责被划入人民银行，既改变了长期存在的金融监管制度制定者与执法者合一的格局，又使银保监会的金融监管能够与中央银行的“双支柱”调控在制度政策上相协调。人民银行在发挥金融监管统筹协调、金融政策制定、宏观审慎管理等方面将发挥比以往更重要的作用。

金融委建立在国务院层面的高定位，从全局统筹考虑，不留监管死角和盲区，提高监管全覆盖水平的同时，协调效率也大幅提升。金融委主任由分管金融工作的国务院副总理担任，副主任由国务院分管副秘书长、金融委办公室主任担任。金融委办公室设在人民银行，同时人民银行金融稳定局局长担任金融委办公室副主任。金融委以高层议事、决策会议的形式存在，而位于人民银行的金融委办公室是常设的实体办事机构。人民银行履行办公室职责，统筹不同监管部门的监管政策，保证不同部门出台政策的目标一致性，避免不同政策之间的方向性差异。而作为人民银行内部金融监管协调、维护金融稳定的核心的人民银行金融稳定局，则作为金融稳定发展政策的主要贯彻执行机构，与金融委一起促进监管机构相互协调、防范系统性风险。

从2017年11月至2020年6月，金融委已经召开28次会议，在防范金融风险、深化金融改革、支持实体经济尤其是中小微企业发展方面取得了积极的成效，包括有效稳住宏观杠杆率、控制重点领域信用风险、稳妥化解影子银行风险、改善支持实体经济发展的金融服务、有序处置各类高风险金融机构风险、全面清理整顿金融秩序等。2019年以来，金融委在金融改革开放方面作出了重大决策部署，包括2019年7月推出的11条金融业对外开放措施，涉及债券市场、银行保险市场和证券市场三个领域，为我国金融开放按下了“加速键”；2020年6月推出的11条金融改革措施，涉及小微企业金融支持、金融市场开放、银行业改革、资本市场改革等话题，反应速度快、力度大，既布局全面，又着眼长远，展开了下一阶段金融业改革开放的全景图。尤其是新冠疫情期间，金融委在支持疫情防控做了重要的工作，先后召开10次会议，确定“稳预期、扩总量、分类抓、重展期、创工具”的工作方针，综合运用多种政策工具保持流动性合理充裕，坚持股票市场正常开市，拓宽企业低成本融资渠道，有效防控疫情，支持复工复产，维护了经济稳定发展大局。

总体来看，我国监管趋势的变化和主要经验主要表现在四个方面。一是稳基调，主要表现为服务实体经济、防范化解风险、去杠杆降成本等。二是促改革，主要表现为成立金融委，银监会和保监会职责整合组建监管机构——银保监会，利率市场化改革进一步深化等。三是严监管，主要表现为突出实质监管和穿透监管，更像“显微镜”“透视镜”，推出一系列针对银行公司治理、资本、流动性、地方债认购，资产管理的制度规范等。四是调工具，主要表现为货币政策工具更灵活丰富，引导预期加强逆周期调整，前瞻性研究数字货币，健全货币政策与宏观审慎政策“双支柱”调控框架等。

2 第二章 国家金融安全观的形成和发展

- 金融风险与国家安全的关系
- 国家金融安全观的内涵
- 国家金融安全观的落地框架

一、金融风险与国家安全的关系

（一）金融安全与国家安全

1. 金融是全球化时代国家安全的实现手段

国家安全是一个宽泛的概念，涵盖军事、政治、社会、经济、金融、科技、生态等众多方面的内容，其中，金融既是其中重要的组成部分，也为总体国家安全提供了关键性支持。习近平总书记和党中央提出了“总体国家安全观”，可以看出，国家利益是国家安全的内核，国家安全外延扩展而内涵收敛，始终围绕着国家利益这个核心在运转。

为了实现国家利益最大化，需要更多地引导金融来服务实体经济，充分发挥其在市场经济中资源配置的作用。在国际社会中，以美国为例，金融一直是其最大化本国收益的重要手段。凭借美元在国际货币体系中的主导地位，美国向全球经济体出售了大量的美国债券，然而包括一些新兴市场不仅不能在对美投资上获得丰厚收益，还必须向美国输出廉价商品。

金融所关注的国家利益最大化像是一座摩天大楼，而国家安全及国家各子系统的安全就保证了这座大楼地基的稳固。金融能够以“资金融通”的方式为国家安全子系统提供有力支持，就像是向施工中的每一楼层顺利运输砖瓦、水泥，保证各楼层的正常建设进程。当国家安全有一个子系统出现建筑质量问题时，可以先通过金融领域察看是否出现异常，来提前预警风险，防止其他子系统受到影响，及时采取措施。与此同时，金融还可以通过金融制裁、反洗钱、冻结资金等方式，成为维护国家安全的有力工具。由此可见，金融是国家整体战略的基石，它既能促进经济和政治影响力的互相转化，也可以帮助国家在经济全球化的过程中赢得更多的主动权，因此，国家安全建设离不开金融的驱动，金融是“总体国家安全观”实践中的关键环节。

2. 金融安全是国家安全的重要组成部分

（1）金融安全的战略高度不断被提升。

1998年5月，在中共中央第七次法治讲座上，题为“金融安全与法制建设”的专题报告论述了金融安全与经济安全、国家安全的关系,强调用法律的手段来规避金融风险，维护金融安全。江泽民同志也在此次讲座上发表了重要讲话，提出把防范和化解我国经济运行中的金融风险作为全党和各级政府一项十分紧迫和重要的工作。

2007年8月，中共中央政治局进行第四十三次集体学习，胡锦涛同志在会议上强调，做好金融工作，保障金融安全，是推动经济社会又好又快发展的基本条件，是维护经济安全、促进社会和谐的重要保障，越来越成为关乎全局的重大问题。

2017年4月，习近平总书记在主持的中央政治局维护国家金融安全第四十次集体学习时发表了重要讲话，对金融安全的重要性做了极为深刻的重要阐述。习近平同志进一步强调，金融安全是国家安全的重要组成部分，同时作为经济健康平稳发展的重要基础，金融安全关乎我国经济社会发展全局，因此，要将金融安全作为战略性、根本性的国家大事来处理。金融活、经济活；金融稳，经济稳。要充分认识到金融对于国家安全、经济发展与社会生活的重要性，切实维护金融安全，扎实做好金融工作。同时又着重指出，维护金融安全，要坚持底线思维，坚持问题导向，强化安全能力建设。

（2）从关系党和国家工作全局的高度认识金融安全在国家安全中的重要性。

金融安全的核心是最大化国家利益。放眼全球，金融已成为国际竞争和国际关系中决定性的力量，谁掌握了金融主导权，谁就掌握了世界话语权。在和平年代，金融是没有硝烟的战场，金融安全在总体国家安全观中处于重要地位，决定着国家兴衰，甚至是民族存亡。在国际金融战场上，利益博弈是表象，战略才是内涵。如何看待金融安全，决定着金融安全战略的制定，也直接影响国家利益博弈的结果。

一方面，金融安全不仅是技术问题，更是战略问题。金融是一个技术含量很高的专业领域，正是金融这一特点，让人们可能忽略了一个事实：各国有关金融领域的技术指标，仅仅反映了表象特征，其实背后真正起作用的是国家核心力量的驱动，反映国际金融市场和货币体系中的每一次博弈产生的结果。对于各个国家来讲，金融安全并没有一个统一的和严格的标准，所谓的某些金融指标的“国际警戒线”虽有一定的借鉴意义，但是如果各国都按照同一个要求来努力，可能会陷入战略上的被动。因此，金融安全不能仅依靠指标来衡量，应该站在本国战略的高度上，通盘考量，以长期的、发展的眼光来审视，摒弃那些单纯就技术指标的探讨，把被动防御变为主动出击。

另一方面，金融安全不是“阴谋”，其核心只是国家利益最大化。因为国与国之间的金融博弈手段往往错综复杂，很多人错把金融安全理解成国家的“阴谋”，但事实上，在国际经济金融博弈中采用各种手段维护国家安全、谋求本国利益最大化是最正常不过的，并未存在任何需要隐藏的危险目的，所有的经济金融手段也都是符合国际规则和本国经济金融政策，通过公开市场来实施的，最终谁能在博弈中抢占先机，谁就有可能获得最终利益。所以，无论从目的、手段还是结果来看，维护国家金融安全都是一目了然的，所谓“阴谋”根本无从谈起。

3. 金融力促国家安全的战略思想

（1）坚持“以我为主”的战略思想。

首先，认清国际金融体系在混乱中发展的必然历史趋势，发挥金融作为国家“软实力”的引领作用，主动出击。在国际金融市场中，应尽量积极主动，在博弈中占据主动而有利的位置，为实现国家利益最大化创造条件。

其次，应确立均衡、可持续的发展思路。通过有序地推进国内的金融改革，加强金融体系建设，完善金融监管体制，鼓励金融创新，在发展过程中牢牢守住不发生系统性风险的底线。

最后，应将“引进来”和“走出去”有机结合。在改革开放的引领下，中国在快速发展中集聚了较大的吸引力，一些外资不断涌入中国，与此同时作为全球第二大经济体，在“一带一路”倡议的带动之下，金融要充分发挥资金和信用引领作用，加快“走出去”的步伐，同时支持企业“走出去”，赢得更多的市场份额。

（2）坚持稳健坚定的战略思想。

一方面，改革并不是一蹴而就的，应重视如地方债务、影子银行、产能过剩等一系列发展过程中的风险，通过供给侧结构性改革稳步推进各项改革。资本项目的开放应该遵循利益和风险相平衡的原则，稳步安排金融改革的顺序。在货币政策实施过程中，不搞“大水漫灌”，采用“精准滴灌”的方式，保证政策传导效果。

另一方面，在中国经济面对纷繁复杂的国际环境和国内“三期叠加”和“中等收入陷阱”[①] 的大背景之下，能够保证中国经济持续稳健发展的唯一路径就是坚定不移地推进改革和开放。尤其是，作为新兴市场国家，在发展路径上不会一往无前，总会因为内部结构的调整遇到各种“瓶颈”问题，此时应该把坚定改革作为最重要的战略思想，迎难而上。金融方面，继续推进人民币国际化、利率市场化改革，推动建设多层次的资本市场、中小金融机构回归本源等。

（3）坚持和平合作的战略思想。

坚持和平合作的战略思想，包括三个层面：其一，顺应时代潮流，追求共赢。习近平总书记在党的十八大首次提出“人类命运共同体”的倡议，当今世界和平和发展将会是国际环境的长期基调。金融作为资源配置和利益分配的重要工具，也被赋予了和平合作、追求共赢的时代内涵。金融手段打造命运共同体，可以实现更大范围的利益共赢。其二，以长远计，不过分拘泥于短期得失，在推进利益共赢长期机制的建设过程中，可能会出现短期损失的情况，在此背景下，中国应该着眼长远，正确对待可能出现的短期利益受损。其三，除金融手段外，信用也是金融的核心，应加强文化交流，遵从国际关系准则，要建立与伙伴国家的金融互信，建立利益共享机制，实现利益融合。

① 此概念有不同看法。

（二）金融风险与金融安全

1. 金融风险生成机制理论

（1）金融机构内在脆弱性理论[①]。

其一，货币主义学说。货币主义学派从货币政策引发金融风险的角度来阐述金融风险的生成机制，其主要代表人物弗里德曼认为，货币政策的无效性导致了金融风险的产生和积累。具体来讲，在宽松的货币政策之下，资金相对充裕，货币的供需容易相互匹配，影响金融机构的不安定因素减弱，金融风险可控；反之，若在货币政策紧缩期，资金供给不足，供需之间容易产生不匹配，不论是直接融资还是间接融资的方式，都会产生巨额的资金缺口，从而导致各部门之间的矛盾激化，甚至在经济运行过程中可能出现资金链的断裂，导致金融机构的不安定因素迅速增大，金融风险也会呈指数级递增，若不及时控制，还有可能引发大规模的金融危机，危害整个经济社会的安全。

其二，金融风险的周期性理论。该理论认为金融风险是与经济周期的变化相生相伴的。学者海曼·明斯基（1985）认为，金融作为中介的内在特性，导致了周期性的金融风险在各经济组成部分之间进行传导。同样，金德尔伯格也认为，引发金融动荡的不安定因素主要就是金融体系内部经济人的非理性行为，是信用中介的本质造成了经济周期的波动。

其三，安全边界学说。克瑞格站在银行的角度引用了“安全边界”的概念，来解释金融风险的内生性。该理论认为，安全边界是指银行收取借款人的贷款利息中所包含的风险报酬。当有不测事件发生时，安全边界可以提供给银行一种保护。银行家通常遵循所谓的摩根规则（JP Morgan rule），即主要看借款人过去的信用记录，决定是否对企业放贷，银行家采用借款人的信用记录来估价安全边界。当现实经济开始偏离预期时，借款企业为了兑现偿付本息承诺，可能会拖延支付或者变卖投资资产，结果导

① 金融机构内在脆弱性理论从金融机构角度阐述了金融风险产生的机制，主要包括货币主义学说、金融风险的周期性理论和安全边界学说。

致价格下跌、实际债务负担加重，金融风险显现。

（2）信息不对称理论。

1961年施蒂格勒发表了《信息经济学》，首次将信息问题引入经济领域。不对称信息分别在交易发生前后导致逆向选择和道德风险的问题，会降低金融市场机制的运行效率，影响资本的有效配置。其中，逆向选择问题指那些最可能导致信贷风险的借款者，往往就是那些最积极寻找贷款并可能拿到贷款的借款者，逆向选择的普遍存在加大了金融市场的风险，影响了市场的运行效率。道德风险问题是指在交易之后，借款者随意改变投资计划，导致资金发生损失，或隐瞒真实收入拒不归还银行借款等，同样会催生出金融风险。

（3）金融资产的价格波动理论。

金融资产的价格波动理论认为，外汇、股票等金融资产的剧烈波动是金融风险加大的显著标志，金融危机爆发的重要原因就是金融资产价格的内在波动引发了金融风险，从而进一步升级成金融危机。

其一，汇率的波动。在经济全球化的今天，各国所实行的汇率制度不同，不论是固定汇率制度还是浮动汇率制度，都要求本国货币在一定时期内在一定区间内波动，否则一旦出现大幅波动，会导致投机者进行大额的买进卖出操作以获取利润，原有的汇率稳定性被破坏，引发巨大的金融风险。多恩布什的汇率超调理论表明，汇率波动超过均衡区间就是外汇价格超调的其中一种，当受到外部冲击时，资本市场和商品市场的调整速度不一样，汇率的波动无法避免，因此在当前的国际金融体系之下，金融风险无法避免。

其二，股市的波动。同样，在资本市场中，股票市场也会存在投机行为导致股票价格的巨幅波动，当经济繁荣推动股价上涨时，投资者会开始追捧导致股价继续抬升，直到无法用经济基本面解释，最终市场预期不在，价格开始断崖式下跌，也就是说投资者对市场过于乐观的狂热，使股价极度不合理进而引发恐慌性的金融风险。历史上多次金融危机也都与金融市场特别是外汇市场和股票市场资产价格的大幅波动有关。

2. 金融安全的底线是不发生系统性金融风险

系统性金融风险是指在金融体系不同部门之间进行传导，威胁到整个金融体系的稳定和功能发挥，并使经济增长遭受重大损失的风险。系统性风险通常情况下会经过一定时间的积累但却没有得到应有的重视或者没被发现，等一旦暴露之时，会具有很强的不可分散性和传染性。尤其是跨市场、跨部门和跨产品的风险呈螺旋式不断传播和积累，最终很可能引发严重的金融危机，威胁整个国家甚至全球的金融市场运行。由系统性金融风险引发的金融危机通常不是由外生因素引起的随机事件，相反，形成系统性金融危机的原因往往是经济体系中债务和杠杆的急剧增长及资产价格泡沫等金融失衡现象。

尽管历史上不同国家发生的系统性金融危机各有其表现形式，但仍具有一些共同特点。每次系统性金融风险导致的危机爆发之后，都会出现同样的银行挤兑、金融机构大量破产倒闭、货币快速贬值、严重通货膨胀、资本外逃、官方储备减少、股市暴跌等。几乎所有的金融指标都会出现恶化，甚至刷新历史上的最低位水平。回顾历次金融危机的发生，包括北欧三国金融危机、日本“失落的十年”、1997年亚洲金融危机、2008年美国次贷危机，以及“欧洲五国”金融危机等无一不是由系统性风险所引发的。由此可见，防范化解系统性金融风险，是金融安全应该守住的底线，为了实现中华民族的伟大复兴，我们首先就应该保证不发生系统性金融风险，引导金融切实支持实体经济领域。

从主要的衡量指标来看，若想要维护国家的金融安全，我们应该从以下几个指标入手，切实防范风险：第一，保持国内物价稳定，CPI同比增幅要保持在合理区间，如低于3.5%的世界警戒线；第二，保持国家货币的币值稳定，不出现大幅度的升值或贬值；第三，国际资本流入和流出稳定；第四，银行业健康发展，保证资产利润率高于不良贷款率；第五，实体经济、企业、政府杠杆率保持在合理水平，防止发生主权债务和企业大规模违约事件；第六，保持债券市场、股票市场、保险市场、期货市场、黄金市场等资产价格的稳定，防止出现恶性投机影响资产价格巨幅波动的事件；第七，银行与新兴互联网金融公司之间形成健康、良好、有序的竞争关系。

3. 防范和化解金融风险的基本原则

第一，强化金融监管，做到标本兼治，有效消除金融风险隐患。监管薄弱是造成金融风险的重要原因之一，党的十九大报告提出要建立现代化金融体系。因此，为建立与现代金融体系相匹配的金融监管体系，统筹协调金融稳定和改革发展的重大问题，2017年11月，经党中央、国务院批准，金融委成立，这意味着我国金融业迈出了混业监管的实质性第一步，标志着“一委一行两会”的金融业新监管体系的形成。以此为基础，应加强统筹协调，强化人民银行宏观审慎职责，落实各部门监督职责，全面建立功能监管和行为监管框架。

第二，优化金融结构，坚持以银行为主导的金融体系，但同时建立成熟强大的资本市场，夯实防控风险的微观基础。究竟该如何优化金融结构，应该从一个基本出发点来判断，即金融结构应该尽量匹配实体经济的金融需求。产业结构调整，资源配置升级，新兴企业的不断成长都催生出不同于传统金融需求的新需求，若想有效地发挥金融制度安排在其中的作用，就需要金融结构的调整先行。不管是从历史的角度还是从现实及未来的角度看，未来相当长一段时期内，我国仍然会是以间接融资为主导的金融体系，但同时，资本市场也是不可或缺的组成部分，发挥直接融资的作用，作为间接融资体系的重要补充。

第三，避免金融脱实向虚、资金空转推升金融杠杆而引发风险。防止资金空转就要疏导资金流通渠道，确保资金流向实体经济；应把金融服务实体经济作为根本出发点，既充分发挥国有资本的主体作用，又充分调动民营资本的积极性。要加强信贷政策引导，在信贷投放时应认清国有金融是维护经济金融安全的主力军，是增强中国全球影响力的中坚力量，仍将是对中国直接投资及中国对外投资的推动器。同时，也应看到，民营资本是国有金融的有效补充，是提高中国经济金融运转效率的“润滑剂”。应在风险可控的前提下，充分发掘民间资本的作用，激发民间投资热情。站在全球竞争和国家利益的大格局下，“国”与“民”携手，最大化国家利益。

第四，强化金融风险识别能力，对各种风险都要严格把控，不能顾此失彼。一是加强系统性金融风险监测、评估和预警。以合适的指数为核心建立风险监测预警体系，并通过市场调研等方式掌握所面临的风险情况，构建金融风险应急机制和缓释机制。二是准确识别全球金融风险。高度关注全球金融市场风险不断积聚的态势，对可能发生的局部金融危机做好准备，并对经济金融脱节带来的各种威胁保有警惕；警惕地缘政治动荡带来的重大风险，时刻注意中国周边地区传统地缘问题的发展，加强对相关国家政治风险变化的监控。三是加强对互联网金融的风险防范。应尽快把互联网金融、影子银行等新兴金融业态纳入总体的监测框架当中去，实施长期监控。

第五，发挥市场在金融资源配置中的决定性作用，尽量减少各种干预，避免政府不当干预导致的金融风险积聚。政府的干预通常要滞后于金融市场的波动，如果市场的波动方向未变，政府干预可能会在其中起到一定的作用，但是由于政府干预在范围、手段等方面的局限性，其基本上只能有助于缓解当前的矛盾，而不能釜底抽薪地解决根本性的问题。而如果市场的波动方向已经发生变化，政府的干预还可能会加大金融市场的波动幅度，从而引发更大的风险。发挥市场导向作用的目的是使最优效率的交易者获得最优的回报。金融业本身是竞争性服务业，只有在充分竞争的情况下，在自愿原则和利益原则的驱使下，金融市场才能形成合理反映市场供求状况的价格，所有的交易都通过市场这双“无形的手”来实现，从而引导金融资源配置到最能满足市场需求的地方，推动整个市场保持高效率运行。

二、国家金融安全观的内涵

（一）金融安全理论

2017年4月，中共中央政治局第四十次集体学习时首次提出，金融安全是国家安全的重要组成部分。维护金融安全，是关系我国经济社会发展全局的一件带有战略性、根本性的大事。同年7月，全国金融工作会议召开，会议指出，“金融是国家重要的核心竞争力，金融安全是国家安全的重要组成部分，金融制度是经济社会发展中重要的基础性制度”，进一步明确了金融安全在国家安全建设上的重要地位和作用。2019年2月，中共中央政治局就完善金融服务、防范金融风险举行第十三次集体学习时，进一步阐述了金融与经济的辩证关系，“金融活，经济活；金融稳，经济稳。经济兴，金融兴；经济强，金融强。经济是肌体，金融是血脉，两者共生共荣”。党的十八大以来，以习近平同志为核心的党中央对金融安全的高度重视，进一步凸显维护金融安全工作的重要性。要准确把握新时代威胁国家安全的因素，防患于未然，首先要维护好金融安全，要深刻理解金融安全观的理论内涵和原则要求，这对指导新时期的伟大实践具有十分重要的意义。

1. 金融安全观的内涵

一是坚持金融安全是国家安全的重要组成部分。首先，金融安全在很大程度上决定着国家经济安全，一旦金融领域发生危机，势必会影响经济社会发展全局；其次，在经济和金融全球化日益深化的今天，金融领域是各国竞争中“没有硝烟”的战场。因此，金融安全已经成为国家安全重要的组成部分。应始终站在国家安全的战略全局高度上做好维护金融安全的工作，从金融治理体系、金融治理能力等方面入手，保证国家安全的全面实现。

二是坚持金融安全是国家核心竞争力的重要体现。金融不仅是国家体系中的关键领域，还参与并贯穿国家运行的各环节之中，通过资金融通、金融反制、数据预警等多种方式为其他领域提供支持，可以说金融是国家的核心竞争力。我国自改革开放以来，金融业发展取得了历史性成就，服务水平、竞争能力和营商环境大幅提升，为国家经济增长、社会发展提供了强有力的支撑，金融也支持着我国在全球市场中的地位不断提升。

三是坚持金融安全是现代经济健康发展的重要保障。当前，我国正处于中华民族伟大复兴的关键阶段，也处于从发展中大国迈向社会主义现代化强国的关键时期。金融作为现代经济的核心和重要支撑，金融安全体现着国家安全的时代要义。在新时代的背景下，如何通过维护金融安全来促进更深层次的改革开放、支持实体经济、提高在国际市场中的竞争力是非常值得深入研究的课题。

四是坚持金融活、经济活的根本指导思想。坚持金融安全观，要求始终把金融安全置于中国特色社会主义事业全局中来把握，坚持金融活、经济活的根本指导思想，充分调动、集合、发挥银行、保险、证券、基金等各类金融机构的优势资源，以金融产品和服务的不断创新激发经济活力，以金融“活水”和经济活力，共同形成国家合力。

2. 金融安全观的重点领域

一是金融为实体经济安全服务。实体经济安全是国家安全的基础。国家制定和实施安全战略，国家的政治、军事乃至环境政策在很大程度上都以经济建设为中心。没有经济安全，文化、教育、社会等领域安全也就无从谈起。因此，金融应通过深化供给侧结构性改革和进一步对外开放，牢牢守住不发生系统性金融风险的底线，不断增强服务实体经济能力，进一步保障经济安全。

二是金融为社会稳定服务。社会稳定与否与人民群众切身利益关系最为密切，是人民群众安全感的“晴雨表”和“风向标”。随着经济发展、社会进步，人民群众对过上美好生活有更高的期待，对社会稳定方面有了更高的标准。良好的金融稳定机制可以为中国社会经济平稳运行提供支撑，可以为完善社会经济安全体系提供强有力的金融支持，从而间接推动社会整体治理水平的提高。

三是金融为融入国际化、“一带一路”提供支持。习近平总书记在2013年提出建设“一带一路”的重大倡议，积极落实“一带一路”的倡议离不开金融的支持。以金融作为依托，建设命运共同体，将“创新思维、创业心态”贯穿好，以商业化运作大力推进国家战略，实现更大范围和更深层次的合作共赢。

四是打击犯罪，惩治腐败、反洗钱。在我国社会矛盾发生新变化、经济与世界经济融合加深的形势下，打击犯罪、加强惩治腐败和反洗钱工作具有十分重要的意义。金融领域的反腐斗争形势十分复杂严峻，必须要加强对关键领域、关键岗位、关键人员的监控和监督，力争通过加大反腐力度保障国家金融安全和人民群众的切身利益。此外，要加强反洗钱工作，全面防范洗钱风险，通过反洗钱全流程管理，维护我国正常的金融秩序。

严厉打击洗钱行为，严禁通过洗钱损害金融机构的合法利益，腐蚀社会公众的道德。

五是金融科技维护网络安全。随着互联网等新技术的不断革新，全球各国的发展进程都得到不同程度的加快。但与此同时，网络安全问题也随之产生，处理这种非传统的安全问题，各国的经验都不十分充分，就中国来讲，网络安全问题作为非传统安全问题，面临的形势更为复杂、更为严峻。习近平总书记强调，没有网络安全就没有国家安全，就没有经济社会稳定运行，广大人民群众利益也难以得到保障。因此，要加快推动信息领域核心技术的突破，以金融科技为手段，开展金融网络安全的维护，加强对敏感信息的保护，对网络安全实现预警监测，切实维护国家网络空间主权安全。

（二）国家金融安全观的时代内涵

1. 贸易战、金融战是现代国际战争的重要手段

站在新的历史起点上，我国的对外贸易政策和金融政策要适应国际安全环境的新变化，贯彻新形势下国家经济金融安全战略方针，促进对外经济贸易合作，金融开放与实现我国“两个百年”目标相一致，在国际合作中，坚决维护国家安全、发展利益，为实现“两个一百年”奋斗目标和中华民族伟大复兴的“中国梦”提供坚实保障。金融作为现代经济的核心，能够以“资金融通”的方式，为对外开放与合作建设提供有力支持。金融和经贸的结合，是建立及维护区域经济秩序的重要利器。当前，贸易战和金融战已经成为国际社会战争的新形式，随着非常规战争威胁的逐步抬升，金融在国家安全中将发挥更加突出的作用。

首先，稳健的金融体系是保障经营安全的重要条件。社会生产经营是人类社会最基础、最根本的经济活动，一个国家的产业结构，各产业的产品形态、生产效能、市场活性、在全球价值链中的地位等因素决定着整个国家的社会生产质量，进而深刻地影响着整个国家的经济发展水平。经济发展模式过于粗放、产业结构不合理是我国经营安全的两大重要隐患。稳

健的金融体系包括完善的监管政策、安全有序的金融运行规则、相互协调的各类金融机构及对金融风险的控制等方面。它可以有效地支持创新、快速响应产业变革，保障经营安全，防止被产业新秩序边缘化。

其次，坚持中国特色社会主义金融体制，把金融的主导权掌握在自己手里。从历史上看，一国经济的强盛和其占据世界经济体系主导地位的历史与其金融业的崛起和兴盛息息相关。当前，综合国力竞争日趋激烈，各国都在抢抓竞争主动权。中国金融要在世界上立足并有所作为，实现金融国际化的战略，就需要通过金融努力占据综合国力竞争的制高点，建设和完善中国特色社会主义金融体制，从金融途径培育中国的影响力和主导力，借由国际地位的提升，为改革和完善国际治理体系贡献更多的中国力量和中国智慧。

再次，金融制度法律要与中国实际相结合，以国家利益为最终出发点。一直以来，国家利益都是一切金融制度问题的根本前提。金融具有调节利益的天然属性，而国家利益是当今国际社会最现实的普世价值。中国社会逐步转型带来了利益结构的重新调整，使高度整合的传统社会结构面临冲击，经济结构矛盾的复杂性渐显，应正确处理社会经济矛盾，建立利益调整机制。作为规范金融活动、调整金融关系的准则，金融法律制度是利益协调和分配的法律基础。因此，应把金融法律体制的建设与中国经济实际相结合，在金融工作中践行符合中国利益的核心价值观。

最后，坚持人民币国际化的方向，坚持汇率改革的市场化方向，确保外汇储备安全。未来，国与国的战争通常以经济战或金融战等没有硝烟的战争为主，通过跨境资本、货币汇率、金融制裁等方式，给目标国家的实体经济、金融市场造成巨大冲击，甚至使其陷入严重的经济、金融、政治等多重危机。因此，我国应做好充分的准备，提前加以应对。一是坚持人民币国际化和汇率市场化改革，推动人民币在世界范围内贸易、投资、金融中使用范围的扩大，取得更多国家的认可，进一步增加我国在国际事务中的话语权。二是中国外汇储备应始终以“安全、流动、保值增值”为经营目标，核心职能是确保储备安全，维护国际收支平衡和汇率稳定，维护国家金融安全，实现长期、稳健的经营收益。

2. 当前金融安全面临的挑战

金融是现代经济的“血液”，金融安全是经济安全的基础。而实体经济健康发展和金融市场稳定运行为国家利益的长期维系提供了坚实的物质基础。改革开放以来，中国经济实力稳步提升，金融体系快速发展，但应该看到的是，中国经济金融尚处于发展过程中，改革任务繁重，经济安全面临诸多掣肘。

一是本源层面，系统性风险积聚，金融风险隐患逐渐加大。金融领域的过快信用扩张和实体部门的过度负债带来的高杠杆是宏观金融脆弱性的总根源。一方面表现在杠杆率水平较高，2019年第三季度，我国宏观杠杆率为257.3%，企业部门杠杆率达150.4%。另一方面表现在杠杆行为的不合规性，如场外配资、债券结构化嵌套和房地产信贷过快发展等加杠杆行为是近年来我国股市屡次异常波动和房地产价格泡沫化的重要原因。国际经济复苏放缓，主要经济体政策外溢效应等，使我国面临跨境资本流动和汇率波动等外部风险冲击。

二是在国家战略层面，金融对外进一步开放是一把“双刃剑”。我国金融对外开放程度不断提高，但是却未能在国际社会中获得与中国经济体量相匹配的话语权。中国是经济大国、贸易大国，却对全球事务缺乏话语权，对周边事务缺乏领导力，即中国的经济影响力并未有效转化为相匹配的政治影响力。世界主要发达国家的发展经验表明，一个大国要发展、一个民族要崛起，必须要成为区域秩序乃至世界规则体系的制定者之一。当今世界，金融正在成为国际地缘政治博弈的关键环节，是一国提升影响力、赢得话语权的重要途径。中国应在金融全球化的浪潮中，以积极主动的态度培育并不断提高金融竞争力，提升金融影响力，为参与区域秩序及规则制定创造有利条件，为军事决策和行动创造更大的空间。

三是宏观产业层面，以工业4.0为代表的产业革命正引领新一轮全球产业链的国家秩序安排。如果不能从宏观层面统筹产业结构调整、积极利用金融手段做大做强优势产业，轻则影响国家的经济持续增长，重则可能产生严重的产业安全问题，使经济发展陷入被动，国家安全失去支撑，再度沦为全球产业链的附庸。

四是微观企业层面，金融业的竞争力是金融安全的核心，只有不断提升金融业竞争力，才能切实捍卫金融安全。近年来，伴随着不良贷款的上行压力，债券市场信用违约事件也明显增加，这不仅侵蚀着银行业资本金和风险抵御能力，同时，由此引发的信用风险更是影响着社会甚至海外对我国建立安全、稳健金融体系的信心。总体来看，中国金融业竞争力的发展现状仍不足以充分保证金融安全。

3. 金融科技引领未来的银行方向

金融科技的兴起对传统商业银行的发展而言，既是事关客户与资源重新划分的挑战，也是银行业推进全方位转型与数字化重塑的重大机遇。银行业又一次站在转型与重构的历史拐点上，银行业能否应对新技术、新理念带来的冲击，能否平稳地化挑战为机遇，不仅是银行业自身转型与发展的重大课题，更是关乎国家金融安全的核心内容之一。

一方面，金融科技已成为银行业转型的重要驱动力。首先，传统银行业在客户层面和市场层面已经受到以互联网金融为代表的金融科技企业的冲击，其中零售业务是承受冲击最大的领域，金融科技逐渐改变了客户的需求和消费习惯。其次，以第三方支付为代表的金融科技企业运用移动支付和二维码技术等，可以在线上和线下快速实现支付转账、信用卡还款、生活缴费、购买理财等，逐渐弱化传统银行业的支付中介和融资中介功能。

另一方面，金融科技引领的技术创新将为银行业的数字化转型和重构提供极大助力。首先，人工智能和大数据等技术的应用将在信用评级、反洗钱、监控客户行为等场景发挥重要作用，帮助银行更好地控制风险，提高银行运营效率。其次，区块链、生物识别等技术的应用将有效提高支付清算的安全性并显著降低其成本，帮助银行更好地实施内部控制，提高交易便利性。今后，金融科技将更深入介入客户风险识别、金融合同审查、自助交易、风控、运营管理等管理领域。

金融科技的发展倒逼银行业推进转型与变革。银行业需要准确把握金融科技的发展趋势，以自身业务为基础，以客户需求为导向，以科技创新为抓手，打造适合自身发展的全方位金融生态圈。银行业必须转变思维模式，化解存量与增量的矛盾，从战略、业务和技术三个层面推进数字化转型，重塑新时代金融业的中流砥柱。

4. 金融在现代经济生活当中不可或缺

在党中央提出的总体国家安全观中，生态与资源安全占有重要一席，凸显了维护生态资源安全的紧迫性和重要性。新时期下，可持续发展和绿色发展已是全球共识。

金融与现代经济相濡以沫，绿色发展离不开金融的支持，绿色金融是绿色发展的关键。一方面，金融是资源配置的重要枢纽，不论是资源的优化配置还是产业的发展升级，都需要金融发挥支撑和促进作用，尤其是绿色发展更加离不开金融的支持。此外，金融是国家宏观调控政策和产业政策发挥效力的重要手段。国内银行为了追随低碳经济转型，加快进度调整了信贷结构，信贷资源也开始向“绿色”领域倾斜。通过提高行业绿色信贷标准，不断降低由于环保政策从严所带来的信贷风险，不仅实现了在“两高一资”（高耗能、高污染和资源性）行业的有序退出，而且还成功地研发出节能减排、循环经济等绿色新兴信贷品种。

另一方面，产能过剩倒逼绿色金融的快速推进。中国经济结构失衡和发展方式落后的突出表现就是产能过剩，产能过剩的化解已成为事关中国经济可持续发展、中国社会稳定乃至中华民族伟大复兴的当务之急。化解产能过剩需要多管齐下，行政手段、经济手段都不能少，但关键还是金融手段，绿色金融则有治标治本的重要作用。正因为如此，产能过剩倒逼绿色金融快速推进。产能过剩的现有压力和化解产能过剩的现有渠道之间存在着一定的落实缺口。仅靠行政手段难以缓释现存的巨大压力，唯有发挥金融创新的力量，才能解燃眉之急。应该说，发展绿色金融就是化解产能过剩的治本之策，唯有通过金融渠道发挥其资金融通的核心职能，优化产业资源配置，扶助绿色经济和新兴产业健康成长，才能助推生产要素从过剩产能向新兴产业的流动，才能营造“产业兴则经济兴，经济兴则金融兴”的健康经济生态。

三、国家金融安全观的落地框架

作为最大化国家利益的关键手段，金融不仅仅是国家安全的重要组成部分，更是贯穿于实现金融安全的各个层面和进程始终。通过资金融通的有力支持、金融数据的提前预警和反制手段的主动出击，金融能够为国家安全各领域、各子系统提供多渠道的支持与引领，是践行“总体国家安全观”的核心命题。总体来看，国家金融安全观的落地框架主要由以下五大方面组成。

（一）金融支持实体经济高质量发展

高质量的实体经济是新时期国家建设的时代要求。高质量发展是党的十九大提出的新要求，未来一段时期，中国金融应加快促进金融手段与经济高质量发展和建设的有机结合，发挥金融跨时间、跨空间配置资源的杠杆作用，以多样化的金融渠道努力提升经济效益，加快建设符合我国国际地位的、适应国家安全和发展利益需要的国民经济体系，总体提升国家竞争力。

1. 加快贯彻国家金融服务实体经济的要求，建立符合国家战略的金融支持体系

金融服务实体经济是国家战略，是中国作为新兴市场国家长期探索金融职能与经济建设关系与发展规律的成果，是从国家安全和发展战略全局提出的要求。金融服务实体经济的发展，要加快形成全要素、多领域、高效益的深度发展格局，丰富服务形式，拓展服务范围，提升服务层次。在此背景下，充分发挥金融功能优势，加快建设金融支持体系是当务之急。一是发挥好金融思维引领功能，金融活，经济活，金融是经济发展的助力器，金融只有与实体经济相结合，才能显示出强大的生命力。金融服务实体的思想观念要不断提升，突破就金融论金融的思维瓶颈，为金融和实体

经济融合提供理论支撑。二是发挥好金融顶层设计功能，优化服务实体经济管理体制，统筹各类金融资源“一盘棋”，协调各方力量把服务实体经济落到实处。三是发挥好金融提速增效功能，推进实体经济运行机制改革，提升企业运营效率，以市场化手段为实体经济提高效益创造有利条件。四是发挥好金融创新支持功能，有效运用金融创新工具促进实体经济在形式、范围、层次方面的创新，加快实体经济创新发展。五是发挥好金融利益协调功能，在服务实体经济过程中，正确把握和处理经济建设与金融服务的关系，使两者协调发展、平衡发展、共同发展。

2. 支持实体经济高质量发展是实现金融安全的重要保证

一是应充分发挥金融配置资源的功能优势，顺应第四次工业革命发展大趋势和经济高质量发展的新要求，推动国家金融资源向推动形成经济结构优化、发展动力转换、发展方式转变方面倾斜，支持实体经济加大结构性改革力度，加快转变经济发展方式，提高发展质量和效益，实现更高质量、更有效率、更可持续的发展。二是应充分发挥金融提升效率的功能优势。当前，经济与金融的关系越来越紧密，金融已经成为经济不可或缺的动力和源泉，金融服务效率直接影响经济增长的速度和效率。经济发展过程中矛盾仍然较多，结构性矛盾突出，经济增长下行压力加大，部分行业产能过剩，创新能力不强，企业效益下滑，尤其是中小企业经营困难。这些问题都需要金融部门提高效率，发挥金融多功能服务优势，分类施策，促进经济健康发展。

（二）金融应在“走出去”中加强安全建设

为了在“走出去”进程中更好地发挥金融的作用，除了要在顶层设计上充分考虑如何实现金融的支撑和引领功能，还要在更加具体的层面把金融手段应用到国家战略的实处，发挥实实在在的作用。

1. 稳步推进人民币国际化，提升人民币在国际货币体系中的地位和作用

货币不仅是金融体系的基石，也是国家地位的体现，中国的腾飞必然

伴随着也势必需要人民币的崛起。目前，人民币国际化进程尚处于“跨境贸易结算”的初级阶段。为实现长期目标，要以提高国际市场对人民币的信任度和接受度为重点，进一步加快人民币国际化步伐；继续推动与海外各国中央银行的人民币互换计划，提高人民币在跨境贸易中的结算比例；加快建设与人民币国际化相匹配的金融市场；着力打造富有弹性且透明的人民币汇率形成机制；不断创新和完善人民币回流机制；推动离岸人民币市场发展，培育多个离岸人民币中心。

2. 加快培育“走出去”一流金融机构

一流金融机构在“走出去”的过程中，主要体现在其既具有全球视野，又具有中国特色；既能够把握整体布局，又能够把创新落脚到细节之中。首先，对于政策性金融机构来讲，可加快发展境外业务，将贷款优惠政策向重大基建项目倾斜，在涉及国家重大利益的区域进一步发挥好政策性金融作用。其次，对于商业性金融机构来讲，要积极尝试参与沿线国家融资，扩大规模，提升服务质量，同时履行大国责任，增加绿色债券和绿色贷款规模，支持绿色产业发展。再次，积极推动如亚洲基础设施投资银行、金砖国家开发银行等融资平台的筹建。最后，在已建立区域合作机制的区域和APEC等国际组织合作机制下设立基金子公司，推动基建项目落地，提高投资效率。

3. 加强利益共享，深化互相协作

为实现求同存异和利益最大化，在金融“走出去”过程中，需要各国之间加强互动，相互协作。一是高层会晤与协商机制。建立常态化的交流机制，增加信息交流和意见交换的频率，不断推动合作的深入和多元化。二是风险预警和处置机制。由于金融“走出去”通常涉及跨区域经营，其金融风险也会互相交叉和传染，因此建立风险预警系统，以提前采取措施应对跨境风险处置危机是十分必要的。三是机构层面的合作。针对沿线国家重点项目，实现各国金融机构之间的信息交流、收益共享等，最终实现双赢。四是加强中国内部——港澳与内地的协作。香港和澳门作为国际上重要的金融中心和开放型港口城市，应积极与内地深入协作，发挥各自优势。

4. 完善各类配套政策，提供保障

为实现国家利益最大化的目标，应该加强各类配套措施，保障金融在“走出去”过程中实现高质量增长。一是安全保障。金融“走出去”要服务于“一带一路”建设，因为“一带一路”沿线国家的政治环境复杂，其法律体系也有诸多不完善，签订双方协议要保证不会受到政府更迭等带来的不安全风险。二是人才保障。在推动“走出去”过程中，不仅要保证资金的输出，还要通过完善国际金融人才培养体系，加强软实力的输出，培养既具备金融专业知识，又具备国际视角的人才团队。三是技术保障。充分利用大数据等新一代的信息技术，建立信息研究和风险管理平台，在提升为“走出去”企业提供服务能力的同时，加强其风险管理能力。四是法律保障。及时出台并完善相关的法律法规，保障“走出去”过程中我国金融机构的主体地位，保证其开展人民币业务的合理合法性。

5. 建立预警机制

强化风险识别，为金融稳定提供预警支撑。一是加强系统性风险监测、评估和预警。准确识别风险是防范系统性风险的基本前提，防范系统性风险的第一步就需要改善测量风险的手段，以合适的指数为核心建立风险监测预警体系，并通过市场调研等方式掌握风险的差异情况，构建金融风险应急和缓释机制。二是准确识别全球金融风险。高度关注全球金融市场风险不断积聚的态势，对可能发生的局部金融危机做好准备，并对经济金融脱节带来的各种威胁保有警惕；警惕地缘政治动荡带来的重大风险，时刻关注中国周边地区传统地缘问题发展态势，加强对相关国家政治风险变化的监控。三是着力提升风险的识别和计量水平，探索与风险程度匹配的、适度的资本要求。特别是对于具有系统重要性的机构，应鼓励其完善全面风险管理制度、开发先进的风险计量模型、创新低资本消耗型的业务产品，而不应简单地施加额外的资本要求，这并不利于中国经济金融体系竞争力的提升。四是加强对互联网金融的风险防范和监管。应尽快把互联网金融、影子银行等新型金融机构纳入总体的监管框架当中去，实施长期监控。特别是互联网金融，一方面，要明确其金融主体的资格和范围，避免互联网金融业务的无序发展；另一方面，要加强对互联网金融业务系统安全的监督，维护安全、公平的竞争环境，切实保障消费者的信息和财产安全。

（三）金融支持产业结构调整升级

在新一代信息技术的影响下，以新能源、新材料、移动互联网、物联网、工农业与信息化深度融合为代表的产业变革热点频现，潜力巨大。面对经济全球化和经济信息数字化的双重影响，我国需要从宏观层面统筹产业结构调整，积极发挥金融作为资源配置的中枢职能，不断增强金融对经济供给侧结构性改革的支持能力，不断为我国经济成功转型注入新的活力。

1. 从国家安全的视角重视新时期的产业安全问题

要通过制造业的转型升级，基本实现工业化，使主要行业产品质量水平达到或接近国际先进水平，形成一批具有自主知识产权的国际知名品牌，使部分战略产业掌握核心技术，接近国际先进水平，进入制造强国行列，打造中国制造升级版。如何运用金融手段，积极稳健地推进产业提升，避免走错路、走弯路，是对政府和全社会的考验。金融是制造业升级的催化剂和助推器，制造业的结构调整和创新能力提升，离不开强有力的金融支撑。要以国家安全和产业安全的全局视角，统筹考虑我国的金融体系建设，理顺金融体系与实体经济的关系，以制造业和金融业的“双引擎”驱动，提升我国的产业革新水平，保障我国的产业安全。

2. 积极利用金融手段，在全球视野下布局产业结构调整

一是积极抓住“一带一路”倡议和区域合作发展机遇，加快国内技术创新，推动技术密集型产业与服务业的发展，同时引导人口密集型产业向更合适的区域转移。二是通过财政贴息等财政政策，同时加强金融对供给侧结构性改革的支持力度，优化资源配置，创新融资模式，不断提高企业生产力，增强产业竞争力。三是通过信贷政策倾斜等，推动新能源和绿色能源的发展，减少对石油化工、煤炭等传统能源的依赖和因此带来的环境污染问题。

3. 发挥信贷和资本市场的力量，助力提高自主创新能力

一是要以积极的信贷和财税政策支持具有核心竞争力的初创企业，构

建有效的无形资产价值评估体系、覆盖面更广的个人征信体系，引导金融机构开发适合创新型企业的新型信贷产品，协同财税方面的优惠政策支持初创企业发展。二是调动资本市场力量，提高创新企业的资本活性。资本市场对于新技术、新产品、新产业具有天然的敏感度，要进一步深化企业上市备案制实施，完善创业板、新三板的运营，增强资本市场的科技创新投资活性；鼓励和规范创新孵化器、天使投资、风险投资、私募股权基金、股权众筹平台等主体的经营，为初创企业提供较为完备的资金支持及组织管理支持，为各大股票交易所孵化、培养优秀的上市企业，同时营造浓郁的创新文化，让创新成为社会大众创造财富、实现自我价值的重要途径。三是通过财税政策和信贷投放倾斜，引导和支持不同领域的企业搭建产学研合作平台或产业研发联盟，鼓励企业将资金投入高校或科研机构，密切产学研协同开发，加快理论创新到产业创新的转化速度。四是通过制定专门的信贷和债券政策，引导科研院所、大专院校、企业技术开发机构等进一步深化改革，形成理论技术创新和科技开发体系；同时通过全流程的资金流监管，鼓励新兴领域的科研立项，保证科研经费的合理使用，促进创新科技成果的产品化与市场化。五是制定政策支持民间智库机构、征信机构的发展，通过智库机构汇集全球最新的产业发展动态，为企业制定有效的发展路径，为投资机构和投资者提供可靠的投资参考；通过征信机构为金融机构提供覆盖面广、可信度高的个人、企业征信及信用评价，降低信息不对称，提升市场的透明度，提升国内市场对全球科技创新的吸引力。

（四）高效率的金融系统是建设金融强国的基础

要实现从“金融大国”向“金融强国”的飞跃，中国要拥有具备核心竞争力、高效且可持续的金融发展体系。这将是一项长期而系统性的工程。在金融实力的提升过程中，要充分吸收国际金融企业的管理制度和运营方略，并立足中国国情，不能忽视当前的发展阶段特点来进行建设。要坚持既大力推动又稳扎稳打的原则，有战略有战术，分步骤推进。

1. 平衡和驾驭金融风险是关键

金融业是经营风险的产业。因此，对于金融机构而言，如何平衡风险和收益、合理驾驭金融风险是经营管理中的核心问题。为了使中国金融机构发展能够繁荣昌盛、基业长青，所考虑的不仅仅是如何有效防范风险，如何平衡和驾驭风险才是金融业永恒的主题。当前面临的房地产金融风险、地方政府性债务风险，实际上是经济运行长效机制缺乏的客观表现，要构建多层次房地产融资和金融风险分担体系，有效降低来自房地产企业的信贷风险，对于政府债务风险相对较高的中西部地区，要审慎选择项目类别，合理适度予以支持。同时，坚持高质量发展，对企业要有保有压，区别对待，要避免误伤小微企业。

2. 加强金融体系的改革和完善

市场化是中国金融改革的方向。从国际经验和中国实际来看，未来中国金融改革的主要内容包括利率市场化、汇率市场化、资本项目可兑换、金融机构准入的放开、金融市场的完善及大型商业银行的深化改革等方面。一是利率市场化。利率市场化是金融市场化程度的重要标志，也是我国金融改革深化的前提和基础。我国存贷款利率上下限早已放开，贷款市场报价利率（LPR）改革为在中央银行公开市场操作利率基础上加点，利率市场化已取得明显进展。未来，可着力打造更加完备的利率走廊体系，探索从短期到中长期的政策利率培育；进一步完善LPR形成机制，择时把存量贷款定价替换为按LPR定价，适时取消贷款基准利率；逐步推动存款利率并轨改革，引导商业银行以公开市场操作利率为基准确定存款利率，最终取消存款基准利率。二是汇率市场化。汇率市场化的目标是让汇率的形成按照市场化方式进行。中国虽然名义上实行管理浮动的汇率制度，但实际上是盯住美元。对汇率的有管理的浮动，包括盯住美元的策略，维持下去成本太高，汇率市场化势在必行。操作上，可适时放开有组织的场外外汇交易市场，让市场形成价格；逐步放宽每日外汇市场交易价格的最大浮动幅度，直到最终取消。三是人民币资本项目可兑换。人民币已经在经常项目下实现可兑换，但还没有实现资本项目下的完全可兑换。如果我们的贸易伙伴不能用人民币自由地在中国投资，也不能自由地兑换成其他货币，它们就没有太强的动机持有人民币。但国际经验表明，新兴市场国家过快的全面放开外汇管制带来的风险较大。综合考虑我国实际情况，建议资本项目可兑换的改革步骤为：先放开长期资本项目，后放开短期项目；先放开直接投资，后放开资本市场投资；先债券，后股票，再衍生品；先放开QDII、QFII，再放开居民对外直接投资。各种局部开放的措施要不断推进。四是金融机构的深化改革。力求形成大型银行提高经营和风险管理水平、中小银行回归本源，多层次高效率的金融机构体系。与此同时，推动落实开发性金融机构、政策性银行改革方案，加快建立与当前中国经济形势相适应、能更好服务实体经济的开发性和政策性金融机构体系；推进银行分类监管，创造适宜中小银行发展的差异化政策环境，补足中小银行这个“短板”；推进普惠金融和中小微金融机构有序发展。完善多层次资本市场，构建多层次金融体系，分散市场风险，让民间资本有更多合适的投融资渠道，释放市场的投融资需求。

3. 建立平衡、适度、系统化的监管体系

2008年国际金融危机后，全球金融系统都加强了监管。一国监管系统必须要找到市场的最优平衡，既不能“缺位”，也不能“越位”，促进金融市场健康发展。未来一段时期，关键要做好五个方面的工作。一是做实国务院金融委职责。具体而言，金融委主要做实三类事：为国务院金融协调会议提供参谋助手作用；对中国金融整体改革加强顶层设计，如危机救助的协调机制、金融混业经营和金融控股集团监管协调、债券市场的统一和基准利率体系建设、互联网金融的监管框架等；对于协调监管中的交集问题、热点问题，牵头制定详细、可操作方案和法规制度。二是完善宏观审慎评估体系（MPA）。宏观审慎评估体系框架还可以进一步丰富和完善，不仅要从总量上对商业银行的杠杆规模予以限制和要求，还应进一步纳入个人房地产按揭贷款、房企融资、跨境资本流动、高不良贷款率借款行业等其他指标，以覆盖更多的金融活动，从而提高监管能力。三是协调联动，加强微观审慎监管。在金融委的领导下，加强金融机构内部治理和实现股东阳光化；金融机构资本监管、流动性监管、集中度监管升级；解决系统性重要机构“大而不倒”问题，建立恢复与处置计划；加强资管业务“去通道”“去杠杆”“去期限错配”等监管，其他表外业务监管，自营资金违规运用监管，金控集团、影子银行、金融科技、私募投资基金监管，部分风险较高的业务领域及收费业务监管，业务创新、关联交易监管，金融机构破产退出监管，欺诈、内幕交易等扰乱金融市场的行为监管。四是继续加强“穿透式”监管。向上穿透确定最终投资者是否具有该金融产品投资者的资格，中间穿透追踪交易全过程，考察金融产品杠杆情况，向下穿透察看最终资金流向，识别底层资产，最终将上、中、下环节连接起来，进行全面监察。五是加强互联网金融、数字货币监管。要加强对互联网金融公司进行资质整治，如P2P网络借贷、股权众筹、互联网保险、第三方支付业务等，按照相关分领域的专项整治工作方案进行整治。要建立健全数字货币监管框架，对数字货币交易平台采用许可证制度，同时对数字货币初创企业引入“监管沙盒”，在保证投资者利益同时又支持创新。

4. 适应金融科技发展，不断推动金融创新

在移动互联网时代，随着大数据、云计算、人工智能、机器学习、区块链等技术的高速发展，互联网金融将获得快速发展。一是创新“互联网+消费”模式。把消费作为与其他电商平台合作的突破口，根据互联网客户的特点，将衣食住行、娱乐、教育、医疗等消费场景数据作为需求分析基础，推出创新型金融产品和服务，构建网络消费生态圈。二是整合服务渠道。商业银行通常依赖于传统的物理网点、自助机器、手机银行、网上银行等向客户提供服务，但是在互联网、云计算等信息技术不断发展的同时，应该抓住线上资源，实现线上线下资源的无缝对接，带动客户流量增加。三是深入挖掘大数据价值，提高获客能力。充分运用结构化和非结构化的海量交易数据，完成客户画像，对其消费水平、消费习惯、投资习惯、风险偏好等进行分析，以对其进行精准营销，低成本获取优质客户。四是建立大数据风控模型，提高风控能力。通过利用大数据，对客户信用状况进行甄别，建立风控模型，降低所面临的信用风险。

（五）大力发展绿色金融，为建设美丽中国提供金融保障

中国社会主义“五位一体”总布局中，生态文明建设是一个重要的组成部分，同时发展绿色金融内容也被明确地写入“十三五”规划之中。经

过近些年来的不断发展，绿色金融已经取得了初步成果，绿色金融产品也不断丰富，然而绿色金融相关的各个领域也存在发展不平衡的情况。

1. 要推动实现绿色金融体系各个方面的均衡发展

第一，完善绿色金融机构体系。一是发挥现有商业银行的优势，针对绿色信贷和投资方面，成立绿色金融事业部；二是推动成立绿色金融专业化银行，绿色银行可以通过发行绿色债券、中央银行再贷款等方式进行融资。三是促进PPP模式绿色产业基金发展，通过政府来撬动民间资本的介入，合理设立绿色产业基金的组织形式，并构建有效退出机制。

第二，鼓励直接融资市场支持绿色企业。绿色产业是我国实现可持续发展的关键，在国家七大战略中新兴产业占据三席（节能环保、新能源、新能源汽车）。根据国家对绿色产业发展目标的相关规划和专家估计，绿色产业的年均投资需求将超过2万亿元，而绿色产业投入大、资产重、现金回笼慢等特点使资金供求的矛盾更加突出。除财政扶持政策外，通过市场化运作拓宽绿色企业融资渠道，激发绿色企业自身的活力，对我国绿色产业的发展至关重要。因此，直接融资市场也应该加大对绿色产业发展的支持力度。一是股票市场可以简化绿色产业相关企业IPO审核或备案程序，对新三板中符合条件的绿色企业率先开启转板通道。二是债券市场可以大力推动绿色债券发行，同时允许和鼓励地方政府和企业根据自身实际情况制定绿色债券发行政策和计划。

第三，加快排放（污）权交易市场建设。一是加快建立全国性和区域性交易市场，从法律规范等方面做好相关配套，建立合理的交易机制，通过市场化的方式对减排者给予激励，增强市场流动性。二是要结合自愿减排机制（VER），建立基于碳强度的总量相对控制的市场机制。在企业之间建立交易机制，高排放、高污染企业可以通过向低排放、低污染的企业购买核证减排量（CER）来达到碳减排的目标。

第四，建立绿色评级体系，为绿色企业或项目融资提供评级。一是推动银行和评级公司在评估中引入环境风险因素，银行必须在年报中充分披露绿色信贷信息。二是银行应参照“赤道原则”，[①]专门针对可能会有环境风险的项目，设立相关风险控制部门。三是评级公司启动绿色评级试点，对发债主体（包括企业和地方政府）和债券提供绿色评级。四是中国人民银行征信中心应该增加绿色评级项目，并鼓励其他机构投资者参考绿色评级报告。五是强制规定上市公司进行环保信息披露，引入监督机制，并引导市场资金更多流入绿色产业。

第五，在多领域建立强制性绿色保险机制。一方面，可以为环境修复提供资金；另一方面，可以限制污染性投资的规模。通过保险业专业的风险评估标准和损失界定，把环境污染责任保险与银行绿色信贷等相互结合。

2. 加快绿色金融工具创新

金融是现代经济调配资金的最主要手段。通过绿色金融工具的创新，能够高效地把资金引流向绿色产业。从国外的实践来看，只要绿色金融产品设计得当，投资者和民众是愿意为行业和企业的绿色发展埋单的，也能成为国际先进银行积极拓展的业务领域。例如，荷兰国际集团涉及能效融资的个人（家庭）抵押贷款和其他形式的环境友好贷款占其总资产的41.3%；巴克莱银行发行了呼吸卡，推出英国首个碳中和借记卡及全球碳指数基金；花旗银行推出结构化节能抵押产品；汇丰银行推出了一系列气候变化指数；等等。

我国的绿色金融市场发展仍然处于初级阶段，绿色金融产品种类不丰富，投资者对于绿色金融的认可程度也有待提高。下一步，金融机构应该积极拓展绿色金融市场需求，进行绿色金融产品的开发与创新，力求形成多元化、多层次的绿色金融产品体系。

一是继续加大绿色融资产品与服务创新。绿色融资的需求是多样化的，这也就要求绿色融资产品和服务变得更加丰富。例如，需要短期资金的绿色融资项目，可以通过设计银行绿色信贷产品满足其需求；对于中长期资金需求并且收益较为稳定的绿色项目，可以设计债券产品；对于风险

---

① 赤道原则：财务金融术语，是一套非强制的自愿准则，用于决定、衡量及管理社会和环境风险，以进行专案融资或信用紧缩的管理。

与成长性都较高的绿色项目，可以选择更多的股票或基金类产品，同时鼓励具有较强科技创新能力的绿色小微企业在科创板上市。

二是拓宽绿色金融服务对象的领域。随着社会对绿色环保的重视，大到大中型企业，小到个人，都开始有绿色金融产品的需求，因此应该着重强调绿色金融产品和服务的包容性。不仅要聚焦于企业，还应该针对个人开发相关的绿色信贷、绿色信用卡等零售产品，以满足多层次客户的需求。

三是开拓绿色融资市场，挖掘潜在需求。目前，中国绿色金融投资需求所在领域主要是环境污染治理、清洁能源、废气资源再利用、绿色建筑、新能源汽车、城市轨道交通六大领域，可以对上述领域进行深挖，结合实际的绿色融资需求，不断创新产品拓展市场，挖掘潜在的业务新需求。

3. 推动绿色金融基础设施建设

推动绿色金融发展不仅需要金融部门的努力，还需要政府、市场、政策相互协调和配合，不断完善绿色金融基础设施建设，具体要做好以下六个方面的工作。

一是完善相关法律。发展绿色金融需要市场的力量，而市场的运行又依托于完善的法律。对于有些发展相对落后的地区，经济增长还是其首要的目标，因此对于绿色发展方面，执法力度不严、有法不依、钻法律空子等情况还比较普遍。

二是形成绿色理念。绿色理念应该是自上而下的发展思想，在当今中国“新常态”经济形势之下，如何平衡环境与发展的关系、厘清绿色发展的重要性，不论对于政府还是对于企业和公众都是非常紧迫的，只有把绿色理念树立起来，才能够使绿色金融体系正常运行起来。

三是建立绿色标准。应继续调整和完善绿色GDP的定义，定期公布国民经济绿色GDP的核算结果。

四是加强绿色监管。监管部门需要建立起绿色评级体系，将环境风险计量出来，提高高污染企业的融资成本，同时也有利于鼓励更多的绿色投资。

五是制定支持政策。绿色金融发展政策是从政府层面出发，出台一套清晰的支持政策，减少绿色企业、金融机构的后顾之忧，从直接的在税收，到间接的在发债、上市等的手续简化上，创造出更好的绿色投资环境。

六是建立配套设施。要建立专业化的评估机构，对于绿色产业融资项目进行专业化评估；构建金融机构之间流转绿色资产的渠道，加强国际化的绿色金融人才储备。

3 第三章 信用风险防控机制

- 信用风险及其表现形式
- 信用风险管理现状
- 信用风险管理存在的问题
- 信用风险管理新举措

一、信用风险及其表现形式

（一）信用风险的界定

1. 信用风险的构成要素

风险是市场经济活动基本要素。在现实生活中，人们往往需要在一定风险情况下作出决策，并在承担一定风险的情况下实现收益最大化。对于风险的界定，无论是国内还是国外、业界还是学界，目前尚未形成一致认识。常见的观点主要有五种：一是风险指受伤害或损失的危险；二是风险指结果的不确定性；三是风险指可能发生的损失或损失产生的可能性；四是风险指结果和预期之间的偏离；五是风险指导致损失的变化。归纳起来看，信用风险应该包括三个方面的基本要素：一是信用风险因素，指的是发生（或增加）损失的概率或损失程度的因素，它广泛地分布于商业银行、借款人、担保人、抵（质）押措施、信用产品等方面；二是信用风险事件，即导致“可能”的信用风险因素演变成“现实”的信用风险损失的媒介，客户违约、担保失效等都属于风险事件；三是信用风险损失，即信用风险承受主体非主观、非计划、非预期的经济价值减少，包括直接的实质性损失和间接的机会损失。

2. 信用风险是银行业最古老的风险，其内涵正在从传统走向现代

信用是社会发展的产物，也是市场经济运行的基础。从产生信用活动的那天起就伴随着信用风险，信用风险是银行业面临的最古老的风险。这不仅因为是在市场经济中，金融机构和其他企业一样，从事任何交易都面临“钱货不能两讫”的风险。更重要的是，商业银行是经营信用风险的企业，从诞生之日起，其最基本的职能就是向市场提供信用。从传统意义看，人们通常认为损失只有在违约实际发生时才会产生，因此又称信用风险为违约风险。在很长时期的商业银行管理中，信用风险被定义为“借款人不能按合同约定按期还本付息而给贷款人造成损失的风险”。随着现代银

行业务的变化及风险管理技术的发展，人们对信用风险特征的认识也逐步深化。不仅交易对手的直接违约会带来损失，信用等级下降、融资渠道枯竭等事件造成交易对手履行可能性的变化也可能带来损失。因此，人们开始将因债务人或交易对手未能履行金融工具约定的义务及信用质量发生变化导致金融工具价值下降，给债权人或金融产品持有人带来损失的风险也称为信用风险。

3. 计量技术发展赋予信用风险现代内涵

现代信用风险管理在20世纪90年代的迅速发展在很大程度上依赖于信用风险量化技术的进步。信用风险量化是现代信用风险管理的基础和关键环节。从某种意义上看，是否使用信用风险计量方法已经成为区分传统信用风险管理和现代信用风险管理的关键。一些金融专家甚至认为“没有量化就没有（现代）风险管理”。

（二）信用风险的种类

1. 违约风险

违约风险指由于借款人未能及时足额偿还债务或未能履行合同义务，导致债权人无法取得预期收益被迫承担的财务损失。贷款人通常承担违约风险。

2. 交易对手风险

交易对手风险指交易对手未能履行义务，影响金融工具的价值，从而给金融工具持有人带来损失的风险。股票、金融衍生品等金融工具持有人通常承担交易对手风险。

3. 信用迁移风险

信用迁移风险指交易对手信用评级下调导致市场认为其履约可能性下降，造成金融工具价格下跌而给金融工具持有人带来损失的风险。债券持有人通常承担信用迁移风险。

4. 可归因于信用风险的结算风险

可归因于信用风险的结算风险指由于交易对手信用状况下降（如破产

倒闭），不能按期收到其所支付现金或其他金融工具而造成损失的风险。外汇等金融工具交易者通常承担可归因于信用风险的结算风险。

（三）信用风险的特征

1. 信用风险收益与损失不对称

贷款只有在安全收回的情况下，贷款人才可能取得固定的利息收益。如果贷款不能正常回收，不仅无法取得利息收益，而且可能损失贷款本金，贷款的本金损失将比利息收益大得多。从统计上看，这种收益和损失不对称的特征使信用风险概率分布向左倾斜并在左侧出现“肥尾现象”①，加大信用风险统计分析的难度。

2. 信用交易双方信息不对称

授信对象的信用状况难以观察和掌握。银行对借款人信用状况的了解可以利用业务往来中掌握的有关信息，也可以利用外部信用评级机构公布的评级信息。但是，这两种方式都存在较大的局限性，不能保障银行取得完整、准确的信息，难以避免信用交易双方信息不对称。通常，借款人掌握较多信息而处于有利地位，银行掌握较少信息而处于不利地位，因而容易发生借款人道德风险问题。

3. 信用风险的性质属于非系统性风险

尽管借款人的还款能力会受到经济周期波动等系统性因素的影响，但多数情况下还是取决于与借款人直接关联的非系统性因素的影响。非系统性因素包括贷款投向、借款人经营管理能力、财务状况、还款意愿等。因此，多样化的贷款组合能够分散信用风险。但信用若受到普遍性破坏，造成风险积聚，也会导致信用危机，影响到银行系统的稳定。

4. 信用风险数据难以观察并不易获取

由于贷款等信用产品缺乏发达的二级交易市场，流动性较差，信用风

① 肥尾现象是指极端行情发生的概率增加，可能因为发生一些不寻常的事件造成市场上大震荡。

险变化难以及时反映。此外，银行常常在较长时期内持有贷款，往往要到贷款到期日才可能揭示信用风险。因此，信用风险观察数据较少而且不易获取。

（四）信用风险表现新形式

1. 信用风险集中爆发

我国经济发展进入“新常态”。在经济增速放缓、国内外需求不足、产业转型升级的大背景下，企业由于生产经营不佳，财务状况紧张，还款能力和意愿下降，导致银行贷款发生的逾期和不良大幅增加，国内银行业进入信用风险高发期。近几年，尽管供给侧结构性改革已经取得了积极成效，但国内产业转型升级尚未完成，产能过剩行业结构调整尚未结束，落后产能、低效企业的“市场出清”进程仍在持续，仍有不少企业可能面临兼并重组、破产倒闭的困境。少数地方出现恶意逃废银行债务的不良现象，银行经营管理面临的信用风险环境仍不容乐观。

2. 信用风险沿产业链扩散

经济下行使部分行业长期低迷，信用风险沿着产业链逐步蔓延扩散。例如，前些年钢铁、煤炭价格持续下行，一些钢铁、煤炭企业经营困难、信用状况恶化。与此同时，其下游的钢贸行业、煤贸行业，形成波及面较广的钢贸、煤贸贷款风险。其上游的采掘、冶金等专用设备企业由于需求萎缩，也陷入经营困难。又如，随着房地产调控的持续深化，其上游的工程建筑企业应收账款回收困难、其下游的水暖卫浴行业需求萎缩，不少企业资金链紧张，陷入停产倒闭的境地。由于许多产业集群具有地域集中分布的特征，风险扩散往往也带有较为鲜明的区域性特征，最初集中在长三角、珠三角地区暴露，进而向华东、华南、中西部地区蔓延。由于抗风险能力的差异，风险蔓延也带有较为鲜明的群体性特征，最初集中在小微企业、民营企业，进而向大中型企业、国有企业蔓延。

3. 信用风险与市场风险交织

我国金融市场有了较大的发展，金融机构、金融产品、金融服务方式都出现了多元化特征。对于同一家企业，有多家金融机构提供多样金融产品，对应多种融资渠道。一旦出现风险事件，容易形成交叉传染，导致信用风险事件升级。例如，由于“刚性兑付”没有打破，债券、理财等金融产品的风险无法合理分担，银行往往被迫充当救火队员，导致信用风险向银行体系转嫁。又如，近年来小额贷款公司、典当行等非传统金融，P2P、众筹集资等互联网金融，民间借贷、地下金融等非正规金融的交易活动十分活跃，助长了过度融资、高息借贷，扰乱了金融秩序。一旦出现信用链条断裂，往往成为压垮企业的最后一根稻草，加剧信用风险向银行体系传染。

4. 担保圈、担保链蕴藏重大风险隐患

通过担保获取融资原本属于正常的授信安排，但是在货币信贷环境较为宽松的条件下被过度使用。部分企业过度使用财务杠杆、超越能力过度融资，其潜在风险在经济上行期被掩盖，但随着经济增速下行、货币信贷条件改变，相关风险加快释放。不少地方因担保圈企业资金链断裂引发区域性金融波动的事件时有发生，不仅影响银行资产质量，而且影响区域金融信用环境。一些地方的企业大量使用相互担保、关联担保、连环担保等手段获取银行融资，形成关系复杂、覆盖广泛、金额巨大的担保圈、担保链。从实践看，因履行代偿责任导致原本正常运营的担保企业被大量拖垮的“次生灾害”，远远超过少数企业贷款形成不良的“原生灾害”，这种现象已经成为担保圈、担保链风险的主要危害。例如，山东东营、菏泽等地担保圈牵涉广泛，一些当地大型企业集团的风险沿担保链延伸传染，引发“多米诺骨牌效应”。

5. 信贷管理粗放导致操作性风险频发

部分银行由于过度追求业务规模和市场份额的增长，忽视对风险管控队伍的培育，风控技术和能力相对不足，稳健审慎发展理念相对滞后，信贷经营管理粗放，风险内控管理存在不足，导致各种违规操作问题突出，各类信用风险事件案件多发频发。从国内银行信贷损失风险案件分析，信贷经营“中间重，两头轻”的现象依然存在，贷前尽职调查不深入，信息掌握不真实，风险把握不严谨，不注重抵押担保的有效性。贷后管理跟不上，风险管控落实不到位，对早期风险信号视而不见，对显而易见的客户资金链断裂风险不重视，导致失去风险化解良机。对内外审计检查发现的问题整改不落实，使审计检查的作用大打折扣，只发现了问题，却没有达到解决问题的目的。

二、信用风险管理现状

（一）信用风险管理架构

1. 以有效制衡为主要特征的信用风险治理顶层安排

商业银行股份制改造完成后，主要商业银行大力改善公司治理，明确银行信用风险管理中董事会、管理层和监事会各自的责任，建立了有效的制衡和监督机制，形成独立垂直的内部审计管理体系。健全了披露信用风险信息的制度，主动接受外部监督，为银行信用风险管理架构的确立奠定了坚实基础。其中，在董事会中设立风险管理委员会，负责确定信用风险敞口总量、审批信用风险管理战略和政策，监督信用风险管理政策执行，监控信用风险敞口变化，评估信用风险内控体系有效性。在管理层中设立风险管理与内控委员会，由首席风险官在行长领导下，负责全行信用风险管理工作。

2. 以主体责任清晰、风险响应快速、管理协同高效为主要特征的信用风险管理体制

主要商业银行针对授信评审、放款审核、贷后管理、抵（质）押管理、客户统一监控视图五个薄弱环节，按照“流程银行”建设的内在逻辑，科学界定前台、中台、后台职能，以实现政策制度统一、集团综合授信、强化支用审批、业务集约管理、补强贷前贷后短板的要求。主要措施如下：

一是设立信贷管理综合部门，承担信贷业务综合管理职能，负责对信贷业务的监督、检查和指导工作。加强信贷政策、信贷基础制度、信贷业务准入标准的制定和管理，统一信用风险监控体系，加强信贷系统建设，

完善信贷资产分类和减值准备计提方法，重点解决信贷政策不统一、放款条件不落实、贷后管理“规定动作”不到位、押品管理分散等基础管理关键环节薄弱等方面问题。

二是设立专业授信部门，承担项目评估、评级审查、授信方案制定等工作。授信环节是信用风险总量控制的核心，按照以客户为中心，实现全方位、全产品、全集团的综合授信，既涵盖信贷业务，也涵盖具有实质性信用风险敞口的理财、信托、债券、租赁等各类业务，防止多头授信和过度授信。强化综合授信和集团授信职责，充分发挥综合性和多功能的优势，体现授信在风险管控中的重要作用。

三是坚持独立审批体制。独立的专家审批制度在控制信用前期风险的关口中发挥着重要作用，在综合授信框架下按照权限进行信用审批，更加强调独立审批环节的实质性风险管控。

四是强化经营部门市场拓展和营销责任。明确信贷经营部门在信贷经营、市场拓展、客户营销维护、贷前贷后尽职调查、产品创新等方面的职责。

五是提升风险管理层次，强化风险控制。风险管理部门持续优化完善风险计量系统和模型，提供便捷易用的信用风险成本、资本成本等计量工具，支持前台经营人员做好客户选择和风险定价。同时，发挥专业优势，综合考虑国家宏观政策、行业周期、区域风险、产品技术、市场变化等因素，结合客户和项目的风险控制措施、风险缓释安排等，提出专业的风险评估意见。

（二）信用风险管理方法

1. 信用风险识别

有效管理信用风险的基本前提是识别信用风险。银行要准确识别其面临的信用风险，就必须做好信息的收集、提炼和鉴别等相关工作。根据已充分掌握的相关信息，银行可以从外部环境、基本面、财务状况等角度刻画客户的信用风险。国内银行业在识别信用风险方面有了长足进步，完成了从事后报告向事前主动查找信用风险信号的重要转变，能够主动识别、主动甄别、主动揭示信用风险的重要变化。

2. 信用风险计量

现代信用风险管理的基础和关键环节是信用风险计量。尽管信用风险概念已经从传统的、单纯的违约风险发展成为包括信用等级变化在内的更加全面的现代信用风险概念，但是在信用风险分析中，违约仍然是最为重要的信用事件，或称为资产安全事件。目前，巴塞尔委员会鼓励全球范围内具备条件的商业银行使用内部评级模型来计量违约概率（Probability of Default, PD）、违约损失率（Loss Given Default, LGD）和违约时的风险暴露（Exposure at Default, EAD）。这些要素决定了信用产品的预期损失（Expected Loss, EL）和非预期损失（Unexpected Loss, UL），据此可以计算商业银行需要计提的减值准备和应拥有的信用风险资本占用，使商业银行信用风险内部评级体系和计量技术快速发展进步。对于现代银行而言，如果无法计量信用风险，就无法对信用风险进行有效管理。国内银行借鉴国际先进银行的实践经验，逐步积累自身数据，立足自主研发，建立了较为完整的信用风险计量体系，并在关键领域结合专家经验，大幅增强了信用风险管理的科学性。

3. 信用风险选择

信用风险选择是商业银行根据业务战略和风险偏好，主动选择承担并且有能力承担的信用风险标的。商业银行对信用风险标的取舍的判断直接体现了其风险偏好和管理水平。银行根据股东意愿、资本实力、监管要求、发展战略和业务特长等因素，形成了自己的信用风险偏好，包括信用风险的目标轮廓，主动愿意承担的信用风险总量、种类和结构等。同时，根据自身的信用风险偏好和业务发展战略，形成了多维度的信贷政策体系，明确了信用风险选择标准，为商业银行在信用风险经营中创造价值提供了基本依据。

4. 信用风险策略

商业银行根据不同类型的信用风险的不同特征，采取不同的应对方法。主要包括以下几类：一是信用风险规避，即通过拒绝或退出某一业务或市场来消除对该业务或市场的风险暴露。简单地说，就是“不做业务、不承担风险”。二是信用风险控制，即采取内部控制手段降低风险事件发生的可能性和严重程度。具体办法是：在损失发生之前，对所面临的风险因素的种类和性质、风险发生的原因、损失发生的过程、风险事件的影响程度进行深入分析，预先采取防范性措施，防止损失实际发生或降低损失严重程度，将风险控制在可承受的范围内。三是信用风险分散，即通过授信对象多样化来分散和降低信用风险。简单地说，就是“不把鸡蛋放在一个篮子里”。从长期实践看，授信对象的多样化有助于实现违约风险的相互独立，有助于降低商业银行所面临的整体风险。四是信用风险补偿，就是在事前用提高定价的办法对未来可能出现的风险损失进行弥补，合理的信用风险定价发挥了市场机制的发现功能，有利于金融资源的合理配置。五是信用风险准备，即商业银行针对风险事件发生的可能性提取足够多的准备性资金，以确保损失能够很快吸收，进而保证金融机构在风险发生后仍然能够正常运行。六是信用风险转移，也就是采取购买某种金融产品的方式（如保险、信用衍生品等），将信用风险转嫁给其他经济主体。

5. 信用风险安排

信用风险安排是指通过合理控制授信总额，恰当选择信用产品组合，稳妥确定授信期限，合理进行定价并设计有效的风险控制措施等方式，合理安排风险方案。它既包括组合层面上的信贷结构安排（包括行业、区域、产品等维度），也包括单个客户层面上的具体授信方案确定。国内银行主动安排风险方案的意识有了明显提升，主动安排风险方案的能力有了显著提高。

6. 信用风险监测

信用风险监测是指银行通过建立有效指标体系，借助各种先进的监控技术，有效捕捉信用风险指标的异常变动，并判断指标是否已超过阈值。当其超过阈值时，及时预警，并在风险预警的基础上采取控制措施。银行可依托信用风险管理信息系统开展实施监测、预警和控制，形成上下联动、响应迅速的分层监控体系。一是客户和债项层面的监控，通过系统逐户逐笔跟踪监测，生成违规操作、逾期贷款名单，由后台自动推送到相关机构进行核实整改或及时化解。二是机构层面的监控，通过设定各分支机构风险预警线和控制线并及时监测，突破预警线的，要求及时整改。突破控制线的，可采取调整业务限额、信贷授权等严厉方式。三是行业层面的监控，通过监测不同行业的市场运行、客户评级、风险资产质量结构等参数，预测行业性信用风险变化趋势，及时调整行业风险限额、准入标准，指导各级机构及时调整信用类资产配置方向。四是专题层面的监控，根据国家政策和市场变化，专门针对某类企业信用风险状况、风险限额占用情况、信贷政策执行情况进行监测，及时采取干预性措施。

7. 信用风险处置

信用风险处置分为预防性处置和事后处置。预防性处置是指银行主动对尚未爆发的潜在风险采取提前控制措施，从而减轻损失。例如，一些生产经营暂时比较困难的企业由于现金流量不足，短期内一次性收回全部贷款本息有一定困难，可采取逐步压缩的办法回收部分贷款本金以降低风险，同时，对此类企业也可以考虑将信用贷款转换为担保贷款，将高风险担保方式贷款转换为低风险担保方式贷款。事后处置是指风险暴露后采取多种手段（包括一些创新性处置手段），减少信用风险损失。主要包括以下方式：一是现金清收，主要针对生产经营正常但未能按期偿还贷款，或者虽然停产、半停产，但有其他方式现金流入的企业，银行可以通过加强跟踪监督并利用借款合同做好事前约定，一旦发现企业账户上有现金流入可直接扣收。二是依法诉讼，主要针对一些还款意愿差、故意拖延、企图逃债的企业。银行应积极利用法律手段追偿，防止部分企业转移资产、恶意逃废债。三是还本免息，主要针对具有一定还款能力和还款意愿的企业，这些企业因历史原因（如罚息）造成贷款利息负担过于沉重的，可以通过减免一定利息，减轻其财务负担，有助于鼓励其解决债务问题。四是以物抵债和公开拍卖，主要针对确实没有现金流入的欠贷企业。银行可以通过收取抵押品或其他资产以折抵债务的方式收回贷款。在工作中，要注意采取第三方评估、公开拍卖等方式保障银行合法权益。五是推动改制重组，既可以采取剥离企业办社会职能、非核心业务、低效无效资产以减轻负担的方式，也可以采取引入战略投资者以改善经营的方式。六是打包处置，主要针对受制于“维稳”压力而处置困难、受偿率低的企业。银行可以通过和资产管理公司或其他合格投资人共担成本、共享利益的方式加快不良贷款清收处置。七是债转股，主要针对贷款实际用途是充当企业生产经营所必需的长期周转性资金而难以按期回收的。银行可以通过附属债转股实施机构开展债转股。八是风险代理，主要针对部分回收难度大、银行自行清收成本较高的贷款，银行可以通过委托社会中介机构，按照事先约定的挂钩比例形成有效的激励约束机制，借助社会力量积极参与不良贷款清收。

8. 信用组合管理

组合管理的核心思想在于避免集中风险和多样化分散风险，即所谓“不要把鸡蛋放在一个篮子里”。避免贷款集中是银行业早已有之的经营原则，实施贷款限额管理也是银行避免贷款集中的基本做法。长期以来，由于缺乏足够科学的信用风险计量工具，银行只能依赖经验制定信用风险限额。同时，由于缺乏信用风险转移工具，无法准确衡量单笔贷款对整体信贷资产组合风险和价值的影响，银行往往难以有效实施多样化策略。随着理论和技术的发展，信用组合管理取得积极进展。其基本管理逻辑是：将单个信用产品纳入组合分析和管理的框架，在风险收益平衡的基本原则下调整和优化信用组合结构，最终在风险容忍范围内实现信用组合风险回报比率的最优化。主要方法如下：

一是信用组合经济资本配置和业绩衡量，具体来说就是计算商业银行持有某项新增信用产品而使整体信用组合风险（VaR[①]值）所增加的量，称为“边际风险”；同时计算商业银行持有此项新增信用产品的“边际回报”及金融机构边际经济资本占用，由此反映此项信用产品的边际经济资本回报率。通过分别计量地区、行业和产品等不同层次上信用业务所形成子项组合经济资本的占用和相应的风险调整资本回报率（RAROC），金融机构能够将有限的经济资本配置到效率更高的地区、行业和产品上，以获得更高的风险回报。

二是信用风险科学定价，商业银行所承担信用风险最终通过信用产品

① VaR是Value at Risk的缩写，指风险价值或在险价值。

风险溢价得到补偿。通常来说，信用产品风险定价=融资成本+管理成本+预期损失+资本成本。风险较高的业务、经济资本占用较多、资本成本较大，其风险定价也相应较高。科学的风险定价有助于商业银行获得与风险承担水平相适应的风险补偿和回报，也可以通过提高收益率要求拒绝信用风险较高的产品，避免进入高风险领域，进而优化信用组合。

三是信贷资产证券化。所谓资产证券化是指发起人将缺乏流动性的、同质的和现金流稳定的基础资产构建成资产池，同时设立一个特殊目的载体（Special Purpose Vehicle，SPV），由其再通过一定结构安排和信用增级，分离或重组基础资产的收益和风险，并转化为以基础资产所产生现金流为担保的证券发售给投资者。资产证券化有助于商业银行减少长期资金占用，摆脱以往简单的资金提供者角色，增强其业务发起、证券承销、交易撮合等资金组织者功能。同时，可以通过证券销售将风险分散到各类投资机构手中，有助于降低银行体系风险积聚。此外，还可以增加银行流动性管理手段，将难以流转的中长期贷款隔离到资产负债表之外。

（三）信用风险管理路径

1. 信用风险偏好

所谓风险偏好是商业银行为实现可持续发展，按照“符合监管要求、符合股东期望、符合自身能力”的要求，在可承受范围内所愿意承担的风险总量，在可选择范围所愿意接受的风险目标。信用风险偏好是商业银行信用风险管理的起点。以此为基础，商业银行通过合理规划信用风险敞口和结构摆布，形成信用风险目标轮廓（Risk Profile），以此反映其未来业务战略走向和经营成效预期。

商业银行设定信用风险偏好要满足以下三方面要求：

一是符合监管要求，金融监管机构通常对银行承担风险总量和业务发展规模提出监管要求，监管规定直接影响银行风险偏好的确定。例如，8%的资本充足率要求，体现了监管机构对银行风险总量的容忍度；10%的贷款集中度规定，体现了监管机构对银行业务结构的要求。

二是符合股东期望。设定风险偏好需要体现股东收益和风险两个方面的期望，其中，收益期望主要表现为对资本回报的要求；风险期望主要表现为对资本充足率的要求。商业银行依靠资本抵御非预期损失，一般来说，银行所拥有的资本规模越大，它能够承受的风险总量也就越大。在确定可承受的风险承担总量时，商业银行通常需要根据历史经验统计违约概率、违约损失率，按照既定的风险容忍度（在统计学上反映为置信区间的设定）测算经济资本占用水平，由此确定合理的风险边界。

三是符合比较优势。商业银行的管理优势、资源配置、人员结构等方面状况是影响其风险偏好的重要因素。商业银行应充分发挥比较优势，将有限资源配置到自身有专长的领域。商业银行所确定的目标风险通常是其利润的主要来源，而且自身在相关领域内具有相对较强的分析专长和管理优势，不能也不应规避和对冲。例如，如果一家银行将零售业务作为自身的战略性业务，需要审视内部是否拥有该领域专家资源，是否研发了零售风险管理技术，能否依托先进的风险管理技术和业务流程，实行批量化、专业化的管理。

2. 信用风险政策

商业银行董事会确定风险偏好之后，管理层根据董事会所确定的风险偏好制定信用风险政策，以确保商业银行统一风险偏好的准确传导和严格执行，为信用风险资产结构调整提供方向。信用风险政策包括信贷投放总量、行业授信策略、区域差别安排、授信客户和项目选择标准及授信风险管控等方面要求，是有效规避区域性、行业性信用风险的重要保障。信用风险政策体系包括企业层面的信用风险政策、条线层面的信用风险政策和业务单元层面的信用风险政策三个层级，主要有以下四个方面的作用：

一是选择经营的重点区域。区域政策是商业银行信用风险政策的重要组成部分。银行需要考察区域经济发展程度、区域信用环境、政策制度环境等区域市场环境；同时，需要关注市场容量、未来发展前景等反映区域市场潜力的因素。如果区域市场容量有限，银行投入大量的信贷资源将导致边际收益锐减甚至引发区域信用风险。

二是把握行业趋势。根据行业成长性，可划分为朝阳行业、夕阳行业、过剩行业等。同时，银行需要考察产能利用率、产能缺口等产能利用情况。银行可通过制定行业政策及行业风险限额，合理规划不同行业间的资源配置。

三是分析客户发展潜力。一般来说，优质客户具有领先的技术优势、重要的行业地位和良好的市场成熟度，有规范的企业管理、专业专注的经营范围和具有责任感的股东等特点。商业银行可以通过分析宏观经济发展趋势、客户所处的行业地位和生命周期阶段、财务及经营管理状况等方面判断客户的发展潜力。

四是设计产品结构。产品结构设计既是落实客户需求的过程，也是安排风险管控方案的过程，是商业银行主动优化资产结构和管理风险能力的具体体现。银行根据不同客户设计不同的产品方案，风险资产的分布状态也会不同。

3. 信用风险管理责任体系

商业银行信用风险管理责任可以分为机构管理者的领导责任、条线或部门管理者的管理责任及信贷经办岗位的直接责任。在领导责任方面，把信贷主体责任纳入领导责任认定体系，有利于强化各级机构管理团队的责任意识。在条线管理责任方面，明确信贷经营等前台部门对条线信用风险资产质量承担风险防控第一道防线管理责任；风险、审批等中台部门通过政策引导、制度规范、业务检查、监控预警等方式承担风险防控第二道防线管理责任；审计等后台部门对前台、中台部门落实信用风险防控体系有效性承担第三道防线管理责任。

在建立信用风险责任体系的同时，商业银行也要遵照“违规必究、问责有据、尽职免责”的原则建立相应的信用风险管控责任认定制度体系，明确事前、事中、事后各主要环节对应的责任分级和责任情形，明确各种违规情形的制度依据，建立“正面激励、将功补过”的激励和约束机制。

4. 信用风险管理的考核机制

商业银行需要将风险要素内化到经营激励约束机制中去，加强风险管理评价，强化考核的指挥棒作用，探索建立以客户为中心、平衡风险收益的考核机制。例如，商业银行可以通过增设逾期贷款、关注类贷款等考核指标，增加各级机构对信贷成本的敏感度，不断加强经营条线的风控意识。又如，商业银行可通过差别化减值准备计提等经济手段，加快问题贷款退出，提升经营机构对风险的敏感度。再如，商业银行可以建立利益补偿机制，适当在考核上补偿因主动退出风险客户或风险项目而当期绩效受损的分支机构。

（四）信用风险管理工具

1. 经济资本

经济资本是商业银行根据内部风险管理需要，运用内部模型计算出来的，对应于一定置信水平和期限的非预期损失所需要的“资本”。从某种意义上看，经济资本用同一统计口径和方法综合反映和评价各业务板块、各业务品种的风险—收益水平，便于横向比较。从信用风险总量敞口和组合管理层面看，由于信用风险经济资本细化到各区域、各行业、各业务条线，信用风险经济资本配置状况客观上决定了商业银行信用风险承担总量和信用风险组合摆布。在具体客户管理层面上，经营部门选择客户、审批部门授信审批时，可利用经济资本工具采取统一口径测算风险成本、风险回报，有助于实现RAROC最大化。经济资本工具的推广应用能够促进商业银行信用风险管理的重点从单项交易向组合结构转变，管理策略从被动接受风险敞口向主动选择风险标的转变，管理技术从主要依赖专家的模糊定量管理向主要依赖信息系统的准确定量管理转变。

2. 风险限额

风险限额工具以信用风险敞口计量模型、估值模型、VaR模型、现金流分析模型和IT系统为实施基础。风险限额规定了风险边界，通过合理控制集中度降低整体风险，是对信用风险的主动管理和自我约束。具体来讲，商业银行的信用风险限额管理主要包括以下四个方面：一是针对单个客户、相互密切关联客户群的贷款集中度；二是针对同一行业、区域客户的贷款集中度；三是针对还款来源相同（如依赖同类业务、同种商品等）的客户贷款集中度；四是针对风险缓释来源相同［如由同一抵（质）押品覆盖、由同一客户提供保证等］的贷款集中度。在具体做法上，通常可以根据交易对手的信用状况、风险承受能力设定交易对手的信用限额，将其严格控制在设定范围之内并定期重检修正。对于超限额情况，可以采取相应的控制政策和控制措施来解决。例如，在交易对手风险限额设置和监控过程中，国际先进银行一般通过建立模型计算当前暴露（CE）及最大未来潜在暴露（MPFE），加总后确定交易对手的风险敞口，确保不超出限额规定的范围。

3. 信用评级

对客户的信用评级主要包括以下几个方面：一是财务评价，主要是现金流的数量、质量和趋势，资产和负债的质量，偿债能力和财务灵活性等；二是财务报告质量，主要判断财务报告是否符合会计准则、信息披露是否及时全面及会计师事务所的声誉和资质；三是非财务因素，主要是产品质量保证、未决诉讼、劳资纠纷、环保问题等非财务或有事项；四是行业地位；五是关联企业。

对融资工具的评级主要包括以下几个方面：一是融资用途，主要看资金使用是否符合客户发展战略，客户主营业务范围是否为其所熟悉和擅长的业务；二是保证人和抵（质）押品，主要看保证人的信用评级或抵（质）押品在不利市场环境下的估值。

4. 风险分类

信贷资产风险分类是指商业银行根据审慎原则、自身风险管理需要及信贷资产的内在风险特征，定期审查信贷资产的质量，对审查结果进行分析和归类。一般而言，信贷资产风险分类的档次和标准是衡量信贷资产潜在（或已发生但未显现的）风险的尺度，是控制和管理信用风险的重要工具。信贷资产风险分类在客户层面上主要考虑借款人信用等级及财务状况、财务报告质量、非财务因素、生产经营规模、宏观经济、市场和行业状况、近期发生（或可能发生）的影响借款人生产经营的重大事件、借款人授信额度使用情况及还款意愿；在债项层面上主要考虑债务偿还的法律责任、债务的担保情况、债项用途、到期期限、还款记录、贷款重组情况、债务预期损失等。

5. 信贷授权

商业银行法人授权是指在商业银行总行一级法人的统一管理下，在法定范围内对有关业务职能部门、分支机构及关键业务岗位授予具体业务权限，规定最高信用控制的制度。商业银行信贷授权遵循“授权有限、内容明确、区别对待、权责一致、适时调整”的原则，主要考虑以下三个方面因素：一是下级机构的业务发展水平和风险状况，通常对市场环境好、金融资源丰富、业务发展速度快的机构给予较大授权；二是下级机构的经营管理水平和风险控制能力，可以选出部分经营管理水平较高、风险控制能力较强的下级机构，给予较大授权；三是下级机构当地的金融信用环境，通常对金融信用环境较好地区的机构给予较大授权。

6. 信息系统

对信用风险做到“先知先觉”，需要有很强的敏感性，过去主要依靠专家经验。对于现代商业银行来说，更多还是要依靠信息技术工具的支持，将数据信息、风险计量、专家经验和信息技术有机结合起来，形成信用风险预警工具，分别针对银行宏观层面的整体信用风险敞口、中观层面的信贷组合风险及微观层面的信贷客户风险和业务风险，制定不同的风险预警先行指标及预警信号组合，用于违约前的干预。从国内外银行实践看，有的银行设置了早期风险信号预警触发点，形成了一套“风险发现、风险报告、风险处置”的机制。有的银行根据风险信息系统和数据库，研发了“早期预警”信号体系，可以对大额高风险敞口和信贷组合风险进行预警。有的银行将相对成熟的指标直接做成“风险仪表盘”内嵌到系统中，便于直观地开展监测和跟踪。

（五）信用风险管理流程

1. 贷前阶段

贷前阶段包括客户分类、信贷业务受理与信贷客户准入、贷前尽职调查、客户信用评级、项目评估五个环节。其中，客户分类主要考虑客户性质、规模、组织形式和管理需要四方面因素；信贷业务受理与信贷客户准入包括客户申请、资格审查、提交材料、客户准入四个步骤；贷前尽职调查包括实地调查和间接调查两种方式，要求遵循“双人调查、客观审慎、勤勉尽责、结论明确”的原则；客户信用评级是指分析、评价和预测客户因偿债能力变化而可能产生的违约风险，通过计量客户违约概率，判定其信用等级；项目评估主要针对固定资产投资项目，重点分析项目建设必要性、技术先进性和财务效益，为贷款决策提供依据。

2. 贷中阶段

贷中阶段包括综合授信、信用额度审批、单笔信用业务审批和贷款发放四个环节。其中，综合授信是按照综合金融服务要求，制定客户整体授信策略，以确定其各类信用风险敞口最高限额及授信策略，其核心是控制客户信用风险总量；信用额度审批是在严格审查和审慎评估客户所使用各类金融产品的还款来源后，为其确定的信用风险敞口控制量；单笔信用业务是指银行为客户提供的具体融资方案，包括融资申请人、金额、期限、用途、成本、担保措施等要素；贷款发放是指客户贷款申请审批通过后，由银行放款中心或经办机构审核贷款条件的落实情况后，进行会计放款的过程。

3. 贷后阶段

贷后阶段包括贷后管理方案制定、贷后检查和监控、信贷资产风险分类和减值准备计提、预警和商机管理、重大信用风险事件报告和处置、到期管理、不良资产管理和处置七个主要环节。其中，贷后管理方案要求根据客户或项目的不同特点，“一户一策”地制定，以此作为贷后管理的依据；贷后检查和监控是指跟踪和分析影响信贷资产安全的各类因素，及时、准确地识别出信贷风险预警信号和金融服务商机的过程，包括现场检查和非现场检查两种方式，可以按照风险等级和重要程度实行分级监控和分级诊断；信贷资产风险分类和减值准备计提是指按照规定的标准、方法、流程和要求对信贷资产全面评价，划分其风险程度级别，并以此为基础测算信贷资产的预期损失；预警和商机管理是指发现信贷客户预警信号后，利用跟踪管理平台对其进行持续跟踪管理，并在跟踪管理中挖掘其新的金融需求，进行商机维护；重大信用风险事件报告和处置是指发生可能危及信贷资产安全、造成较大损失的风险事件时应按规定上报；到期管理主要是到期前提示督促客户落实付息资金、到期时及时回收资金并做好还款账务处理、逾期后及时发送催收通知书和履行担保责任通知书；不良资产管理和处置主要采取常规催收、法律追索、贷款重组、贷款减免与保证责任免除、抵押物处置、不良债权转让、呆账核销等方式，目的是减少资产损失，努力实现处置价值最大化。

（六）信用风险管理进展

相比于国际先进银行，国内银行在信用风险管理方面，基础相对薄弱，专业水平相对不足。通过改革，建立现代企业制度和转型发展，国内商业银行的信贷经营理念发生了较大变化，下大力气完善政策制度、业务流程，并投入大量资源开发技术工具、强化数据基础、培养专业队伍，取得了较为明显的进步。

1. 信贷理念的进步

一是从被动的风险规避经营转向积极主动的风险经营。长期以来，不良贷款是困扰国内商业银行的难题，因此，国内商业银行信用风险管理重点主要是消化不良贷款，尽可能规避风险以减少损失。在当时历史背景下，这种风险取向以及相配套的管理策略，在控制不良贷款滋生和提高资产质量方面作出了相当大的贡献，但同时也不可避免地导致业务经营和风险管理相脱节。随着市场机制的逐步完善和对现代银行经营规律认识的深入，国内银行对风险的认知发生了巨大转变，认识到不能把风险简单等同于损失，风险同时也是银行价值创造的源泉，只有主动选择和科学安排风险，银行才能实现利润持续增长和自身的可持续发展。

二是信用风险管理工作从内控导向转向“以客户为中心”。商业银行之前在设计信用风险管理制度、流程和解决方案时，更多的是从内控的角度出发，管理的主要内容是“控制”，客户的多样化金融需求很难得到满足。在转型和改革发展过程中，大型国有银行的风险管理理念逐步转向“以客户为中心”，注重分析客户端和识别风险，强调把握客户风险，注重在客户服务方案中有机融入风险管理措施，在为客户创造价值的同时，实现银行的风险管控和价值创造目标。

三是树立现代银行资本约束理念。国内银行在过去基本没有资本约束和资本消耗等概念。建立现代企业制度之后，国内银行逐渐确立了资本的概念，在开展业务时会主动考虑资本消耗因素和资本承受能力。具体来讲，就是在总体大局上，树立了“有多少资本做多大的事”的理念；在具体业务操作中，只要开展涉及风险的业务，各级经营机构就会考虑资本消耗的问题，在客户营销、业务计划、资源配置、绩效考核、风险管控等方方面面体现资本约束的要求。

四是营造“全员参与”的信贷文化。风险管理常常被认为仅是风险管理部门的事情，因此，风险管理与业务发展经常是割裂状态，有时甚至将两者对立起来。目前，国内银行基本形成“全员参与”的风险管理理念，在信贷流程各个环节、各个岗位上的前台、中台、后台员工都负有相应的风险管理责任，信用风险管理从此不仅仅是某些部门或者某些人的事情。全员参与风险管理能有效形成管理合力，提升管理的有效性。

2. 政策制度的完善

银行通过系统梳理，建立了包括市场风险、流动性风险、信用风险、操作风险、法律风险、声誉风险等在内的健全的风险政策和制度体系，用来明确风险边界，规范业务操作。部分银行还在业务系统中嵌入相关管理政策制度，利用IT系统的刚性约束，尽可能地杜绝过去常见的“打擦边球”“闯红灯”等违规现象，极大地增强了银行的风控能力和政策执行能力。

3. 业务流程的优化

国内大型银行特别重视流程银行建设，引入六西格玛、精益管理等先进技术，在梳理优化业务流程的同时，将风险管理融入其中，提高了流程效率和风控效力，在流程再造方面取得显著成效。例如，银行在信贷流程中建立“平行作业”机制后，客户经理和风险经理从不同角度同时进行风险审视和管控，在保证风控效果的基础上大大提升了流程效率。

4. 技术工具的研发

银行推进风险管理技术工具研发和IT系统建设，生产力大为提高。比如，在计量工具方面，银行引入了经济资本、经济增加值（EVA）、RAROC等先进指标，研发了针对各类客户的信用风险评级模型和配套系统，改进了风险限额等组合管理工具，设立了风险压力测试体系等。银行已经将风险管理技术工具运用到了风险偏好、绩效考核、综合计划、信贷政策、信贷审批、风险定价、风险分类、风险监控预警等领域，有力地支持了银行经营管理决策。

5. 数据管理的强化

国内银行长期面临数据质量不高和管理基础薄弱的共同问题。股改后，国内银行针对薄弱环节，加快数据资源整合，推进数据仓库建设，强化数据质量管理，建立专业化数据集市。有的银行依据应用环境、渠道整合、管理决策、客户管理、产品服务和业务操作五个层级，构建了架构合理、高效便捷、功能集成的数据平台，为银行的业务经营和风险管理（特别是风险计量）打下了良好基础。

6. 专业队伍的培养

国有大型银行注重人才队伍的建设，搭建了风险管理专业人才梯队，培养出一批风险管理、信贷审批、研究分析和计量技术专家，建立了针对不同层次和不同业务领域的专家团队，形成了较稳定的风险管理专业团队。银行在与境外战略投资者合作的过程中，通过组建联合项目团队、跟岗培训和经验分享等众多途径，培养了一大批银行需要的专业技术人才。

三、信用风险管理存在的问题

（一）落实供给侧结构性改革问题

供给侧结构性改革是推动中国经济长期健康持续发展的关键。供给侧结构性改革的实质就是通过结构调整方式提高供给质量。以节能环保、清洁能源和生态保护为代表的绿色产业是我国经济结构调整和转型升级的重要战略方向，这为银行信贷经营发展提供了新的重大机遇。但是，在推进“三去一降一补”的同时，银行信贷资产质量也面临着严峻挑战。总体来看，如何应对低效落后产能“出清”导致的信用风险集中释放、如何准确把握新兴产业风险特征做好金融服务成为供给侧结构性改革推进中银行信用风险管理面临的新课题。

1. 低效落后产能“出清”对稳定信贷资产质量带来较大压力

主要表现：一是煤炭、钢铁等严重过剩行业“去产能”压力较大，行业性风险较大。例如，东北特钢新建的大连基地项目投产后，钢铁行业进入下行期，该企业财务杠杆过高且债务结构不合理，最终导致大量违约。二是传统低端制造业的比较优势逐步削弱，面临较大的市场“出清”压力，部分传统中低端制造业集中地区，区域性风险较为突出。例如，华东浙江温州、福建泉州等地区土地成本、劳动力成本不断攀升，区域竞争优势逐步削弱，大量传统低端制造企业关停形成区域性风险。三是房地产调控政策导致各地市场分化加剧，部分三线、四线城市因经济下滑、人口外流、项目销售停滞，问题更为突出。例如，河北邯郸地区因经济不景气、民间借贷盛行，房地产风险集中暴露。

2. 新兴产业风险特征有新规律，需要银行提升信贷经营管理能力

长期以来，国内银行在我国工业化、城市化快速推进过程中形成以基础设施建设、基础原材料、中低端制造业、房地产等领域为主要投放对象的信贷结构，对代表产业未来发展方向的，以绿色低碳、节能环保、高新科技为主要特征的新兴产业投放相对不足。这里面既有新兴产业投资周期长、不确定性大的因素，也有信贷管理流程、风险评估方法、信贷产品设计难以适应新兴产业风险特征的因素，需要银行尽快提升信贷经营管理能力。例如，江西赛维采取激进的高负债扩张策略，在短短几年时间内就迅速发展成为涵盖多晶硅、硅片、太阳能电池及组件制造、太阳能电站建设等全产业链的光伏企业。由于戴着高科技光环，金融机构对其趋之若鹜。但是该企业在技术上缺乏积累，处于产业链中的低端加工制造环节，不具有核心竞争力，技术和产品对海外市场依赖性强。随着国际金融危机的爆

发，该企业很快走向衰落。2015年，地方政府放弃对其救助帮扶，该企业陷入破产重整。从江西赛维风险事件回顾看，“新兴行业怎么看、快速成长企业怎么把握”是当前新兴产业信贷管理中需要认真研究并重点解决的共性问题，对银行信贷经营管理能力提出了更高的要求。

（二）适应监管新规问题

自2017年以来，特别是全国金融工作会议以来，强化监管成为银行业发展新主题。中国银监会重点针对过去一个时期银行业曾经存在的“盲目扩张、资金空转、乱加杠杆”等市场乱象，开展了“三三四”等系列专项治理工作，有力地遏制了金融市场乱象和违法违规行为高发多发态势，取得了阶段性成效，监管有效性也不断增强。

2018年初，中国银监会颁布了《关于进一步深化整治银行业市场乱象的通知》，围绕八个方面、22个要点继续开展整治银行业乱象工作，银行业面临的监管合规压力显著增大。具体要求：一是整治公司治理，明确股东与股权、履职与考评、从业资质三方面要求，重点检查入股资金、股东挪用银行资金进行股权交易和并购活动等问题；二是强化宏观调控政策执行，要求纠正违规向失去清偿能力的“僵尸企业”放贷，违规为地方政府提供债务融资，违规为房企提供各类土地配置资金，违规将综合消费贷款、个人经营性贷款、信用卡透支等资金用于购房行为；三是影子银行方面，要求纠正违规开展同业、理财、表外、合作业务行为；四是加强消费者权益保护，将不当销售和不当收费作为整治重点；五是整治利益输送，纠正向股东不当利益输送，纠正向关系人员不当利益输送；六是整治违法违规展业，重点纠正未经审批设立机构并展业、违规开展存贷业务、违规开展票据业务、违规掩盖或处置不良资产等行为；七是加强案件与操作风险防控，要求加强员工管理、加强内控管理、加强案件查处；八是要求廉洁从业，禁止从业人员吃拿卡要、牟取私利，禁止从业人员滥用客户信息。

随着监管新规不断出台，强监管、严监管在一定程度上改变了银行经营面临的监管环境。国内外监管机构“严管重罚”的趋势日益凸显，违规是导致金融风险的重要原因之一，不合规要付出惨痛代价，防范金融风险必须首先抓合规。国内商业银行，特别是国有商业银行，满足监管要求不仅仅是落实外部责任，更重要的是要将“强监管、严监管”作为银行提升经营管理水平的内生动力。同时，监管协调、经营规范、公平竞争的市场环境对于规范管理的银行客观上更加有利。

（三）违背信贷规律问题

信贷作为银行最传统的业务之一，虽然业务不断创新、产品不断丰富、系统不断进步，但万变不离其宗，其本源还是基于对信用的管理，需要将信用风险管理的基本原则、基本规律落实到流程中去。具体来看：一是在信贷资产摆布上，要坚持“安全性、流动性、收益性”的“三性”原则。1983年，戴蒙德和迪布维格在银行挤兑模型（DD模型）中指出银行的内在脆弱性。从全世界的银行发展历史看，银行违反“三性”原则极可能促使风险快速积聚，进而导致银行危机。二是在制度流程执行上，要坚持“铁账本、铁算盘、铁规章”的“三铁”要求，坚决纠正“有章不循”的不良现象，牢固树立“实质重于形式”的理念，务必做好第一还款来源分析和穿透管理。三是在信贷全生命周期的管理上，要坚持“贷前调查、贷中审查、贷后检查”的“三查”制度。信息不对称问题广泛存在于信贷领域，只有严格做好贷款“三查”工作，才能相对全面地掌握借款人经营状况的动态变化，并采取及时的风险防范措施。四是在信贷经营管理的决策上，要坚持“风险、收益、资本”三者平衡。20世纪70年代末，美国信孚银行（Bankers Trust）提出了RAROC指标，这一指标能够相对全面地反映银行各项业务的财务绩效及其对应的潜在风险，至今仍在广泛运用。五是在公司治理和控制机制的设计上，要坚持“内控、合规、风险”三者融合。通过不断创新银行内部的体制机制，持续优化内控环境、管理框架和制度流程，确保业务经营与风险防控制度体系得到有效执行，实现银行的合规经营和可持续发展。

随着我国经济的持续高速增长，国内银行业实现了较快发展。同时，在发展过程中，经济发展方式粗放，不平衡、不协调、不可持续问题仍然突出，经济下行压力大，金融风险隐患增大。国家“十三五”规划提出，要提高金融服务实体经济效率和支持经济转型的能力，有效防范和化解金融风险。金融部门坚持为实体经济服务，在促进经济增长中实现金融的价值，这是金融的根本所在。在历史上，银行曾经在信贷管理上出现违背信贷客观规律的一些不良现象：忘记了信贷风险的滞后性，片面追求短期业绩增长；不重视贷款回收的关键是第一还款来源，把银行开成了当铺；忘记了信息不对称是滋生风险的温床，使用所谓“创新”的层层嵌套来规避监管；忘记了信贷安全的生命线是真实性，而对重要信息进行选择性披露；忘记了内控机制的真正价值，在关键流程和关键环节上大搞变通。违背信贷客观规律是这些不良现象的共同特点，后果就是加剧了这些银行的资产质量压力。在新的时期，必须认真贯彻供给侧结构性改革经济发展总基调，守牢不发生系统性金融风险的底线，信贷管理工作必须尽快回归信贷本源，回到信贷管理的客观规律和基本规则上来。

（四）稳定资产质量问题

“防范化解重大风险”是决胜全面建成小康社会“三大攻坚战”的首要战役。尽管银行业总体资产质量出现了稳中向好的积极态势，但信用风险防控形势依然严峻。受宏观政策、监管规则、国内外市场变化等因素影响，面临的各类风险挑战增加，外部风险导入压力加大，区域性风险仍较为突出，内部不良反弹隐患犹存，稳定银行资产质量仍然面临很大的压力。

第一，风险交叉传染加大信用风险管控难度。金融风险形态呈现新特点、新趋势，周期性、结构性、体制性矛盾叠加，风险演化和衍生路径复杂，呈现出“跨市场、跨业、跨境”交叉传染的态势，信用风险管控难度加大。

第二，“去杠杆”加大信用风险暴露压力。地方政府债务预警信号上升、房地产调控不断收紧、“去产能”持续推进可能加快风险暴露，企业在“去杠杆”过程中信用违约上升趋势较为明显，并出现了单户金额大、国企风险上升、行业分布广等新的特征。

第三，日趋严格的监管政策对银行信用风险管理提出更高要求。监管部门持续加大对同业、理财、表外资产的监管力度，释放了“从严分类、加速暴露处置”的强烈信号。例如，2018年，监管部门要求国有银行和股份制银行把所有逾期90天以上贷款都计入不良贷款，地方性银行很快也将实行同样的监管标准。总体来看，在收缩表外、回归本源的趋势下，对银行信用风险管理能力提出了更新、更高的要求。

第四，环保执法监管力度空前，环保问题引发停产限产导致企业信用风险爆发。中央开展环保督察以来，部分企业因环保不达标，被处以限产停产处罚。例如，江苏盐城、连云港地区的沿海化工园区内有20多家企业因污染问题被环保部门实施集中停产整治。此外，随着环保排放标准的提升，企业环保治污改造面临较大的资金压力。因环保问题引发信用风险事件的可能性将大大增加。

第五，贸易保护主义抬头，带来负面连锁反应。随着中美贸易摩擦升级，全球贸易环境面临不确定性，航空航天、信息通信、机械制造、医药、钢铁等加征关税领域短期内可能受到冲击。例如，中兴通讯遭受出口禁售后，对其正常运营造成较为严重的负面影响，商业信誉受损、战略计划遇阻、股价大幅下跌、财务压力骤增。

（五）优化信贷结构问题

第一，信贷结构是影响信贷资产质量的重要因素。银行业普遍面临较大的资产质量压力，不良贷款的区域性、行业性分布不平衡。许多地方外部环境相同，但不同银行间的不良率水平却存在着较大差异，甚至在同一区域、同一银行的不同分支机构间也存在较大差异。从信贷经营实践看，导致这种差异的主要原因是信贷结构的差异。如果信贷资产在某些风险较高领域占比过高，那么不良贷款率也会相应较高。例如，温州、鄂尔多斯等地区的区域风险，钢铁、煤炭等行业的周期性风险，商品融资、保理等产品风险，钢贸、煤贸等业务模式风险。

第二，缺乏信贷增速合理控制往往隐藏重大风险隐患。信用风险暴露集中的银行都有一个共同点，就是在过往的一个时期信贷增速过快。例如，钢贸融资突出的江苏无锡、担保盛行的山东滨州、民间借贷猖獗的浙江温州都曾有过一段时期内信贷高速增长的“辉煌”历史。我们知道，“限速”是保障道路交通安全的基本措施。开展信贷业务和开车一样，要想不出问题或少出问题，控制速度是关键。从不良贷款发生情况看，融资总量过大的地区、信贷增速过快的机构、业务扩张过猛的产品，其风险暴露也越多。在同样的经济环境下，信贷业务发展应有一个合理的度。信贷业务短期内发展过快，不仅很难持续，而且风险隐患会很大。

第三，缺乏信贷结构的战略性安排容易引发行业性区域性风险。银行事前缺乏明确的信贷规划、信贷策略和风险防控要求，向某些短期收益较高的领域过度投放贷款，形成大量潜在风险较高的信贷资产。而一旦经济环境发生较大变化，银行就会陷入风险大面积暴露的困境。当前，国内经济转型和结构调整还未到位，如果银行新增信贷总量过多，并缺乏结构性安排，容易按“老习惯”继续投向传统制造业，甚至投向一些工艺落后、污染严重、资源消耗大、产能严重过剩的领域，以及缺乏竞争力与效益差的企业，很容易在下一轮经济调整中形成新的不良贷款。

（六）落实信贷责任问题

银行不良贷款高发，从内外部审计检查和不良贷款教训反思看，银行的信贷经营管理从客户准入到贷后管理各个环节都不同程度存在疏漏，而这些疏漏都与信贷责任落实不到位有着密切的关系。

第一，各级机构负责人信贷责任落实不到位。国内商业银行多数采取的是以“块块”为基础的管理体制，各级机构负责人是信贷业务的最终决策者，应当承担风险决策的主要责任。各信贷业务部门的基本职责是提供信贷决策参考和产品服务，并承担风险揭示不充分和风险防控要求不到位的责任。

第二，客户主管部门信贷责任落实不到位。信贷风险主要是客户违约风险。谁负责管客户，谁就要承担信贷责任。在信用风险管理中，前台部门负责客户营销和客户关系维护，即负责全过程地管理客户，应该承担客户信用风险的主要责任。中台部门负责授信审批，应该承担协助风险识别与防控的相应责任。后台部门负责客户风险的全面监控并做好风险提示，主要承担风险提示的责任。

第三，信贷责任不够具体。例如，经营主责任人通常是各级机构负责人或经营部门负责人，主要承担信贷决策职责。它们虽然也参与信贷“三查”，但是对具体的流程性、事务性操作实际上难以承担责任。

第四，信贷责任认定机制需要完善。在认定理念上，应倡导“尽职免责、违规必究”的信贷文化。在认定范围上，除了认定信贷流程中直接经办人员的岗位责任之外，要加强对管理岗位、关键决策人员的责任认定和责任追究。在认定重点上，要避免责任泛化的不良倾向，既影响员工士气，又难以解决“屡查屡犯”问题。

（七）强化信贷基础问题

第一，贷前调查薄弱，客户信息核验难度较大。主要表现：一是内外部因素导致贷前决策信息失真，如未能有效甄别客户提供的“五假”信息（假客户、假项目、假报表、假担保、假交易）。二是内部人员的疏漏或人为调整以规避政策管控导致的必要决策信息缺失。

第二，贷后管理有效性不足，风险预警缺乏支撑。主要表现：一是对有效的风险信号预警不及时。绝大多数风险事项发生前通常都有预兆，发现越早、化解越快、损失越小，但有的经营机构对风险信号缺乏敏感性，缺乏前瞻性预防预控的现象仍较为普遍。二是风险化解的有效性不足。虽然已经识别出了风险信号，但存在侥幸心理，应对不及时，导致贻误战机，有的“新官不理旧账”，有的风险应对停留在口头和文字上，没有真正采取行动，结果导致损失。

第三，押品风险缓释效果欠佳。主要表现：一是部分关键管控环节薄弱，押品准入不审慎，自押品接收起就埋下风险隐患；抵（质）押权落空或抵（质）押合同签订不规范造成合同失效；押品监控薄弱，未能通过监控及时掌握押品实物变化或实际价值变化并采取有效管理措施。二是押品价值评估不专业，押品估值与实际效用反差较大，初次评估价值虚高，价值重估流于形式，导致处置价格大大缩水。

第四，风险工具应用基础仍有短板。主要表现：一是评级模型开发主要依赖传统数据，定性指标主观性强、数据积累尚未形成长效机制。二是评级流程管控薄弱，“试评级”现象屡禁不止，直接影响评级模型的使用效果。

（八）改善考核机制问题

过去有一个时期，银行在经营管理考核方面一度存在“重经营指标、轻风险防控”的不良倾向，问题贷款退出的激励与约束机制不足，导致银行对客户风险变化的敏感性不高。

第一，对风险预警化解的正面激励不足，影响信贷经营部门积极性。前端贷款营销、后端不良贷款处置有相应的费用和激励安排，但是贷后环节发现早期风险苗头、退出风险客户、避免或减少损失，在现行绩效考核体系下，不仅没有激励，反而意味考核扣分、绩效减少。因此，前台部门缺乏识别风险、披露风险、退出客户的积极性。

第二，绩效考核缺乏长期约束，容易导致经营行为短期化。目前的考核制度，对信贷经营人员比较注重即期贡献，对长期风险重视不足。例如，对客户经理的考核注重“客户营销数量、贷款投放金额、产品覆盖度”等指标，考核激励即期兑现，缺少对贷后回收因素的考核。再加上风险暴露的滞后性，导致其经营行为的短期化。实际上，信贷业务从营销、审批到放款，仅仅是价值创造的开始。只有贷后按时收回本息，价值创造过程才算完成。

第三，贷后管理过程考核不足。对于贷后规定动作执行是否到位、相关人员是否尽责履职，目前尚无有效的衡量手段和合理的评价体系，由此容易导致贷后管理，尤其是日常贷后检查走过场。

四、信用风险管理新举措

信用风险管理的水平既直接影响当前经营绩效，也关系长远发展，体现商业银行经营管理的总体水平。随着我国从经济高速增长时期进入高质量发展的新时期，商业银行在信用风险管理方面也需要坚持回归本源，坚持改革创新，按照“服务实体经济、防控金融风险”的总体要求，积极主动地采取新举措，朝着“信贷质量稳定、信贷结构协调、信贷机制高效”的目标努力，实现高质量发展。

（一）坚持服务供给侧结构性改革，努力实现银企双赢

第一，坚持社会效益和经济效益相统一。要积极助力供给侧结构性改革，运用金融手段破解社会经济发展难题，将优化信贷结构与服务实体经济结合起来。例如，减少对产能过剩行业、陷入发展瓶颈的传统行业的信贷投放，减少对“僵尸企业”、市场竞争力不强的企业的信贷投放，将有限的信贷资源从低效行业和企业中“解放”出来，不断提高信贷资源配置效率。又如，通过创新金融服务方式，将更多金融资源投向先进制造业和现代服务业，为新时代经济高质量发展注入新动能。再如，围绕生态文明建设和全面建成小康社会的要求，推动普惠金融和绿色信贷快速发展，助力社会经济发展转型升级。

第二，坚持“以客户为中心”。信贷业务创造价值的源泉是实体经济。“以客户为中心”既是银行服务实体经济的直接表现，也是银行提高服务实体经济能力的内在要求。银行在服务客户时，不能单方面地追求自身商业利益，而要在服务客户的过程中同时提高自己，努力把业务做强，把业务结构做优，与客户共同成长，在有效满足客户需求的同时增加自身盈利，实现银行与客户的双赢。

第三，坚持信贷客观规律。将信用风险管理的基本原则、基本规律一以贯之地落实到业务流程中。坚持“脱虚向实”，缩短金融链条，更直接、有效地支持社会经济发展和企业生产经营。坚持“三性”原则，强化稳健经营，确保放出去的资金能收回。坚持“三铁”要求，严格执行政策制度。坚持贷款“三查”，保持风险管理的独立性和权威性，实现适度制衡。坚持风险、收益和资本“三平衡”。坚持内控、合规和风险“三统一”。

第四，坚持改革创新。在金融创新中，既要防止所谓“金融创新”助

推资金空转，演变成滋生金融风险的温床，又要防止因循守旧，谈金融创新而色变的倾向。面对新时代、新要求，不仅不能停下金融领域改革创新的步伐，而且要紧紧围绕如何有效解决信息不对称、激励约束不匹配，制衡机制不到位等信贷管理领域基础问题，以勇于创新的姿态，积极探索风险评估方法、风险监测工具、风险控制手段，风险管理策略、风险安排机制的新理论、新实践，用改革创新的方法，推动银行信贷管理工作更上一层楼。

（二）聚焦资产质量，巩固防范化解重大风险攻坚战成果

信贷资产质量水平是衡量银行“防范化解重大风险攻坚战”成果的重要标志，也是衡量银行业信用风险管理能力的重要内容。

第一，“稳”是重点，实现资产质量稳中可控、稳中向好。一是合理分解并严格执行资产质量控制计划，层层压实责任、明确要求，将责任落实到各条线、各层级、各岗位，确保完成资产质量管控日标。二是提升管理主动性，把握好节奏，做好不良暴露、不良处置、拨备计提的统筹与衔接，确保银行各项重要指标均衡协调。

第二，“实”是基础，强化风险主动管控，为资产质量向好奠定坚实基础。一是鼓励信用风险及时暴露，未来对资产质量管理的评判标准和价值取向主要是资产质量夯实的程度、风险报告及时性等，严厉惩戒隐匿风险、瞒报迟报行为。二是把握资产质量管控主动权，加强分析研究。特别是要抓住重大风险这个“牛鼻子”，主动管控“灰犀牛”。三是依托大数据及银行信贷信息管理系统，持续提升信用风险监控预警能力和智能化水平，做实风险底数，有效防范“黑天鹅”。

第三，“严”是标准，回归信贷本源，筑牢高质量发展基础。一是按照严格分类管理、实质风险判断的监管导向，据实从严开展信贷资产风险分类。二是严格异地授信、低信用风险业务等重点领域风险管控，确保信贷业务高质量发展。

第四，“优”化结构，继续发挥结构调整对资产质量的价值贡献。一是加强移位再贷管理工作，持续开展信贷结构调整优化，将腾挪出的信贷

资源投向优质客户、风险回报高的行业及符合经济发展方向的领域。积极支持经济转型升级、绿色信贷、普惠金融等业务，发挥风险管理的支持服务作用。二是强化风险管控，加快产能过剩行业及高杠杆低效企业信贷退出，进一步发挥拨备计提对风险敞口快速扩张的约束作用。

第五，“细”致的管理，持续加强信贷基础管理，提升处置“质、效、量”。一是风险常态化管理，是资产质量管控行之有效的措施，全面落实“五个到位”（责任到位、监督到位、管理到位、人员到位、考核到位）要求。二是完善薄弱环节，强化各层级贷后管理责任，促进贷前、贷中、贷后信息共享；关注政府性债务、房地产市场政策变化，组织押品重估和压力测试。三是挖掘不良贷款资源，提高处置价值贡献。在新暴露不良贷款趋稳的态势下，更加强调存量不良贷款处置的结构管理，提升处置效益。

（三）适应产业转型新趋势，主动调整信贷结构

我国产业转型升级速度将大为提升，区域差异化发展格局也将继续延续。银行信用风险管理需要结合国家实施的重大战略、自身风险偏好和转型方向，主动研究区域经济发展特点、行业发展趋势和客户商业模式发展方向，从战略层面优化信贷资源配置方向，提高客户选择能力和价值创造能力。

第一，发展普惠金融，让金融更多地解决客户急需。普惠金融是银行惠及民生的重要手段，是解决社会经济急需和金融普惠民众的一种必然。从落实国家要求、服务社会民生的角度理解发展普惠金融业务。在坚持正确方向的前提下，适当增加风险容忍度。在融合传统优势、连接外部市场、打造新竞争优势的同时，总结探索风险新规律，运用新的平台模式和技术手段，建立完善普惠金融业务的风险管理新模式，在经营风险的过程中提高管理水平。

第二，增强社会责任感，大力发展绿色信贷。建设社会主义生态文明，打好“污染防治攻坚战”，深刻理解发展绿色信贷的重要意义，增强可持续发展的能力。一是绿色项目的储备，保证绿色贷款增速持续。同时，加快绿色债券、绿色理财、绿色基金等产品服务创新。二是前瞻性调整绿

色贷款结构，拓展绿色新兴领域业务。三是落实环境和社会风险管理要求，并融入贷前调查、授信审批、贷中审核、贷后管理等关键信贷流程，防止环境和社会风险向信用风险、声誉风险转化。

第三，增强洞察大势能力，防范化解“灰犀牛”风险。一是做好“去产能”和僵尸企业出清工作，减少资产损失，又加速信贷资源腾挪，努力促进经济体系效率提升。二是规范地方政府类融资业务，主动防控风险。改变主要依赖政府信用发展业务的模式，重新理顺银政关系，按照商业化原则规范开展政府类融资业务。三是加强房地产客户实质性风险判断，稳健发展房地产信贷业务，落实风险缓释措施，强化贷款用途审查、资金封闭管理和日常风险监测，严防房地产企业多头融资、过度融资和资金挪用风险。

（四）完善四项机制，实现信贷运行协同高效

贷前诊断、贷中放款审核、贷后跟踪会议、押品集约化管理四项机制是落实全面主动管理、促进风险经理独立履职、破解信贷管理难题的重要创新。

一是贷前诊断。主要是对新增信用额度高且涉及例外事项的大中型客户的准入，通过前台、中台、后台协同诊断业务必要性和合理性，提前揭示问题、规避风险。其目的是在不改变现行信贷流程和责任体系的基础上推进风险管理前置，降低贷款实际支用后发生风险损失的概率。

二是贷中放款审核。放款管理部门或放款中心需进行管理升级和业务扩容，将放款管理部门或放款中心打造为信贷业务的诊断平台和放款数据的分析平台。

三是贷后跟踪会议。提升贷后管理层级和贷后跟踪会议实效，将贷后管理重点由债项层面的流程操作转变为客户层面的再决策。

四是押品集约化管理。注重押品管理“真、准、优、实”。所谓“真”就是避免出现虚假押品；所谓“准”，就是押品评估方法和参数设置准确、重估及时；所谓“优”就是纠正拦截不合标准的抵（质）押物；所谓“实”就是落实押品管理关键环节，提升风险缓释效果。

（五）加快工具建设，强化信用风险前瞻性防控

银行前瞻性应对信用风险的必备手段是建立预警体系。商业银行在信息收集方面具有优势，加强对信息系统数据的挖掘和运用，既防“黑天鹅”，又控“灰犀牛”，降低信息不对称导致的损失。已有研究表明：在客户信用风险暴露前采取预控措施能有效降低损失，提前180天采取措施，平均风险损失率仅为1%~2%；提前90天，平均风险损失率为3%~6%；提前30天，平均风险损失率为10%~20%；如果没有预控措施，风险损失率将达50%以上。可通过集成风险识别和预警功能，构建统一的信用风险监控预警平台，使信用风险“看得清、管得住”。

第一，统一信用风险监控预警平台。现有各类信用风险监测预警功能整合和集成，构建“以客户为中心”的企业级信用风险监控预警统一平台，实现信贷和类信贷等表内外承担信用风险的业务全覆盖，统一识别潜在信用风险隐患，统一发布信用风险预警信息。

第二，自动预警和风险化解跟踪功能。通过先进技术，持续优化风险预警模型、规则、阈值，加强数据整合和挖掘，减少虚警、误警、漏警。优化对预警客户风险化解的跟踪督导功能，对预警应对效果进行总结反馈。

第三，信用风险信息共享及刚性控制机制。将经过核实的风险信号进行预警分级，建立风险预警库，形成“以客户为中心”的信用风险统一视图，在系统内统一发布、推送，实现信用风险信息共享。拦截系统监控发现的业务流程中的违规操作和高风险客户，防止“带病”进入后续流程。

第四，金融科技成果利用。商业银行的经营管理越来越依靠全流程金融科技手段支持。以人工智能为代表的金融科技，具有技术属性和业务属性高度耦合的特征。借助信息技术平台、大数据分析工具预判市场趋势和风险动态，推动风险管理从经验型向智能型转变，由人控向机控转变，由线下选择客户到线上获客、活客和留客转变。具体路径：一是建立大数据基础平台和工具箱。归集宏观经济数据、行业指标、客户、债项、资产质量、抵押品等信息，构建大数据工作环境。结合业务专家和大数据技术专家

的共同智慧，研发和推广信贷组合优化评价模型、客户风险预警模型等大数据分析模型，为银行经营管理人员、基层员工提供大数据管理工具。二是建立大数据治理机制，切实保障数据质量。通过设计数据治理结构、整理数据来源、制定数据标准、建立数据采集和处理等管理制度，提高数据在收集、清洗、挖掘、应用和评估等环节的效率。通过交易场景等基础建设，实现数据交叉验证和动态更新，解决信贷欺诈等信贷领域的难点问题。

（六）完善信贷责任体系，提高政策执行力

银行不良贷款高企的深层次原因在于信贷经营管理责任划分不清晰和落实不到位。建立合理且明确的责任体系和责任认定体系，使信贷经营管理责任覆盖信贷业务的各流程、各环节，能够在企业层面有效提高信用风险管控的主动性和内在动力。实践证明，没有合理且明确的信贷经营管理责任体系，难以实现信贷资产质量持续稳定。

合理的信贷经营管理责任体系覆盖信贷业务流程的各层级、各环节，包括机构负责人的领导责任、条线和部门负责人的管理责任及信贷经办岗位人员的直接责任。在责任分配制度设计上，要强调防范信用风险有效性，具体来讲，要强化机构负责人的领导责任和信贷经营管理部门负责人的管理责任，实现“管理重心上移、管理环节前移”。实践经验表明，这种制度安排有利于响应风险变化、调度管理资源和应对复杂形势，能提高信贷风险管控的有效性。

要严格遵守“违规必究、问责有据、尽职免责”的要求，健全责任认定制度体系。要突出以下要求：一是以违规为问责前提，大力倡导合规文化；二是明确各类信贷经营管理岗位的分级责任及制度依据；三是建立“将功补过”的正向激励机制。

（七）培育健康信贷文化建设，加强专业化队伍建设

第一，良好的信贷文化和信贷操守。良好的信贷文化是金融机构实现安全管理的重要基础。信贷文化是信贷管理中长期形成并具备的一种价值

取向、行为规范和表现形式，是金融企业文化的组成部分，信贷文化健康，有利于促进银行安全运行，降低信用风险，提高资金使用效益。

第二，信贷从业人员教育培训。加强信贷从业人员职业道德教育，使其将合规意识内化于心、外化于行，降低道德风险；加强信贷从业人员专业知识及法律法规知识的学习，通过具体案例的分析，提高信贷从业人员的信贷风险识别方法与防控技巧，使银行信贷从业人员实现从感性、经验型、关系型的结构向理性、知识型、专家型的结构转变，持续提高银行信贷队伍的整体风险防控水平。

第三，配备与信贷经营管理工作要求相适应的信贷人员。银行在信贷人员安排方面，要按照信贷经营规模和信贷业务的复杂性，配备不同资质水平的信贷人员，尤其要确保不相容岗位的相对独立。

（八）创新信贷经营管理考核机制

激励机制是银行最重要的指挥棒。信贷考核体系通过制度、规则，引导信贷经营管理行为。银行激励机制的调整，要有利于管理者追求银行长期价值的最大化而不是追求短期利益，要充分发挥员工潜能，增强员工自我激励和自我约束。

第一，引入绩效延期支付机制。在一定时期内，分阶段逐步兑现考核对象绩效激励，用较长的时间跨度评价银行业绩质量，可以较好地适应银行业风险相对滞后的特性，有利于防止考核对象从自身短期利益出发，以牺牲银行长期利益为代价，进行不当经营决策。从实践看，埋单制之下，员工绩效与经营业绩直接挂钩且当期兑现，容易导致短期行为，甚至出现隐瞒风险信息的情况。

第二，强化风险退出的激励约束机制。通过差别化减值准备计提手段，加快问题贷款退出。适当在考核上补偿因主动退出风险客户或风险项目而当期绩效受损的机构，以提高经营机构对风险的敏感度。

第三，强化贷后过程考核。过程考核指标应覆盖贷后管理流程各环节、各类岗位角色，既要考核是否执行规定动作，又要考核执行质量。

第四，建立积极的风险损失扣罚机制。首先，提高扣罚力度。扣罚既包括经济上的绩效扣减，也包括行政上的处罚，扣罚力度要能够起到威慑作用。其次，扣罚机制应充分考虑“尽职免责”因素，督促客户经理在信贷管理中重视合规，落实规定动作。最后，扣罚触发点应适当前移。扣罚力度可以是渐进式的，从贷款逾期到最终的不良处置，信贷回收越早最终扣罚越轻，损失越小最终扣罚越小，这有利于鼓励客户经理对风险贷款早发现、早收回、早处置。

4 第四章 合规风险防控机制

- 合规风险的界定
- 合规风险管理现状
- 合规风险管理存在的问题
- 合规风险防控的改进

一、合规风险的界定

（一）合规起源与定义

1. 合规溯源

合规理念的产生与西方国家特别是美国的公司治理企业管理实践有非常密切的关系。在美国的政治和法律环境下，社会公众推崇“诚信原则”，期待企业在追求利润的同时，应当遵守公序良俗，符合商业道德规范。这一民意期望影响政治体系形成立法，并转变为政府对企业监管的硬性规范要求，企业一旦违规将面临声誉损害、高额赔偿、刑事处罚等严重后果。由此，合规管理就成为企业应对政府监管要求和社会公众期望的必然措施。

1977年，美国“水门事件”的爆发揭露出很多美国军工企业在海外通过行贿获取订单的腐败行为。丑闻引起公众舆论哗然，美国国会顺应民意，推出立法打击美国公司在海外的贿赂行为，颁布了《海外反腐败法案》。随着行政监管在其他行业渐次推开，合规管理也相应地成为这些行业的新常态。《海外反腐败法案》不仅是反贿赂合规领域的重要指导性法律，而且对确立企业的合规管理责任起到“开山”和“奠基”作用，具有划时代的重要意义。

进入21世纪，美国上市公司出现了“安然事件”、世界通信公司[①]等一系列财务做假丑闻，引起了社会公众对上市公司治理和内部控制的关注。在这一背景下，2002年美国通过了《萨班斯—奥克斯利法案》，加强对会计师职业及上市公司行为的监管，其中部分内容也提出了建立合规体系的要求。

① 2002年，美国第二大长途电话运营商公司世界通信公司（WorldCom）开展内部调查，起因是一名内部审计师发现，前一年度与扩建电信系统有关的大量费用没有被作为正常成本入账，而是被作为资本支出处理。6月，世界通信公司宣布：过去5个季度曾将38亿美元的支出以不当的会计手法处理，导致获利严重虚报。该财务丑闻引发全球电信业危机，欧美、日本股市全面下挫，世界通信公司也最终宣告破产。

随着监管机构对西门子、辉瑞制药和韩国LG等几家公司的积极调查并处以高额罚金，有失职责任的高管被追究刑事责任，甚至一些案件还引起了后续的股东诉讼，合规管理开始受到企业的最高管理层的重视。至此，对合规管理重视已成为美国企业界的共识。越来越多的大型企业设立首席合规官职位，将合规职能提高到公司最高管理层。合规管理成为跨国公司公司治理和企业内部管理的最重要工作内容之一。

2. 银行业的合规

20世纪90年代前后，金融创新风起云涌，国际银行业伴随着资本自由化迅速发展，但合规风险管理在初期并没有得到关注。警钟很快被敲响，先是国际商业信贷银行的100多亿美元的巨额亏损浮出水面，继之拥有233年历史的巴林银行宣布倒闭，“住友铜”、大和债券舞弊等大大小小的事件丑闻层出不穷，全球银行体系受到沉重的打击。

国际银行业对因合规风险管理不当而招致的声誉风险和其他相关风险越来越重视，各国监管当局也意识到，应以银行业健全有效的合规管理作为监管基础。

联合国、经济合作与发展组织、巴塞尔银行监管委员会（以下简称巴赛尔委员会）等国际组织将合规风险管理视为对金融机构的普遍性要求，倡导在全球范围内不断加强合规性管理。巴塞尔委员会作为全球银行业监管的首要国际组织，其出台的相关指导文件正是体现了各国银行合规风险管理的基本框架和普遍要求。1998年9月，巴塞尔委员会出台《银行业机构的内部控制体系框架》，文件首次将“合法与合规性要求”定义为银行内部控制框架的重要构成要素。随后，就银行合规问题，巴塞尔委员会于2003年10月专门出台了咨询文件《银行内部合规部门》，其中指出，合规风险管理是银行重要且独立的风险管理职能。文件发布后，巴塞尔委员会通过广泛征求各成员的意见及对各国（地区）落实该文件情况的研究后，在2005年4月再次发布高级咨询文件《合规与银行内部合规部门》，并提出十项重要原则，指导银行在内部设立合规管理部门和合规管理岗位，按照合规政策、流程经营，有效管理银行合规风险，为国际银行业的合规管理确立了标准。

各国政府也先后制定了旨在促进合规管理的一系列法律、法规。美国在《萨班斯—奥克斯利法案》之后又陆续出台和实施了有关银行自营交易、投资对冲基金或私募基金限制的《沃尔克规则》（2012年），加强大型国内银行控股公司及大型外国金融机构合规监管框架的《强化审慎标准》（2015年）等。欧洲银行业监管局出台了《银行内部治理指引》（2011年），对欧盟地区银行内部合规管控提出了明确要求，欧盟国家纷纷将这一要求纳入自己的法律体系。

我国关于金融机构内部控制法规性制度早于巴塞尔委员会制定的框架文件。1997年5月，中国人民银行颁布了《加强金融机构内部控制的指导原则》，首次规定了金融机构内部控制的目标、原则、要素、内容及基本要求，明确提出，文件适用范围包括银行业、证券、保险机构及各类金融性公司、机构，是中国首次针对金融机构内部控制问题制定的规范性文件。根据《商业银行法》和《银行业监督管理法》，我国银行业监管机构在充分借鉴国内外银行业金融机构合规风险管理良好经验，以及国际银行业监管机构相关规定的基础上，于2006年出台了《商业银行合规风险管理指引》，并成为我国合规风险监管的一项核心制度。在监管机构的不断推动下，合规管理长效机制逐步建立，合规管理的重要性不断凸显。

3. 合规的内涵

中文中的“合规”实属舶来品，由英文“compliance”翻译而成。该词最初在英文语境中指对法律、政策等正式规范的遵守，其早期常用于美国金融行业中对符合法律、金融监管规范、政策管控的描述，但在之后的发展中，外延逐渐延伸至商业、法律领域，其含义也进一步囊括了对其他非正式规范及道德规范的遵守。而合规风险（compliance risk）也就是指银行机构因未能遵守以上规范而触发的风险。

国内外关于合规与合规风险的表述基本一致。比如，巴塞尔委员会2005年公布的《合规与银行内部合规部门》中对合规风险的定义为银行因未能遵循合规法律、规则和准则而可能遭受法律制裁或监管处罚、重大财务损失或声誉损失的风险。中国银监会2006年发布的《商业银行合规风险管理指引》则指出，合规是指使商业银行的经营活动与法律、规则和准则相一致。合规风险是指商业银行因没有遵循法律、规则和准则可能遭受法律制裁、监管处罚、重大财务损失和声誉损失的风险。

“规则是用来遵守的，而不是用来被打破的”，合规这一动作的参照坐标既有“外规”也有“内规”。《合规与银行内部合规部门》指出，合规法律、规则和准则有多种渊源，包括立法机构和监管机构发布的基本的法律、规则和准则，市场惯例，行业协会制定的行业规则及适用于银行职员的内部行为准则等。基于上述理由，合规法律、规则和准则不仅包括那些具有法律约束力的文件，还包括更广义的诚实守信和道德行为的准则。《商业银行合规风险管理指引》则明确规定银行所遵循的法律、规则和准则是指适用于银行业经营活动的法律、行政法规、部门规章及其他规范性文件、经营规则、自律性组织的行业准则、行为守则和职业操守。

（二）合规风险后果

银行业金融机构合规风险的极端体现即违法违规事件，会导致利益相关方对商业银行产生严重的负面后果和评价，如监管处罚、财务损失、声誉损失，甚至是法律制裁。

1. 监管处罚

监管处罚是法律赋予监管机构及其派出机构的一项重要监管权力和职责，是实行有效银行监管的重要制度保障，因此，监管处罚往往是合规风险事件爆发后所受到最直接的处罚。2017年至2019年第一季度，银保监会系统严厉查处违法违规行为，有效规范市场秩序，促进行业健康发展，共作出行政处罚决定11735份，罚没总计59.41亿元，罚没金额超过了之前10年的总和。其中，银行业监管领域共作出行政处罚决定8888份，处罚机构4432家次，处罚责任人员5305人次，作出警告3421家（人）次，罚没合计54.88亿元，责令停业整顿1家，取消任职资格450人次，禁止从业365人。[①]

仅2018年1月，中国银监会总共罚单收入达8亿元人民币，包括对工商

① 银保监会网站稿件《银保监会确保行政处罚执行到位　有效维护监管执法权威》（2019年8月8日，http://www.cbirc.gov.cn/cn/view/pages/ItemDetail.html?docId=231406&itemId=915&generaltype=0）.

银行黑龙江省分行的54亿元人民币对公违规理财案件涉案机构处罚3400万元人民币，对浦发银行成都分行违规发放贷款事件责任机构处罚4.62亿元人民币，对邮储银行甘肃武威文昌路支行违规票据案涉案机构罚款2.95亿元人民币。除了越来越重的罚款，监管处罚还与市场准入、履职评价、监管评级相结合，强化了处罚的威慑效应。

2. 财务损失

对商业银行而言，财务损失包括违规贷款造成的坏账损失、违规开展金融交易造成的损失、赔偿客户因银行违规行为所造成的损失等，向司法机构、监管机构所缴纳的罚款也应属于此范畴。

大多数违规事件都是伴随着巨额罚款而曝光在世人面前。荷兰国际集团（ING）因反洗钱不力，于2018年与荷兰检察机构达成和解协议，上缴7.75亿欧元，其中罚款6.75亿欧元、没收1亿欧元。检察机构指控，荷兰国际集团违反《反洗钱和反恐怖融资法》：一是因反洗钱措施执行不力，2010年至2016年未能阻止客户通过账户洗钱，涉及金额数以亿欧元计；二是在执行相关合规要求过程中存在结构性缺陷，存在对客户调查不充分、对账户监控力度不足、没有上报异常交易行为或上报不及时等问题。

据《澳洲人报》2018年6月4日报道，澳大利亚联邦银行对澳大利亚交易报告和分析中心（AUSTRAC）提起控诉的53506项关于《反洗钱和反恐怖融资法》的违法行为表示承认，并同意支付7亿澳大利亚元（约为34亿元人民币）罚款给这场风波画上句号。而澳大利亚联邦银行自2017年8月洗钱丑闻爆出后，其股价已累计下跌17%。

3. 声誉损失

声誉体现了社会公众对银行的主观评价，良好的声誉是一家银行的重要资源，也是维护投资者关系和客户关系的重要保障。声誉具有扩散快、以讹传讹，并持久难消等特征。

2008年3月19日，在伦敦证券交易市场就发生了一起以散布谣言牟利的事件。当日，一些金融从业者几乎同时收到一封电子邮件，邮件里说《金融时报》将在第二天刊登一条有关苏格兰哈里法克斯银行的消息，据说这家银行的1280亿英镑非客户债务必须在3个月内偿付，这可能引发挤兑，并且，该银行已经向中央银行发出了紧急再融资救援申请。这份电子邮件在伦敦金融市场迅速传播发酵。当日，苏格兰哈里法克斯股票开盘价位480便士，早上开盘后，8点30分即有人开始抛售该银行股票，到8点50分时，该银行股价已经狂跌至398便士，缩水近17%。不仅是苏克兰哈里法克斯银行，其他银行股价也随之大幅下跌。

为应对此突发状况，苏克兰哈里法克斯银行发布紧急声明，对该金融集团已向中央银行申请紧急再融资的消息为“毫无根据，纯属谣言”。上午10点10分，英国中央银行也发表声明，宣称根本没有收到苏克兰哈里法克斯银行对中央银行发的求助信息。12点30分，英国金融服务局发布声明，认为该事件背后具有值得怀疑的牟利操作嫌疑，并将对此进行调查。在一系列操作后，苏克兰哈里法克斯银行的股价最终仍然下跌了7%，以446.25便士收盘。经查，该事件是某对冲基金公司机构通过电子邮件向各金融机构负责人发的虚假信息，然后从中做空以牟利。

此次恶意谣言使苏克兰哈里法克斯银行的声誉遭到了损害。从银行客户方面看，当客户认为银行无法支付其债务时，可能会引起挤兑；而对于该银行的投资者来说，担心由偿债能力下滑导致的股价下行使其遭受投资损失，导致银行股票遭到大量抛售；谣言不仅造成谣言的对象苏克兰哈里法克斯银行的股价大跌，也拖累了其他银行股价。尽管银行和监管当局及时澄清了事实，但苏克兰哈里法克斯银行仍然损失惨重，上亿资金蒸发。此次谣言之所以造成如此的反响，主要是因为在数月前英国的北岩银行倒闭、美国的贝尔斯登银行几乎破产，以及全球金融市场急剧动荡，使得人心惶惶。但即使如此，此次事件也反映了声誉对银行的重要性。

4. 法律制裁

法律制裁指国家司法机关和国家授权专门机关对违法商业银行或其员工依照其所应当承担的法律责任而采取的惩罚措施，包括刑事、民事或者行政制裁。当然，在世界经济一体化的今天，无论是何种制裁，都已经不再局限于一国边界内。例如，法国巴黎银行是法国最大的银行，美国司法部指控该行2004年到2012年期间利用美国金融系统为苏丹、伊朗和古巴三国转移资金。2014年7月1日，美国司法部宣布，法国巴黎银行已经与当局达成和解协议，承认违反美国对外制裁法规，为此法国巴黎银行将支付89.7亿美元罚款。除了支付罚金，法国巴黎银行的13名高管也因此离职，涉嫌违法业务的纽约分行及其他分支机构被暂停美元清算业务一年。

（三）合规风险管理与其他风险管理及内部控制的关系

1. 合规风险与三大风险的关系

传统的银行三大风险包括信用风险、市场风险和操作风险。与三大风险相比，合规风险实际是更为基本的实质性风险。合规风险与三大风险既有联系，又有不同。简单地说，不同之处在于：合规风险是银行做了不应该做的事情，比如违法、违规、违章等，从而导致的风险或损失，在这里银行自身行为的主导性特征比较明显。而三大风险则主要是由于市场变化、员工操作、客户信用等内外环境的变化而招致的风险或损失，偶然性、刺激性比较大。信用风险、市场风险和操作风险根据企业成本考量与资本限定，可以设定各自的容忍度，但合规风险难以计入成本，容忍度是零。

二者联系之处在于皆属于全面风险管理的范畴：三大风险，特别是操作风险存在和表现出的重要诱因即合规风险，而合规风险由于三大风险也变得更加复杂多变和难以管控。三大风险和合规风险导致的结果也基本相同，即给银行带来财务或声誉损失。考虑到合规风险的复杂性和特殊性，巴塞尔委员会认为合规风险是需要具有独特管理技能和专业人员管理的一种风险，并将合规风险界定为“银行内部的一项核心风险管理活动”。

三大风险中的操作风险被认为与合规风险有更多的交叉和重叠，如操作不合规本身既是典型的合规风险，又是典型的操作风险。在日常管理中，操作风险的损失数据分析是合规检查的依据之一，而操作风险自评估和关键风险指标的重要来源之一是合规检查所发现的风险点。另外，二者的区别主要在于引发因素和管理手段的差异。操作风险由不完善或存在问题的内部程序、人员、计算机系统或外部因素引发的风险，管理手段包括操作风险自评估、风险指标监控、资本计算、业务连续性管理等。合规风险更多属于有意为之的行为诱发，管理手段主要包括规范制度、合规审查、检查评估、处置整改等。

2. 合规风险管理与内部控制

美国COSO委员会（The Committee of Sponsoring Organizations of the Treadway Commission）认为：企业内部控制是由企业董事会、经理层及其他员工共同实施的，为财务报告的准确性、经营活动的效率与效果、相关法律法规的遵循等目标的实现而提供合理保证的过程。2014年，中国银监会出台的《商业银行内部控制指引》指出“内部控制是商业银行董事会、监事会、高级管理层和全体员工参与的，通过制定和实施系统化的制度、程序和方法，实现控制目标的动态过程和机制”。简而言之，内部控制是对各类风险的防控程序和机制，而合规风险管理恰恰是防控和缓释其他各类风险的基础性管理工作，且二者的目标均是促进银行稳健经营和可持续发展，天然具有密不可分的关系。

合规风险管理中的“规”是基于对业务流程中，各类风险与控制的有效识别、风险的评估及控制有效性的评估而制定的，而商业银行内部控制的建立和实施遵循的也是《商业银行内部控制指引》在内的监管规定和行业准则，因此，银行内部控制的过程就是强化合规管理、防范违规的过程。与合规风险管理相同，内部控制也是商业银行的核心管理活动，银行经营发展的过程同时也是完善内部控制机制和实施合规管理的过程。内部控制提升管理质效，合规管理创造企业价值。因此，实施合规风险管理和内部控制的有机结合，才能有效控制各类违规风险，才能保障银行良好、快速发展并实现发展战略。

正因为如此，巴塞尔委员会发布的《有效银行监管核心原则》明确指出，合规是内部控制的目标之一，合规管理是内部控制的必要组成部分。所以，内部控制与合规管理密不可分，只有充分认识内部控制在合规管理中的重要作用，才能实现内部控制目标，达到合规经营的目的。近年来，业内通过管理实践活动，逐步认识到二者的紧密联系，已经在研究探索二者整合开展工作，以实现银行资源的有效配置。

二、合规风险管理现状

（一）监管趋势、原则与要求

1. 监管趋势

综观各国监管机构的制度与实践，合规风险管理呈现出四个方面的趋势：一是监管严格化。进入21世纪，特别是2008年国际金融危机发生后，各国监管机构重新审视原有监管方式，从“道义劝告”向“严管重罚”转变，普遍提高了对金融机构合规管理的要求，天价罚款频频曝光。英国为加大监管力度，在英格兰银行下设审慎监管局（PRA），并单独设立金融行为局（FCA），两个机构共同负责微观审慎监管。二是管理基础趋同化。虽然各国是独立的司法管辖区，但管理的基础逐渐统一，以反洗钱/反恐怖融资风险管控为例，各国往往以联合国等多边合作组织下发的名单为基础，同时补充各自国家名单的模式，对高风险客户进行识别和管理。三是管理手段新颖化。除了传统的监管警告、罚款、限制经营范围等传统行政手段，近年来出现了监管机构与被检查机构签署具有民事效力的“和解协议”等新方式，作为监管手段的有效补充。四是监管原则化，也就是所谓的原则性监管（Principles-based Regulation），与过去的规则性监管（Rules-based Regulation）相比，原则性监管缺少对金融机构具体的工作指示，而是依靠高位阶、抽象性的要求对金融机构进行规范。原则性监管的好处是能够减少监管制度的复杂性，对新情况的适用性更强，从而避免具体规则僵化和滞后的缺点，但由于原则的不确定性、理解易存在差异性，原则性监管实际上对金融机构提出了更高标准的要求。

国内已经持续20年的银行业和保险业的分业监管。2018年4月8日中国银行保险监督管理委员会（以下简称中国银保监会）在北京挂牌成立，拉开了国内混业监管的序幕。过去几年中，随着国内金融业的发展和壮大，“航母级”的金融控股集团相继成立，尽管还处在分业监管的背景下，但同一家金融集团进行混业经营已是不争的事实，分业监管下监管真空的弊端也逐渐显现。中国银保监会的成立，无疑有助于解决这一问题，对于推进构建现代金融监管框架、提高银行保险监管能力、提升金融业合规风险管理水平具有十分重要的意义。

中国银保监会的主要职责是：依照法律法规统一监督管理银行业和保险业，维护银行业和保险业合法、稳健运行，防范和化解金融风险，保护金融消费者合法权益，维护金融稳定。2018年第一季度，中国银保监会开始对包括违反宏观调控政策、公司治理不健全、交叉性金融产品违规套利、侵犯消费者权益、提供不实保险资料等在内的金融乱象进行整治。在整治过程中，执行对违规机构和负责人进行“双罚”。2018年1~3月中，共处罚银行业、保险业共646家次，罚没金额11.58亿元，责令停止接受新业务12家次；处罚798人次责任人，罚款金额2861.85万元，107人被取消任职资格与禁止从业。可以看出，随着中国银保监会体制改革的尘埃落定，宽口径、严监管的态势会继续成为监管机关对市场加强合规教育、维护市场秩序、防范违法违规行为和案件的重要手段。

我国的合规风险管理的法律框架及管理体制初步适应了现阶段国内金融业发展阶段，随着国内金融业改革的不断深入、金融市场开放性程度的增加和国内金融机构越来越多地参与到国际竞争中去，金融机构面临的市场环境会愈加复杂，可以预见，未来监管的要求也会朝着国际化、高标准的方向不断向前发展。

2. 监管原则

从各国监管理念来看，普遍认可的合规风险监管原则包括：

（1）全面性原则。合规风险管理是一项系统性工程，应当覆盖银行从设立、经营、变更甚至到终止的全过程，重点是经营过程中的各个业务流程和操作环节。这些年各国监管实践也说明了这一点，监管的关注焦点从反洗钱、反恐怖融资、金融制裁延伸到反逃税、反腐败、内部控制、数据保护、劳工保护等多个方面，领域越来越广泛。同时，合规风险管理也需要全员参与，即商业银行所有员工的行为都必须符合法律、法规和制度的要求，这是每一位员工的职责。

（2）独立性原则。应由独立的部门和人员对合规风险进行独立管理，并独立于银行的经营活动，这样才能充分发挥合规风险管理价值。独立性涵盖了独立的报告路径、独立的调查权、独立于经营业绩的工作考核，以及合规人员本身不得从事与其合规管理职责可能产生利益冲突的其他职责。

（3）可持续性原则。金融活动的复杂性决定了合规风险管理要有持续性，有学者曾说，任何成文的法律当写在纸上的时候就已经落后于现实了，合规风险管理又何尝不是这样。随着经营环境的变化和监管法规的更新，合规风险管理也必须与时俱进，不断丰富和完善自己的内涵和外延，确保金融机构始终能够合规经营。

3. 监管要求

自2005年以来，以巴塞尔委员会《合规与银行内部合规部门》确立的十大合规原则①为核心，一些基本监管要求得到各国监管部门的广泛认可，具体如下：

（1）关于建立完善的合规管理框架。银行应具备专门的合规职能，帮助高管层有效管理合规风险。银行应建立与自身经营范围、组织结构和业务规模相适应的合规管理框架，并根据自身风险状况和外部风险环境的变化及时进行调整与完善。

（2）关于董事会和高级管理层合规履职要求。董事会应审查通过合规政策并监督其执行情况，并对银行的合规性负最终责任。在合规部门的协助下，高管层应有效管理银行的合规风险，贯彻执行合规政策。

（3）关于合规部门的职责。合规管理部门应确保合规政策的执行，协助高管层有效识别和管理银行所面临的合规风险，包括持续关注法律、规则和准则的最新发展，及时为高级管理层提供合规建议；制定并执行合规管理计划；制定合规指南；审核评价银行各项政策、程序和操作指南的合规性；开展合规培训；主动识别评估合规风险；追踪监管要求的落实情况等。

① 十大合规原则是：银行董事会负责监督银行的合规风险管理；高级管理层负责银行合规风险的有效管理；高级管理层负责制定和传达合规政策；确保该合规政策得以遵守；组建一个常设和有效的银行合规部门；合规部门应具有独立性；银行合规部门应该配备能有效履行职责的资源；合规部门职责；合规部门与内部审计的关系；跨境问题和外包。

（4）关于合规部门的独立性。银行的合规职能必须独立于银行的业务活动，具体包括任命合规负责人，且其不得分管业务条线；要在银行内部确立合规部门正式的地位；合规部门的职员必须是专职的；禁止将合规部门职员的薪酬与业务条线的盈利状况挂钩，以便其履行合规职责。银行应确保合规部门获得授权、财务预算、人力支持等资源支持和明确畅通的汇报路径。

（5）关于合规部门与内部审计部门的关系。合规管理职能与内部审计职能应当分离。内部审计部门对包括适当性及有效性在内的合规管理职能的履行进行审计，并向合规负责人告知审计结果。

对合规管理职能的履行情况，包括适当性和有效性等进行独立的审计评价，并将审计结果告知合规负责人。

（二）合规风险管理的主要步骤

在监管指引及业务经营发展需要的驱使下，业内对合规风险管理的方向与手段逐渐摸索成形：合规风险管理作为商业银行内部主动管理合规风险的动态过程，需要科学界定、主动落实日常活动中，识别、评估、监测和报告合规风险的相关责任和人员职责。合规风险管理涵盖了商业银行业务与经营的各个方面，既是内部科学制定、持续修订、推动实施政策制度的循环过程，更是与外部合规风险监管实现有效良性互动的过程，主要包括以下环节：

1. 合规政策

合规政策由商业银行制定，旨在明确合规管理目标、原则、偏好、流程、组织架构、职责及权限、系统、制度及文化等各合规管理体系要素的书面文件。合规政策不仅是指导实施商业银行合规管理体系建设的纲领性文件，也是对外表明银行坚持合规经营和履行企业社会责任的重要宣言。

合规政策的制定必须经过商业银行内部多方面充分论证，综合考虑监管要求、银行情况、同业良好实践等，以求契合合规风险管理的实际需求，获得全行上下最广泛的认可和支持。合规政策对全行具有普遍约束力，需要由银行高级管理层审定后提交董事会审批生效，并在行内颁布实施，同时向监管部门备案。

2. 合规管理组织架构

商业银行合规管理组织架构包含了内部各层级、各机构的合规管理职责划分，合规管理部门的设立与层级管理，以及合规管理人员的配备。

商业银行董事会、监事会、高级管理层、合规管理部门、其他职能部门/机构的合规管理职责都应进行清晰的划分。需要指出的是，商业银行应不断加强三道防线建设，推动合规管理运行机制的顺畅有效运行：业务条线、分支机构一线员工和管理人员作为第一道防线，承担合规主体责任，应主动实施有效的自我合规控制；合规管理部门是第二道防线，应履行全面的合规管理职责，并建立独立的报告路径；审计部门是第三道防线，对银行内部合规管理的有效性进行独立、客观的监督。

从业内实践来看，商业银行的总行大多独立设置合规管理部门，负责合规风险管理，或将关系较紧密的内部控制、法律风险等职能包含在内进行统一管理。在分行层面，国内商业银行一般设立合规管理部门或设置合规岗位，汇丰银行、花旗银行等外资银行则普遍采取业务条线合规官与区域合规管理部门并存的模式。部分国内商业银行也在尝试由总行向各一级分行派驻合规官/合规总监，以提高合规管理的规范性和有效性。

配备充足、资质合适的专职合规管理人员是合规管理得以有效履行的重要基石。由于合规管理涉及银行经营的方方面面，合规管理人员还应熟悉法规、掌握监管政策和精通业务，并通过专项培训、跟岗学习等方式不断提升专业能力。

3. 制度管理

商业银行确定的发展战略目标，落实在不同的管理职能上，须通过一系列的核心业务流程及其配套的内部制度加以保障实施。因此，商业银行的制度管理是银行得以正常运营的载体和手段。商业银行的内部制度是否健全、有效，对外部有关法律、规则和准则的传导和转化是否及时、准确，将直接影响银行合规管理的精细化水平。

规章制度管理，首当其冲应将外部监管要求及时、准确地转化为银行内部行为准则与工作规范。对于内部具体的规章制度，从计划、起草、审查、审议到公布、解释、重检、修订、废止等阶段应实施全流程管理，明确管理规范与要求。通过有效分层、分类，建立具有内在逻辑关系的“制度树”，形成全面覆盖商业银行各项业务与管理活动、层级分明和体系严密、便于操作与执行的制度体系，避免制度的遗漏、重叠和相互矛盾。

4. 合规审查

合规审查是合规管理部门主动识别、量化、评估、监测和报告合规风险的体现。审查的对象包括内部规章制度的制定和修改、业务流程的制定和修改、新产品的开发、新业务的拓展、新客户关系的建立等方面。

商业银行通过对业务、产品、制度建立强制性与常态化合规审查机制，可在事前环节将合规管理嵌入业务流程，防范制度、流程、产品设计中的漏洞及问题，从源头控制住合规风险的产生。2008年国际金融危机发生前，中国香港多家银行都向客户推销高收益率的雷曼“迷你债券”。摩根大通（香港）也计划开办该项业务，但在销售部门通过多层审批流程后，报送合规官时，合规官最终却叫停了此项业务。后来危机爆发，这只“迷你债券”成为香港多家银行金融机构甚至香港特区政府的梦魇，而摩根大通由于这只债券在合规审查中未通过，为银行避免了损失，也为此赢得了良好的声誉。

5. 合规检查

合规检查通过及时发现和有效排除合规问题或合规风险隐患，督导被检查机构依法合规经营和加强合规管理，从而规避或减轻商业银行因违反相关法律、规则和准则，而受到的法律制裁、监管处罚、重大财务损失和声誉风险等。

合规管理部门负责根据外部法律和监管要求、本行业务重点的调整，确定合规风险的优先级序列，以风险为导向制定合规检查计划。各级合规风险管理部门一方面要依据计划实施专项合规检查，另一方面也要组织推动各级经营机构、业务条线在业务检查中落实合规检查计划的要求、通过合规报告等途径对发现的合规风险进行动态监控与整改追踪。为避免重要合规管理事项的重复检查或遗漏检查，商业银行应建立跨条线的协调机制，整合来源各异的检查计划，促成重复项目的合并开展，不同部门间共享检查结果，优化检查资源配置，节约管理成本。

6. 处置整改

处置整改是事后合规管理的重要环节。其中，违规处置是合规管理部门强有力的抓手，通过对未履行或未正确履行合规职责的行为进行处罚，以及对违规行为者进行责任追究，可扭转职责不清、责任落实难的状况，提高政策制度的执行力，牢固树立合规风险管理的权威性。违规处置并非单纯的惩戒，而是以此反向勉励员工提高合规意识，自觉履行合规职责；倡导主动发现、主动暴露、主动避免违规事件的发生和主动纠正已发生的违规事件。

在检查发现并及时处理违规的基础上，深入推动问题整改，举一反三，从制度、机制、流程、机控等方面落实一系列改进完善措施，才是从根本上解决“屡查屡改、屡改屡犯、屡犯屡查”怪圈的关键所在。问题整改应综合利用检查成果，结合发现问题开展制度评价，研究梳理制度缺陷和系统、操作流程漏洞，不断进行修订与优化改造。商业银行通过及时落实和强化整改措施，不断自我规范经营管理行为，强化自我纠偏机制建设。

7. 考核评价

合规指标在各商业银行的考核体系均占有较大比重，还有部分商业银行对机构和员工的重大违规行为实行“一票否决”。合规考察评价体系至关重要，因为科学合理的考评体系有助于纠正“重业绩、轻管理”的倾向，使各级机构和员工更多考虑经营和合规的关系，从而减少违规行为的产生。中国银监会在《银行业金融机构绩效考评监管指引》中，也提出了风险合规考评要求，强调“银行业金融机构应当突出合规经营和风险管理的重要性，合规经营类指标和风险管理类指标权重应当明显高于其他类指标”。

合规考核评价的对象为所有机构和员工。考核评价的内容应包括合规管理组织机制建设情况、管理制度建设情况、合规管理活动开展情况、报告履行情况及是否发生合规风险、合规风险事件的严重程度、后续处置情况等方面。具体指标构成与权重可根据管理需要进行调整，最终结果纳入机构与个人的绩效考核中，促进加强合规管理的内生动力。

8. 合规报告

合规报告是反映商业银行合规管理状况、提示合规风险点、提出合规管理改进建议的重要渠道，是商业银行管理层获取相关合规风险信息的主要途径，也是各级管理部门进行各项经营决策、监管机构进行监督管理、投资者和社会公众对商业银行进行风险评价的重要依据。

商业银行应建立和不断完善合规风险报告机制，明确各级机构的报告职责，明确合规风险报告主体与对象、报告内容与要素、报告方式与格式、报告频率与路线、报告责任与处罚规定等，以确保全面、真实、及时和完整地获取和报告风险情况。在合规管理部门收到合规风险报告后，应当对存在的问题进行整理分析，分解落实到相关业务领域，提示合规风险和经营隐患，提供合规支持。

9. 合规文化建设

合规文化是优秀商业银行的主要特征之一，它是员工集体合规意识与职业行为的总和。银行作为典型的风险经营企业，其员工必须具有足够的职业谨慎和良好的合规意识，自觉自愿担负应尽的合规责任。合规文化要求从高级管理层到普通员工，都应掌握、遵守商业银行所适用的所有外部准则和内部规章制度，并对违规行为具有高度的敏感性。

合规文化的内涵包括合规理念、合规政策、合规价值、合规操守和合规机制等诸多方面，主要有：董事会和高管层确立合规基调，全行人员主动合规、合规创造价值等合规理念，在全行系统推行诚信与正直的职业操守和价值观念，提高全员的合规意识，加强商业银行内部合规与外部监管的有效互动等。银行要采取教育、宣传、引导、检查、督导、考核等多种方式，营造良好氛围，打造合规文化建设长效机制。

10. 反洗钱管理

在银行的合规管理工作中，反洗钱正成为日益关键的一环。有效的合规反洗钱管理要贯穿银行业务的事前、事中、事后三个关键环节，覆盖客户、产品（服务）、地域、渠道四个维度，通过客户身份识别、洗钱风险评估、清单监测与制裁管理、可疑交易监测四个实施方向，来确保有效融入流程。同时，对政策、流程和系统进行持续的优化，满足反洗钱管理需要。

反洗钱管理需关注几个重点环节：一是严把客户准入关。在收集客户基本信息的基础上，对客户进行身份识别工作，完成客户风险评估，根据洗钱风险高低和风险评估结果进行尽职调查(CDD)，对于高风险客户还需进行加强型尽职调查（EDD）。二是严防事中制裁合规风险。对客户交易进行实时监控，认真筛查其业务是否涉及制裁国家、制裁行业、制裁业务或恐怖分子、核扩散分子、毒品贩子、军民两用产品等，如确定属于上述情况，应坚决阻断业务。由于制裁要求时时在变、制裁名单经常更新，仅靠手工对客户交易进行实时筛查，合规风险比较高，必须由信息系统予以支持才能保证筛查的有效性。三是持续做好事后交易监测。结合自身业务复杂程度、产品服务类型和风险特征，利用大数据技术，建立数据模型，通过IT系统，对已发生的交易、行为进行全面监测，找出可疑交易和行为，并向监管机构报告。四是落实可疑交易报告后续控制措施，包括持续监控，提高客户风险等级，限制交易方式、交易规模及交易频率，拒绝提供金融服务直到停止业务关系，向监管机构报告，向侦查机关报案等。

三、合规风险管理存在的问题

（一）对合规缺乏统一、到位的认识

尽管当今从外部监管到银行自身都对合规风险十分重视，但不可否认的是，银行业合规的管理水平并没有达到与业务发展正向匹配的程度，合规与业务发展之间的关系并没有得到正确理解，重业务轻合规、重营销轻管理、重规模轻效益、重速度轻质量、重发展轻内控的经营观念和管理行为还有一定存在空间。

部分银行从业人员中，对合规的认识还多是体现在概念上，理念口号化现象较为突出，银行内部能统一遵循的、内化于心的合规文化尚未完全建立。对为什么要严格合规管理和强化合规工作，更多的是从“上级要求

的、监管要求的”角度来理解，主动履行合规义务，落实合规责任的行动迟缓、缺失。合规理念的传导不畅，合规管理的事后性、被动性、碎片化、表面化现象突出。对合规的要求与具体落实措施粗放，经营上为了完成任务不惜“压红线”“打擦边球”，出现问题了往往首先去寻找关系“抹掉”“摆平”，而不是从源头和自身查摆不足，去做防范化解的工作。对合规认识模糊，更有甚者存在偏差认识，片面地将合规管理视为监管处罚的抵御手段，未意识到“合规创造价值”的深刻含义，没有形成提高合规管理的内生动力。

（二）合规职责边界不够清晰

从横向上，目前的“三道防线”措施是以部门为维度来划分的，合规管理的作用发挥并不充分：第一道防线由业务经营部门自己防自己，普遍存在“合规管理制约业务发展”这样一个认识误区，在实际工作中，合规管理往往让位于业务发展，第一道防线基本处于“弃守”状态；第二道防线也实际处于“有线无防”的状态，主要是大部分银行合规管理部门的独立性与权威性相对较弱；第三道防线相对而言，作用发挥好些，但也只停留在发现问题和仅仅解决表面浅层性的问题，对于深层次的机制、体制等问题同样难以发挥作用。究其原因，目前的“三道防线”过于强调部门各自的职责边界，而没有从流程及功能的角度来履职。而各类检查“各行其道”，缺乏统筹管理，检查覆盖的全面性、合理性不足。

从纵向上，国内银行业，特别是大型银行往往机构层级较多，管理半径较长，合规管理的各责任主体（机构、部门、岗位、员工等）在上下级、同级各职能部门、岗位、员工间的界定还不够清晰、全面，有的合规风险管理职责难以直接或自动落实到应有的主体上。

（三）制度体系建设不完善

商业银行制度体系建设的不完善，通常表现在以下五点：一是部分制度滞后于发展与管理的需要。近些年，银行业务（包括产品与服务）、内部管理发展变化很快，有些制度已不适应发展需要，为了满足发展的需要，在时间的倒逼下，需要完善的新制度缺乏充分的调研分析就匆匆推出，等发现有问题了就打“补丁”，甚至多层打“补丁”，制度的缜密性不足。二是合规部门对制度的审查评估不够，特别是对涉及多部门、多环节的制度。有些制度规定概念化、粗略化，可操作性差。对于同一事项而制定的制度，有些是同一部门制定的，前后制度存在矛盾，有些是不同部门制定的，制度间相互矛盾，制度的系统性、协调性不足。三是执行制度的随意性、自由裁量权较大。由于上面所述制度本身存在的问题，基层行在执行时往往按照自己的理解来，制度的严肃性、统一性得不到保证。四是制度体系的“释、废、改、立”工作不到位，一些自然失效和不适应业务发展需要的制度没有及时修订和废止，有些制度试行多年还没有“转正”等。五是有些制度没有实际融入业务处理流程中或没有嵌入系统控制中，导致虽然有制度，但并没有真正落地。在当前业务处理主要靠系统自动处理的情况下，制度规定没有进入业务处理系统，这些制度规定的效力将大打折扣，特别是在落实合规管理方面作用不大。

（四）合规管理未能全面融入业务流程

毋庸讳言，从行业整体情况来看，商业银行的业务发展与合规管理的起点和推进轨迹仍存在一定落差。许多业务流程在设计之初未将合规管理视作必要的考量因素，存在“先天不足”，发展到一定阶段后遭遇瓶颈，不能完全适应客户需求及业务效率和内控合规的要求，“合规管控缺失”“叠床架屋”“流于形式”等现象交替存在。例如，在信贷业务管理流程中存在常见问题，尽职调查、客户评价、客户信息数据采集与分析、担保管理等一些职责过度集于信贷人员一人，而未采取专业化、模块化思路进行分割控制，不能很充分地对信贷业务全流程合规管理落地提供支持。

从更广阔的视角来看，国内银行业综合化与国际化发展如火如荼，与统筹境内外、表内外、线上线下、母子公司的多功能经营管理模式相配套。相应地，内控合规管理也需要进行全方位的融入与完善，比如，有效的“风险防火墙”是否在集团架构层面真正实现；业务部门、子公司及关联方之间是否建立“利益冲突管理”“关联交易、内部交易审查”等合规机制；是否在全集团层面建立“适当性政策流程”，资本市场资金联动银行体系的流动性管理机制，资管、证券化业务包销与银行渠道的风险隔离机制，透明及时的信息披露机制，接受监管检查的运行机制等，都需要银行自身和监管部门不断地检验、完善与推动。

（五）合规管理手段单一、工具匮乏

商业银行对合规管理工具的运用不够，部分业务环节的合规管理还较多依赖于人工控制，机控式的管理系统还未同频跟进。现有的部分业务管理系统间存在信息不能自动推送和共享、系统自身功能未应合规要求的增加而同步扩展等缺陷，制约了合规管理作用的发挥。运用大数据分析工具进行自动预警、发现不足与缺陷的能力不足。制度查询和释义的工具技术化、便利化程度较低，问题管理系统建设不完善。

由于合规管理手段较为单一，缺乏必要的信息系统支撑，大多数合规信息采用手工报送，基础性工作耗费大量人力、物力，对合规信息的分析和判断严重不足。由于信息自下而上传导安全性差，且存在一定缺失、疏漏，部分周期性、重复性和低价值数据使整体数据质量产生偏差，甚至对集团的决策过程产生扭曲，无法在后续措施中对各分支机构合规管理采取合适的应对指导措施，容易造成未来损失或处罚的扩大。

（六）反洗钱管理存在短板

反洗钱（含反恐怖融资、反逃税等）已是商业银行合规管理最重要的内容之一，也是最容易触及的“雷区”。近年来，中资银行在海外频遭重罚。2016 年，国内某家银行被纽约金融服务局因违反反洗钱法被罚款2.15亿美元，对该行美元清算业务的开展、海外布局、社会声誉都产生了重大的负面影响。国内另一家银行马德里分行多名高管被逮捕，2017年其海外机构因合规问题被卢森堡金融监管委员会罚款370余万欧元，也是该监管委

员会有史以来开出的最大一笔罚单。2015年，意大利检察院控告国内一家银行的米兰分行，指出该行及相关员工涉嫌洗钱；2017年，该行与意大利当局达成庭外和解，支付60万欧元罚金，4名员工因违反反洗钱规定被法院判处两年缓刑，开创了中资银行海外机构员工因违反反洗钱法规而被判刑的先河。2018年，另一家国内银行的约翰内斯堡分行，因反洗钱和反恐怖融资控制措施执行不到位，被南非中央银行处罚7500万兰特（约3911万元人民币），其中2000万兰特视整改情况决定是否缴纳。

在反洗钱国际标准趋严的背景下，我国商业银行反洗钱工作也面临巨大压力。首先，现行国际反洗钱、反恐怖融资等监管标准均由美欧等发达国家主导制定，中资银行普遍对此缺乏深入的研究和理解，也缺少这方面的专家和系统，在反洗钱、制裁合规实务和应对方面，普遍经验不足。

其次，反洗钱涉及海量客户和交易，必须依靠功能完备、性能强大的系统才能有效落地。而国内银行反洗钱系统多数自21世纪初起步，普遍存在全行统一的反洗钱管理信息系统尚未搭建、制裁清单监测系统覆盖面不全、反洗钱系统异常交易量大、可疑交易监测准确性有待提升、未充分利用数据挖掘及分析技术、实现模型自定义配置及快速部署等问题，直接影响了反洗钱工作的质量和效率。

再次，商业银行反洗钱工作有效性过低，可疑交易报告过多、反洗钱后续控制措施虚化、反洗钱成果在经营管理活动中的应用不够等诸多方面困难重重。以客户的身份识别为例，按照国际惯例，客户的身份识别是银行进行反洗钱工作的基础。银行在与客户进行业务联系之前，就首先需要对客户的身份进行识别，然后由合规部门审批，符合反洗钱相关合规要求之后，才会正式建立业务关系。在我国，商业银行由于客户数量庞大，且身份识别手段有限，客户身份识别基本依赖于客户的主动提供，对于不主动提供相关信息的客户，银行也缺乏强有力的措施，最终导致身份识别工作难以有效开展。因此，国内银行一般仅以“满足监管制定的标准”为目标，仅记录监管要求的客户基本信息，并且这些信息往往质量很差，而对于关于客户身份背景的重要信息，特别是职业、资金来源、资金用途、实际控制人及收入状况等，银行无法对客户提出硬性要求，从而存在客户身份识别不到位等问题。

最后，部分商业银行对反洗钱重要性的认识还不够，管理层仍以“中式思维”应对反洗钱管理，没有认识到反洗钱合规风险已成为现代商业银行的实质性风险，还多停留在报个数字、可有可无、可做可不做的状态。因对反洗钱的认识还不充分，所以反洗钱资源配置不到位，相应岗位人员配置或人员素质不高等现象还比比皆是。

四、合规风险防控的改进

（一）倡导和营造良好的企业合规文化

合规文化是合规治理的牢固基石，是合规治理的强大精神动力和推进动能。商业银行应以建设与现代企业制度相适应的合规价值观为核心，建设包括合规核心价值观、合规理念、合规职业规范、合规职业道德等多层次、多要素的合规文化，通过合规激励、违规惩戒、责任考核、责任问责等机制建设，通过政策制度、培训教育、惩戒通报等路径，大力培育合规文化，并以合规文化为引领，把合规优先、监管优先、规则优先的经营理念融入业务发展和经营流程中，融入员工的自觉行为中，使合规成为银行DNA的一部分，成为银行品牌的代表，成为银行的核心竞争力。

建设良好的合规文化要注意以下三点。

一是明确高管层负责的合规基调。高管层负责应当从以下方面去理解：首先，在完善的公司治理体系中，高管层的范围应当包括董事会、监事会及高级管理人员。设立独立董事的，独立董事应当与监事会共同对董事会的行为进行监督。我国《公司法》规定的高级管理层涵盖总经理、副总经理、财务负责人，上市公司董事会秘书等公司章程规定的人员。其次，合规文化的建立是高管层的责任，其有义务对本机构的合规文化进行顶层设计，确立合规理念，将正确的合规价值观纳入公司战略和管理手段中去，培养员工的合规意识，促进本机构的合规经营。不仅如此，高管层在宣扬和践行合规文化上要做到率先垂范、身体力行，形成“自上而下”的合规传导机制，最终达到全员合规的目标。最后，要强调高管层应当是合规责任的最终承担者。合规风险一旦发生，特别是对商业银行乃至整个金融市场有着强烈负外部效应的合规风险，董事会应当对合规管理负最终责任，监事会应当承担监督责任，高级管理人员应当承担管理责任。从国内外的实践来看，高管层在重大合规风险出现后，已经开始承担个人责任，从形式上看，罚款、解聘乃至刑事责任均有运用。商业银行高管层不但要成为合规文化建设的科学决策者、积极倡导者、强力推行者，更应该成为合规文化的模范执行者，要亲力亲为、率先践行合规文化。

二是传导人人有责的合规理念。合规与商业银行的每位员工息息相关，应被视为银行经营不可或缺的组成部分。在合规文化的建设中，合规要深入全员、全面、全过程，员工都是合规的参与者和实践者。合规首先要从员工自身做起，加强个人的道德修养。员工个人的习性、修为很大程度上决定了其对合规的认识深度，进而影响到其能否按照合规的要求约束自己的行为。可以说，没有较高的道德品质，合规文化是建设不起来的。同时，还要加强对员工的合规文化教育，合规习惯的养成除自身的努力外，还要靠教育和引导。商业银行要采取多种形式的合规文化宣传与教育，全方位、多角度、宽领域地对员工进行合规文化的熏陶，引导员工树立人人有责的合规理念。

三是营造主动承担责任、尽职履责的合规文化氛围。主动合规是合规文化建设的最终落脚点，要求员工自觉维护规章制度的权威性，主动按照规章制度办事，避免违规行为的出现，即使在没有明确的规章制度约束的情况下，仍然能够以防范合规风险为出发点指导自己的行为。建立鼓励合规、惩戒违规的激励约束机制是营造良好合规氛围的重要一环，通过建立完善的合规考核体系，对合规工作表现突出的机构与个人实施正向激励，以达到鼓励先进、激励后进的目的，同时对合规管控较差的机构和人员进行负激励，使其能够找到差距，正视问题。通过营造良好的合规氛围，最终实现员工从“要我合规”到“我要合规”的主动转变，为合规文化建设增添有力保障。

（二）界定和推动履行合规管理职责

建立健全职责边界清晰的合规治理架构，明确管理层、相关部门和各经营机构的职责分工，建立多层次、多方面、相互衔接的运行机制，以增强权威性、独立性、严肃性为核心，完善合规责任体系。

一是按照流程银行的原理，明确业务部门的合规主体责任、内控合规部门的合规管理责任及审计部门的合规监督责任。事前预防是第一道，主要在制度（或方案）层面发挥控制与预防，重在“防”。事中控制是第二道，主要做好执行实施过程中的控制，重在“控”。事后监督是第三道，做好事后的评估、监督和考核，重在“监”。按照主动、前移的防范原则，在第一道防线中，业务经营部门承担主体责任，合规部门通过介入对业务经营部门提交的有关新产品、新业务等制度规定和流程的合规性审查来实现前移，从源头上杜绝违规风险。在第二道防线中，合规部门对业务办理执行情况进行检查监督，识别业务经营过程中的风险隐患，确保既定的决策要求在执行过程中不出现偏差，业务经营部门对合规部门指出的问题承担整改责任，做到立行立改。在第三道防线中，内部审计、监察部门承担监督责任，通过对银行经营活动进行专项审计，做好事后审核评估，分析发现问题，落实好监督职责。适度整合基层机构的监督资源，既可以缓解基层机构人员不足、从事合规人员不到位的问题，又有利于形成更有效的监督合力，加强监督资源统筹使用，提高监督的集约化及行动的一致性。

二是强化员工行为管理体系。员工是所有业务的执行者和操作者，几乎所有的合规风险最后都可以归结于员工，所以，加强员工行为管理极为重要。首先要进一步完善培训、教育、通报等手段，加强对全员合规文化的培育、合规能力的培养与合规行为的约束，使员工知合规、懂合规、自觉践行合规，避免无知违规，严惩故意违规、恶意违规。同时，加强对关键环节、薄弱环节、重要行为的精细化管理。对新入职、新调整岗位、新提拔人员进行合规谈话、履岗前培训和警示教育，在遵循“严肃、严格、严谨、适度”原则的基础上，强化对员工违规行为的惩罚。可生成每个员工的合规档案，作为对员工行为的监测、识别、记录、处理和报告的管理和记录载体，支持对员工行为开展动态监测，员工的合规档案与员工的年度行为评估、考核晋级、薪酬分配等挂钩。

三是建立纵向、横向全覆盖的合规考核评价机制。合规要真正发挥作用，绩效考核机制是重要的“杠杆”，形成既对部门横向考核又对机构纵向考核、既有岗位合规考核又有合规管理人员考核的合规考核全覆盖。首先，是对机构实施合规考核，在KPI考核、管理层及其成员年度工作考核、履职报告中同步嵌入内控合规的考核要求，做实基层，强化履职。其次，对业务条线实施合规考核，结合不同业务的特点，除了设置案件发生、内控等级、违规问题等结果性指标，还可以落实监管和内部规章等过程指标，提高内控合规指标的占比，强化过程管理。还应重点加强同级考核，统一制定对同级合规管理考核评价办法，并与职能部门的业务授权、绩效考核、综合考评、评优评先等激励约束机制挂钩，以压实条线管理职责，形成“牵头部门推动、同级部门协同”的共管局面。再次，按照合规管理覆盖全员的要求，在各级各类岗位的履职考核中，均要体现合规要求，层层抓分解细化，使合规管理导向真正落地到岗位。可选取合规风险暴露滞后的部分岗位，探索绩效延期支付的方式，促使收益兑现与风险暴露周期尽可能匹配，以增强管理层和员工对内控合规的责任感，引导其着眼长远，稳健经营。最后，完善对各级合规管理岗人员的绩效考核办法，加强顶层设计，落实“双线考核”，打通合规管理不落实的“最后一公里”。

（三）建立和完善合规制度体系

欲合规，须“规”合。规章制度是银行内部控制的重要载体，也是合规管理的前提与基础。为此，需要强化规章制度的管理，使各项规章合法合理、内容完备、协调一致、适时适事，使其具有可操作性。规章的制定、评估、重检、修改、废止、汇编等，相互之间需有机统一，构成动态、开放、良性循环的规章体系。

一是集中规章制定发布权。保证规章制度的体系性与协调性，规章制定权限应适度集中，上收至集团或总行一级，其下级机构不具备规章制定权，不允许出现大制度套小制度、小制度配细则的现象。对于特殊需要，如只在个别分支机构下的特色业务（产品或服务），可以授权该下一级机构制定制度和实施细则，但需报行审批后方可实施。这样一方面可以提高制度的谨慎性、周延性、针对性和可操作性，另一方面可以减少因层层制定制度而带来的制度性失准、失真。

二是严格合法性与合规性审查。合法性与合规性审查是强化事前控制、减少规章制度设计缺陷，从源头防控合规风险的有效手段。规章草案在下发前，由起草部门提交法律合规部门进行合法性与合规性审查，不得以征求意见替代合规性审查。合规部门与法律部门应依据有关法律、行政法规、行政规章、监管规定，以及基础性规章、内部控制标准，对规章草案进行审查，防止规章内容与内外部规定抵触、交叉或重复。对规章草案内控措施的完备性、可操作性提出审查意见。

三是改进外规内化实践。银行通常习惯以通知的方式将相关业务领域的外规转发所辖执行，而不是及时根据外规的内容制定新规章或对现行规章进行修订补充。外规的内容一般相对宽泛，多为原则性要求，缺乏具体性与可操作性，会带来执行上的困难。另外，也可能与现行内部规章存在冲突，单纯地转发处理，无法解决内部规章本身违反外规的问题。因此，在相关外规颁布之日起一定时限内，要完成新规章的起草或现行规章的修订补充工作。

四是强化规章的重检、修订与废止。规章制定后，为使其适应不断变化的客观实际，必须持续重检、修改、废止。其一是重检修订责任主体，明确规章起草部门应负责所起草规章的重检、修改、废止。归口管理部门与合规部门负责重检工作的监督，并给予一定的考核权重。其二是开展重检。收集规章执行中的缺陷与问题，组织专业力量，根据外部法律法规、内外部经营环境、部门职责、风险防控的有效性等方面的变化因素，评估规章的设计缺陷。其三是规范规章的修订和废止。为防止规章制度的“碎片化”问题，拒绝“补丁”方式，直接对原规章条款作出修订。其四是合规部门、归口业务管理部门，定期组织对规章进行分类整合。针对同一类管理事项或同一类业务的规章应进行整合归并，降低规章体系复杂度。

（四）不断优化和积极嵌入经营管理流程

伴随商业银行的发展，合规管理的范围需从传统银行业务扩展到综合性银行集团业务；合规管理的深度必须延伸至客户、区域、产品、渠道等各个维度；合规管理的关键点、管控体系的完备性，需要在综合化转型进程中加以检验和不断改进优化。要破解以上种种“成长的烦恼”，必须将监管规则、内控措施、合规标准等嵌入到业务经营的事前、事中、事后全过程，并触及客户、产品、区域、渠道管理的关键风险点，使内控合规成为流程的内在要素，充分发挥作用。从合规管理的具体环节来看，合规审查、合规检查、违规处置、问题整改等均可作为重要切入点，将合规管理嵌入业务流程。从具体业务流程的内控合规嵌入来看，既要从流程的总体层面把握，评估对外部风险防范的有效性和对法律法规的遵循性，从“面”上嵌入；又要从流程的具体环节着眼，寻找风险高发部位和控制薄弱点，从“点”上嵌入。

以下以商业银行主要的三大类业务为例来说明内控合规嵌入。

一是信贷类业务的内控合规嵌入。重塑贷前尽职调查的作业方式，建立合规人员在内的专业团队，对涉及关键风险点的客户信息进行集中核查，既可以防止申报材料“一手清”，解决客户信息真实性“顽疾”，还可提前介入客户经理营销，实现工作交叉复核，信息整合共享。建立贷中集约化运作机制，整合合同拟定、授信支用、抵押登记、签约支用、放款操作、法律审查等全部环节的职责，集中风险把控，优化流程设置，提升客户体验。探索贷后集中监测预警风险模式，可与贷前的专业核查团队整合，运用非现场手段监测，与业务营销人员协同配合，提高贷后检查的效率和效果。联合工商、税务、司法、海关等数据，开展集中、批量、连续监测预警，监测信息在客户部门、风险部门和合规部门共享，形成结论直接推送给业务管理部门，提供强大的后台支持。

二是柜面类业务的内控合规嵌入。柜面类业务是银行的基础性业务，涉及机构、员工、线下落地等多方面，因直接接触资金和客户，一直是操作风险防范的重点领域。要实现基层机构各岗位合规职责的清晰化、具体化，结合营业柜面各岗位特点，分别制定岗位职责清单、岗位操作手册、负面清单，植入各项合规要求。同时，通过“双线”报告（机构报告、合规条线报告）、“双线”考核，调动员工积极性，实现不合规业务的及时阻断。

三是交易类业务的内控合规嵌入。交易类业务已成为商业银行重要的业绩增长点。交易业务新产品开办前必须经过合规性审核，审核内容包括：产品是否存在合规风险、是否存在洗钱漏洞、产品的交易结构和交易流程、产品的关键风险点等内容。如未经风险评估流程，要视情节和造成的实际风险进行严肃问责。交易业务面对的市场风险每天、每时都在变化，一个消息、一个政策就会引起资产价值的较大变化，所以，独立的交易业务管理系统对于加强关键风险点“机控”十分有必要，对外汇、贵金属、债券的对外报价、交易敞口做到实时监控，对超限、超授权、超授信的交易应自动拦截，对成交价格的偏离度有定期的分析统计功能，保证在第二道防线及时发现违规交易。要保证交易性数据能够及时、准确进入，减少因系统操作问题引发操作或合规风险。

（五）充分运用和深度挖掘合规系统工具

系统工具是内控合规嵌入流程、融入经营的重要“基础设施”。一方面，业务条线应不断更新完善自身的系统（组件），将合规要求“植入”系统中，更多地由“机控”代替“人控”。另一方面，内控合规部门要向业务条线、分支机构提供便捷、智能的内控合规管理工具、方法与IT 系统支持，支持业务条线高效完成合规动作，减轻员工压力和负担。主要措施是加强全域合规信息的集中管理和平台建设，建立有效的集团合规管理信息系统。这样，可使各类合规信息资源利用科学化、最大化，实现合规工作的数字化管理、图表化展示、趋势性分析和专业化判断，既可以为管理层提供合规信息，形成合规视图，支持管理决策，又可以为操作层提供快速便捷的系统功能支持，减少手工操作。在充分挖掘现有系统数据的基础上，加强信息的整合和利用，不断优化系统功能。

总体来说，合规管理系统应包含以下主要功能：

一是集团合规视图。集团合规视图集中展现高管层面需要关注的下辖机构重要合规数据或指标情况。系统的源数据多采用业务系统抓取的方式，逐步代替手工填写，从而减少人工输入产生的错漏。整体视图为“图形+图表+文字”的展现方式，其中图形式是为通过趋势图、仪表盘等多种图形化展现方式，生动展现时间序列或横截面数据，方便高管层进行分析决策；图表式是通过内在逻辑结构的严谨性，概览性反映关键字段和详细内容，帮助建立全局感；文字式则多为补充性说明，对关键情况进行详细说明，了解合规信息的背景，帮助高管层理解图形背后含义。通过整体视图，可更好地帮助集团了解各分支机构合规情况，对下一步工作作出较为准确的决策判断。

二是开发便捷工具。针对合规条线各类数据汇总统计工作量大的特点，开发数据自动汇总统计工具，管理层和各分支机构可根据实际需要，灵活设计各报表项，建立汇总路径，实现各类统计数据的自动汇总统计。同时，实现合规报告和部分合规工作的电子化，自动汇总统计合规报告数据，减轻管理层和各分支机构汇总统计的工作量。

三是对接业务系统。由于合规管理嵌入各类业务系统，实现对合规管理的事前、事中和事后管理。业务接口要保证与合规接口的一致性和通用性，使合规系统能随时访问业务系统并获取必要信息，实时对业务系统信息进行自动分析、汇总和校验，及时发现关键控制点和流程中的问题，确保系统配置和参数设置完整、准确，在发生变化时及时保存记录并以预警方式通知决策层。唯有这类7×24小时监控的系统支持，方能保证合规系统与业务系统的无缝对接，使其更有效率地对业务系统进行监控和合规检查。

四是深挖数据价值。建构以合规风险为基础的识别和评估体系，通过对业务系统提取数据的充分挖掘，跟踪潜在合规风险的特征和风险点，再辅以最新的大数据分析、云计算和人工智能等多种金融科技手段，深度挖掘信息背后价值，多角度、多层级地对合规管理状况进行分析，自主完成数据的提取、分析、整理，最终形成单点、多点、区域或集团等不同层级合规管理报告，全面提升系统效能。

五是搭建分享平台。分享平台是各类合规相关信息的总分行间的共享，主要包含业务数据、制度流程、合规案例、评估工具、培训材料等。

通过引入智能云平台和区块链等技术，有效整合各类离散的合规信息成链，将业务系统和管理系统进行对接和共享，方便合规信息的横向和纵向流动，从而跨越地域性和时滞性，实现各类信息的快速传导和共享，从而提升集团整体效能。

除此之外，合规管理系统还需要注意用户、角色、岗位和权限四大要素，完善系统管理等基础功能，将各主要应用进行模块化，为后续新增和完善各个模块的功能预留好升级空间。

（六）强化反洗钱管理工作

反洗钱工作的特点之一是突破了商业银行业务部门纵向条线管理的界限，是对整体业务全景式的扫描和覆盖，其管理水平间接体现了商业银行客户管理和信息应用的水平，是推动商业银行业务基础管理和信息系统改造的一个抓手。持续、全面提高反洗钱工作水平，应当成为商业银行强化基础管理和提高合规经营水平的一项长期的重要任务。

一是要加强队伍建设，提升合规意识和能力。对员工进行反洗钱专业培训是银行加强队伍建设、提升员工素质的主要途径，也是银行内部控制制度的重要组成部分。一方面，可以通过培训提高员工对洗钱活动的风险认识，明确反洗钱岗位的义务和职责，平衡好反洗钱岗位中的长期和短期利益；另一方面，帮助各层级人员更好地理解反洗钱规章制度及其实施细则，掌握反洗钱专业技能，提升总体的反洗钱业务水平。对反洗钱业务的培训要按照“不同对象、不同方式、不同层次、不同内容”的原则，组织员工进行实地培训、网络培训、知识竞赛等活动，注重在高级管理层塑造和培育反洗钱意识，使高级管理层能够主动构建和强化洗钱风险管理模式。要参照全球最严标准和国际最佳实践，强化境外机构和跨境业务的洗钱风险培训，培养一批掌握国际反洗钱标准与规则的专业化人才，确保合规管理能力与业务范围、经营规模、风险特征和监管要求相适应。

二是持续优化反洗钱系统，应用新技术。反洗钱要对全量客户在全生命周期的交易与行为进行监测，涉及机构多、工作面广、数据量大，需要运用大数据技术开发精准的模型，准确找到高风险的交易、产品和客户，依托智能化的信息系统，对高风险业务实施有效控制。要确保反洗钱相关信息在机构之间的有效传递。

新一轮科技革命和金融业正在形成历史性交汇，金融科技蓬勃发展，新时代的海量数据不仅给商业银行的反洗钱带来巨大压力，同时也给整个金融市场带来全面提升反洗钱效率的契机。商业银行要以“风险为本”理念为指导，实现业务系统信息整合，从彻底解决当前系统缺陷和实现反洗钱信息共享等要求出发，探索应用人工智能、区块链、云计算、大数据为代表的新技术，实现反洗钱监测分析系统与业务系统之间的信息整合利用，并不断完善升级。持续完善监测模型，构建系统模型授权研发维护机制，从而实现对模型的动态管理。在实现反洗钱监测分析系统、局域网等已有渠道的基础上，建立顺畅的信息交流平台，从而使各个部门间能够进行日常信息传递、业务交流等。

三是提高核心义务履职成效。客户身份识别、交易监测和资料保存是国际普遍认可的商业银行三大反洗钱义务。中国人民银行要求，商业银行要增强义务履行的有效性，商业银行所面临的合规压力持续增大，应以此为契机，着力强化核心义务履职成效，从源头控制合规风险。

客户身份识别方面，在与客户建立正式业务关系之前，应该通过协议等形式明确双方在客户识别工作中的权利和义务，确保商业银行对客户信息采集的完整性、真实性和准确性。随着计算机技术的快速发展，应该将网络视频应用到客户身份识别业务中，制定具体的实施细则。比如，对网络视频的清晰度、视野范围和角度等影响视频准确度的要素规定标准。同时，还要细化客户洗钱风险等级分类制度要求，强化对高风险等级客户及产品的限制性措施，适时推行客户洗钱风险等级评估、分类工作，实行客户准入审批制。

交易监测方面，应该将可疑交易监测贯穿于业务流程中的各个环节，提高员工风险识别能力，遵照合理有效的具体操作流程，结合客户背景，对监测系统筛选出的数据进行综合分析。加大对科技交易的人工判断分析力度，使反洗钱可疑交易报告中以客观标准为主逐渐向主管标准为主转变，提高可疑交易报告的价值。

资料保存方面，要在妥善保存资料、确保反洗钱工作情况能够被准确还原的同时，还要注重反洗钱工作成果的运用。银行在进行反洗钱工作时，会收集到大量客户的相关信息和数据，而这些资料对客户分析、产品营销、风险防控等工作也具有很强的参考价值。应用好反洗钱工作成果不仅是自身经营发展的需求，也是经营者应该具备的基本常识。

5 第五章 市场风险防控机制

- 市场风险及其影响
- 市场风险管理现状
- 市场风险管理存在的问题与薄弱环节
- 市场风险的改进措施

一、市场风险及其影响

（一）市场风险的概念

市场风险是指由市场价格的不利变化而使银行表内外业务发生损失的风险。市场风险分为两大类：一般市场风险和特定风险。

一般市场风险指的是由包括利率、汇率、股票价格及商品价格在内的市场价格的不利变化所带来的风险。例如，中央银行加息引起债券收益率曲线上涨，债券价格下跌就属于一般市场风险。根据驱动因素不同，一般市场风险通常分为四类：利率风险、外汇风险、股票风险和商品风险。四类风险相互联系、相互作用，其中任何一种风险的变化都会直接或间接地对其他类别的风险产生影响。

特定风险指的是某种原因对某一特定的债券或其发行人产生影响，从而使该债券或相关证券价格出现不利影响的风险。例如，由于某一发行人信用等级降低，导致该主体发行的债券价格下跌，在这种情况下，导致风险的因素只会影响与之有关的特定债券，对其他的证券不产生直接影响。在采用内部模型计算特定风险时，还必须考虑违约和信用迁移两种情况的信用利差风险，即新增风险。

市场风险管理中，既要关注一般风险中的四大类风险因素，也要关注这些基础风险因素对应的期权性风险；既要关注一般风险，也要关注特定风险和新增风险，以适应债券市场违约频发及信用衍生产品市场发展的新要求；既要关注背对背平盘后剩余敞口的市场风险，也要关注市场波动引发的交易对手信用风险；既要关注交易性业务的市场风险，也要关注非交易性业务的市场风险，不断提高管理主动性和管控效果。

（二）市场风险的监管资本

根据《商业银行资本管理办法》，市场风险资本计量应覆盖商业银行交易账户中的利率风险和股票风险，以及全部账户的汇率风险和商品风险。监管资本口径的市场风险在银行中占比不大，如图5-1所示，在风险加权资产中信用风险加权资产占主导地位，占比基本都在90%左右，而市场风险占比则在5%以下。

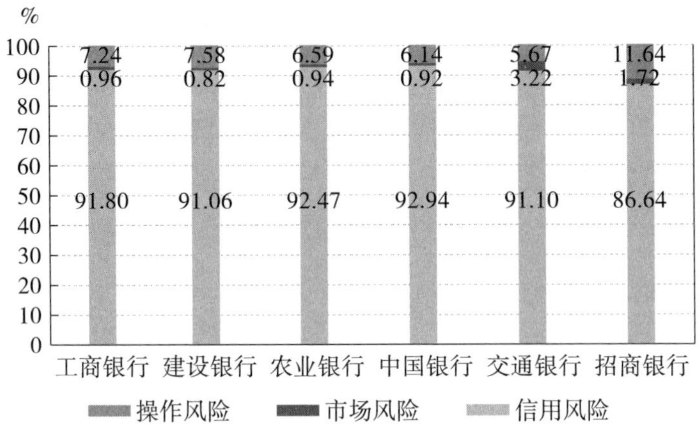

图5-1 六行风险加权资产风险占比

（三）市场风险的表现形式与影响

1. 市场风险的宏观表现形式与影响

从宏观层面，或者说从国家层面看，市场风险可能造成国家的金融不稳定，波及国民经济的各主体，甚至传染给其他国家，引发全球系统性风险。

从国际经验看，市场风险最终可能演变为金融危机，对国民经济造成巨大的冲击。以1997年亚洲金融危机为例，泰国经济在1987—1994年曾以年均10%的增速高速增长。但随着美国经济复苏和美元开始进入上涨周期，泰铢随即也大幅升值，出口恶化，经常项目逆差迅速扩大、资金外流，房地产与股票市场泡沫相继破灭。在以索罗斯为代表的国际对冲基金的连续攻击下，泰国中央银行于1997年7月2日放弃钉住美元的固定汇率制度，实行有管理的浮动汇率制。此后泰铢一路下跌60%，物价不断上涨，经济陷入严重衰退。

从国内的情况看，近年来货币市场、股票市场、债券市场、外汇市场都出现了一些风险事件，引起政府、监管机构及社会各界的广泛关注。

（1）2013年的“钱荒”。2013年6月7日，市场传闻光大银行对兴业银行的同业拆借到期资金因头寸紧张而毁约，引发包括隔夜、7天期、14天期、1个月和3个月在内的上海银行间同业拆放利率（Shibor）全线飙升，其中，隔夜拆放利率大涨135.9个基点至5.98%，资金交易系统出现历史上最长延时，市场大面积出现违约。6月19日，由于流动性紧张，大型商业银行加入借钱大军，导致部分银行机构发生资金违约，银行间市场被迫延迟半小时收市，震动整个金融市场。6月20日，Shibor全线上涨，隔夜拆放利率更是飙升578个基点，达到13.44%，比6%左右的商业贷款利率高出一倍，创下历史新高，银行间隔夜回购利率最高达到史无前例的30%。

（2）2015年的股灾。2015年6月，中国股市经历了大跳水，从5000点直接跌到3000点，沪深两市市值折损30%以上，创业板市值缩水逾40%。在6月暴跌之后，政府正式开始介入救市。中央银行实行双降——降准、降息，沪深两市下调交易费用，证监会放松两融监管，IPO被暂停，中央汇金重金入市操作，证监会入场清查违规券商，等等，救市手段不断出台。在经历了数月的救市后，中国股市终于缓慢回稳，这场震动全社会的股灾缓缓落下了帷幕。据报道，股灾一年之后，2782只私募证券基金产品公布净值，其中2182只基金收益为负，占比为78.49%，平均跌幅为19.82%；仅598只基金取得正收益，平均收益为13.59%。这一年里，有2249只私募基金跌破净值清盘线而被迫清盘，有2989只产品因各种原因不再公布净值。

（3）外汇储备。在经济进入新常态、经济增长速度下降、内外部压力不断增加的情况下，人民币贬值预期增强，资金外流。从2014年6月至2017年1月，外汇储备由39932亿美元下降至29982亿美元，两年半左右的时间内，减少了1/4。

2. 市场风险的微观表现形式与影响

从微观层面，或者说从机构层面看，市场风险产生的巨亏引起破产、交易对手亏损引发风险传染、交易浮亏引发财务报表恶化并冲击资本充足率等案例层出不穷。

巴林银行在1994年底税前利润为1.5亿美元，但3个月不到，它就因衍生工具上巨额损失而破产。中航油（新加坡）公司在破产的6个月前，其CEO还公开宣称公司运行良好，风险极低，在申请破产的前1个月前，还被新加坡证券委员会授予“最具透明度的企业”。美国长期资本管理公司（LTCM）在1998年全球金融动荡中，从5月俄罗斯金融风暴到9月全面溃败，短短150多天资产净值下降90%。雷曼公司2007年在世界500强中排名第132位，总资产近7000亿美元，净利润高达42亿美元，然而到了2008年9月9日，公司股票一周内股价暴跌77%，公司市值从112亿美元大幅缩水至25亿美元，最终没能逃脱破产的厄运。这些例子有一个共性，就是市场风险在短期内快速冲击了一个此前各方面表现很好的企业，这也凸显了市场风险管理的重要性。

3. 市场风险对商业银行的影响

从商业银行角度看，市场风险的影响越来越大。从利率看，2015年10月24日，中央银行宣布彻底放开存款名义利率上限，成为我国基本完成利率市场化的标志。利率市场化之后，市场利率的变动对资产端、负债端产生的影响越来越显著。从汇率看，人民币汇率波动加大，一方面，客户的交易会受到汇率变化的影响；另一方面，汇率的变化会影响进出口企业的生产成本，影响客户的利润，进而对银行的资产质量产生影响。从商品价格看，一些资源大省的商业银行这几年不良贷款率快速上升，与煤炭等商品价格下跌、客户盈利下降有直接的关系。从股票价格看，虽然银行不直接持有股票，但理财业务、股票质押贷款、子公司开展的开放式基金、专户理财都是跟股市直接相关的敞口。除了这些直接相关的业务之外，还有一些是间接相关的。股灾时大家都在争论是否要救市，其中一个主要的观点就是股市的持续下跌先从场外配资影响证券公司的两融，然后会波及证券公司、基金公司，然后又会影响到银行，当股市下跌殃及银行时就会引起整个金融体系崩溃，带来系统性风险。正是这种观点影响了决策层的决策。所以说，股市与银行也是直接相关的，并且影响越来越大。

（四）市场风险与交易性业务的管理

对国内银行而言，市场风险管理某种程度上和交易性业务的风险管理是紧密联系在一起的。与信贷业务相比，交易性业务有三大特点：一是交易性业务的时效性比较强。客户信用风险的变化是需要时间的，资信良好的企业同样会受宏观经济的影响，但它的变化是缓慢的。交易性业务则不一样，利率、汇率、产品价格几乎每天都在波动，这个时点这个交易是盈利的，可能明天这个交易就是亏损的，所以交易性业务的时效性比传统信贷业务要强。银行需要有一些工具和方法跟上这些时效性的变化，及时采取追加保证金、风险提示或者其他的管理措施。二是交易性业务的风险传染性比较强。客户在金融市场交易业务的交易亏损有可能在短时间内导致客户无法及时归还贷款，引发信贷业务问题，进而引发企业的流动性问题。企业的流动性问题又有可能在金融市场上传染，产生外部性效应。交易性业务管理需要有一个全面的考量，因为交易性业务往往与很多其他业务是相关的，甚至包括与风险事件的处理都是相关的，相关的信贷业务的基础知识有助于银行更好地进行交易性业务的管理。三是交易性业务的结构总的来讲比传统信贷业务更复杂。交易性业务本身就有自己的结构，如果再跟其他的金融产品、金融工具进行组合，就会衍生出一些更复杂的交易结构。

交易业务的特点决定了这些业务本身会面临市场风险，但交易性业务面临的风险不仅仅是市场风险，并不局限于最后的剩余敞口因为市场波动而承担的风险。相比于信贷业务和信用风险管理，国内银行在交易性业务和市场风险管理上才刚刚起步，需要根据业务特点和风险特性不断完善。

二、市场风险管理现状

（一）监管机构对市场风险管理的要求

1. 巴塞尔委员会对市场风险管理的要求

1996年1月，巴塞尔委员会推出了《巴塞尔资本金协议市场风险修正案》，要求银行必须按性质将银行账户分为银行账户和交易账户两类，同时量化市场风险并计算相应的资本要求。2004年6月，巴塞尔委员会发布《资本计量和资本标准的国际协议：修订框架》，2006年6月，巴塞尔委员会又发布了修改后的版本，即《统一资本计量和资本标准的国际协议：修订框架——综合版本》。

2008年国际金融危机爆发以后，巴塞尔委员会对市场风险的监管资本计量方法进行了修订和进一步的强化，修改后的一般市场风险资本要求包括一般VaR（风险价值）和压力状态下的VaR。同时，在特定风险的基础上进一步明确了新增风险资本要求。

2019年，巴塞尔委员会公布了最终定稿的市场风险最低资本要求，修订后框架对标准法和内部模型法进行了全面修订，改变了监管资本计算规则及交易账户划分要求，引入了流动性因素，对市场风险管理具有根本性、全局性的影响：一是彻底改革标准法（SA）。修订后标准法资本要求包括三个部分：各类风险要求、违约风险要求和残余风险附加要求。二是修改内部模型法监管资本规则。监管资本计算将从原框架下的VaR模型转向预期损失（ES）模型，资本要求包括ES、违约风险要求和附加要求。三是引入差异化的流动性区间要求。不再使用原VaR模型单一的10天流动性区间要求，而是对五大类风险（利率、信用、汇率、股票和商品）提出了不同的流动性区间分组。四是强化交易账户划分及转移监管要求。改变基于“交易目的”的主观划分账户标准，转向兼顾“交易证据”和“公允价值计量”要求，并进行密切监测，若金融工具不符合交易账户划分条件（如变现能力差、无法逐日估值等），应纳入银行账户计提资本。严格禁止未经监管机构许可的随意划转行为。

2. 银行业监管机构对市场风险管理的要求

2004年，在参考借鉴巴塞尔委员会和国际上各国银行业监管机构风险管理体系之后，中国银监会发布了《商业银行市场风险管理指引》，以风险管理体系四要素（识别、计量、监测、控制）为主线构造了基本架构，并提出了市场风险监督和管理应遵循的基本原则。

2010年，中国银监会又下发了《商业银行市场风险资本计量内部模型法监管指引》，对商业银行实施市场风险新资本协议提出明确要求，包括公司治理、风险要素、账户划分、市场风险量化、返回检验、特定风险、监管资本、压力测试、模型验证、内部应用等多个方面。

2012年6月7日，中国银监会发布《商业银行资本管理办法（试行）》并定于2013年1月1日起施行。该办法保留了《商业银行市场风险资本计量内部模型法监管指引》的主要内容，共包括10章、180条，分别是总则、资本充足率计算和监管要求、资本定义、信用风险加权资产计量、市场风险加权资产计量、操作风险加权资产计量、商业银行内部资本充足评估程序、监督检查、信息披露、附则。

3. 监管部门对银行业市场风险管理的推动

（1）监管机构对银行业的市场风险管理起了极大的推动作用，银行业的市场风险管理框架已初步成形。在内部管理上，初步形成的市场风险管理架构由董事会、高管层、相关职能部门和境内外分支机构组成，并由业务经营部门、市场风控部门和内部审计部门组成“三道防线”，明确了各层级、各部门的管理职责，构建了完整的市场风险管理体系，从风险的识别、计量、监控、报告等诸方面形成了完整的体系。市场风险的监管资本被纳入第一支柱。

（2）市场风险内部模型法实施促进了国内银行市场风险管理水平的提升。2007年，中国银监会发布《中国银行业实施新资本协议指导意见》，要求大型商业银行自2010年底起开始实施巴塞尔新资本协议。市场风险方面，要求银行采用内部模型法计算市场风险资本要求。2010—2012年，首批申请实施市场风险内部模型法的银行相继接受了监管机构的评估和验收。2014年，工商银行、建设银行、中国银行的市场风险内部模型法正式获准实施，围绕内部模型建设的系统、数据、政策、应用成为市场风险管理的核心竞争力。

（3）以交易性业务为基础的市场风险管控取得了较好的管控效果。国内银行业的整体市场风险处于较低水平，尤其是大型商业银行，整个市场风险的敞口在银行内部都处于较低水平。银行账户利率风险、交易对手风险等风险的管理使整个的市场风险管理更加体系化、精细化。即使近年来债券市场违约不断出现，大型商业银行依赖较为完善的交易业务管理框架和谨慎的风险偏好，总体风险处于较低水平。

（4）新的监管变革将对银行的市场风险计量和管理产生重大影响。2016年1月，巴塞尔委员会发布《市场风险的最低资本要求》，确定了交易账户市场风险资本计量框架的最终版本。新标准法下外汇风险的资本大幅增加，美元和人民币的系数最低也要21%。新的内部模型法下，需要计算流动性校准的ES、P值、实际损益等，采用SA为每个合格交易平台计算资本。新的内部模型法并不是简单地从VaR变到ES，而是作了颠覆性的变革。修订后的计量规则改动很大，并且细节要求更为繁杂，与目前已达标的内部模型法相比，可以说变化非常大，实施起来需要对现有的政策流程和系统进行彻底的重建，相当于重新实施一次市场风险内部模型法体系。新的监管变革有助于推动银行市场风险的精细化管理，提升市场风险计量的全面性和审慎性。

（二）市场风险的管理实践

为满足外部监管和内部管理要求，大型商业银行经过不断改进和完善，建立了适应业务实际和管理实际的市场风险管理架构，形成了由董事会、监事会、高管层、总行相关部门和境内外分行组成的市场风险管理架构，由业务经营部门、市场风险管理部门和内部审计部门组成“三道防线”，明确了各层级、各部门的管理职责，利用政策、系统对市场风险进行识别、计量、监测、控制和报告，不断完善市场风险管理效果。

1. 市场风险偏好与限额管理

（1）市场风险偏好。市场风险偏好是高管层确定的风险偏好的一部分，可以增强前台、中台、后台联动能力、协同意识等，对风险和收益进行平衡并提升风险管理能力。商业银行应该对偏好进行定期重检，根据经营战略、风险管理水平、外部市场环境波动、股东对价值回报的要求等因素，在整体风险容忍度范围内，以及统一的风险偏好基础上确定承担市场风险的水平。

（2）限额管理。市场风险实施限额管理，总部负责建立限额管理制度，按照市场风险偏好，提出市场风险限额方案，并进行每年更新。市场风险限额一般包括交易限额、风险限额、止损限额、压力测试限额等，也可根据需要设定集中度限额、交易对手限额、期限限额等。可从组合层面或者单笔层面设置各类限额，也可按资产类别、产品、账户、风险因子、区域、币种等维度设置相关限额指标。交易限额是对总交易头寸或净交易头寸规模的限制。风险限额主要包括VaR限额和敏感性指标限额①，用来规定正常市场情况下由市场风险因子的变动可能造成的最大损失额度。止损限额规定单笔头寸或某个组合在一定时间内可以允许的最大损失额度，以及时阻止损失的继续扩大。压力测试限额是规定在极端不利市场情况下或压力情景下可以允许的最大可能损失额度。

限额必须保持在董事会批准的风险承受能力之内。限额所需的资本要跟年度预算利润和风险调整后的资本回报率相一致。所有限额必须每年进行复查，以便确保限额保持适当合理。批准的限额可以分配到各交易单位/子单位，包括海外分行、附属公司、交易台和交易员。分配限额时必须考虑的因素包括历史额度使用率、预算利润和交易员的经验。在市场风险维持在允许的范围内，交易员可以灵活执行他们的交易策略。

从实践经验和教训看，银行应审慎设定风险限额指标并严格监控。应准确把握宏观经济运行趋势，结合国内外市场环境和银行的风险偏好，审慎合理地设定风险限额指标。风险限额指标一经设定应严格执行，对于超过限额指标的情况应及时与前台交易员沟通，调查原因并督促前台采取合适的应对措施。如果有限额而不执行，就有可能因为突破限额或者限额形同虚设而遭受重大损失。2010年3月11日，受美国破产法庭委托的检察官安东·沃卢卡斯提交的《雷曼破产调查报告》震撼了华尔街。该报告历时一年、耗资3800万美元、长达2200多页。报告为我们绘制了一幅雷曼破产的路线图，其中最核心的一点是过度承担风险，限额形同虚设。在2006年底，尽管当时美国抵押贷款市场开始隐现危机，但雷曼仍准备扩大房地产

① 例如，用来衡量敞口价格微小变动的delta和gamma，波动性（vega或kappa），利率敏感性（PV01或PVBP或theta）等，其中一些是用来衡量某些含权产品中的非线性风险特性的。

投资，高管层决定提升公司风险承受上限，将准备承受的交易和投资亏损额度从23亿美元提至33亿美元。根据调查报告，该计划实际上曾遭雷曼时任首席风险官马德琳·安东西奇（Madelyn Antoncic）反对，但她的意见最终未被采纳。直至危机爆发前，雷曼仍在提升其风险承受上限，到2007年已达40亿美元。

2. 风险计量

市场风险计量包括但不限于计量风险价值、缺口分析、久期分析、敏感性分析、情景分析与压力测试、运用内部模型计算市场风险经济资本等。

市场风险计量具有与信用风险计量不同的特点。

（1）市场风险计量与信用风险计量在建模上存在很大的差异。信用风险通常是基于银行自身的历史数据，根据变量之间的相关性进行模型构建，随周期的变化和数据的积累，相应的指标和参数也会变化，需要定期进行优化。市场风险计量以模型估值为基础，理解和开发估值模型需要专业的数理基础，在交易产品比较简单时，基本都有公认的数理模型，代入相应的交易信息和市场数据后就可以进行估值，产品越复杂，数理基础要求越高，需要掌握随机过程等较为复杂的专业知识。

（2）市场风险计量的时效性和频率更高。市场风险需要每日进行大量风险指标的计量和报告，包括VaR、久期、每点价值、敞口等，计量的这些指标都是限额和管理中必须用到的，必须在T+1完成计量和监控报告，计量的时效性显著高于信用风险。

（3）大量的市场数据处理是市场风险计量区别于信用风险计量的一个显著特点。市场风险计量必须依靠汇率、收益率曲线等大量的外部市场数据，每日新增的市场数据有近万个。要确保计量的准确性，必须对市场数据进行管控，确保每日的市场数据及时准确。

（4）市场风险计量的计算量大大高于信用风险计量，对系统是非常大的挑战。每日几万笔交易需要进行市场风险计量。每日有VaR、久期、每点价值等风险指标需要计量。以VaR为例，又包括1日VaR、10日VaR、压力VaR需要计量，每个里面又分成利率VaR、汇率VaR、商品VaR需要进行计量，每算一次VaR，就需要利用历史数据对每笔交易进行至少250次估值。为完成每日的风险计量，其计算量远远大于信用风险计量，对计量引擎的要求非常高。同时，交易业务本身发展快、新产品多，要实现市场风险计量，必须不断地完善系统功能。

（5）市场风险计量的结果直接影响前台的投资决策。市场风险计量的VaR、久期、每点价值、敞口等指标都在限额体系之中，前台的交易必须在限额内开展，前台会根据每日的计量结果去决定是否要采取控制开展新交易、平盘降低风险敞口等措施，市场风险计量的结果会非常直接地影响前台的投资决策。

同样是在《雷曼破产调查报告》中，雷曼破产路线图的第二点是风险计算范围不完整，风险指标不能充分揭示风险。按照要求，雷曼必须对所持的交易头寸和投资进行压力测试。但雷曼在压力测试时，把房地产自营投资、私人股本投资及支持收购交易的杠杆贷款等风险最高的资产都排除在了计算范围之外。

3. 风险监控与风险检查

风险监控是指按照授权、授信及其他风控和内控制度，对照分析业务和流程，对执行情况进行监控和预警分析。

风险检查是指风险监控人员到金融市场业务现场，定期或不定期地对交易流程各环节进行实地监控、检查和全面评估。

风险监控和风险检查的目的皆是发现业务操作过程中的超授权、超授信等违规行为，不同之处在于风险监控的重点在于日常监控，每日开展，频率更高；风险检查则侧重于对一段时期的业务风险状况进行较为全面深入的回顾和归纳，或以周、月为单位定期开展，或不定期组织专项检查，频率相对较低。

要构建一个行之有效的监控体系，首先要有完善的监控系统。风险管理人员必须利用前台、中台信息管理系统等工具，日常监督和预警各项交易的执行状态，同时对风险敞口的大小和变动情况、授权授信和风险限额的执行情况及是否存在其他违规行为进行监控。

其次要有完善的处理流程。风险监控中发现超授权、超授信及超风险限额情况，应采取以下处理方式：对超限情况进行核实，调查并分析原因、撤销交易、暂停交易或提前平盘，压缩风险敞口、及时按照报告路径发送超限报告。

在监控之外，辅以不定期的检查。检查的内容包括但不限于：规章制度的执行情况，交易确认、台账、业务档案的保存情况，授权、投资指引及风险限额的执行情况，交易数据的真实性和交易价格的公允性，交易操作流程的合规性等。

为全面监控金融市场交易业务、有效规避交易人员操作风险、提高风险分析报告的及时性、实现事后监控逐步向事中监控推进的目标，现场检查的范围和力度可不断扩大及加强，通过合理的资源配置将风险监控工作覆盖金融市场业务所有交易过程和交易环节，尤其加强对交易目的、交易发起的真实性、交易询价及价格公允性、交易录入、交易损益情况等方面的监控和管理。

4. 风险控制

（1）套期保值与对冲。套期保值或对冲是指通过投资或购买与标的资产收益波动负相关的某种资产或衍生产品，来冲销标的资产潜在风险损失的一种风险管理策略，对于管理利率风险、汇率风险、商品风险和股票风险来说是非常有效的手段。以债券组合为例，在实际操作中，可以利用利率远期协议、利率期货、利率期权、利率互换、信用违约掉期等基本避险工具来管理债券投资组合的利率风险和信用风险，从而规避由市场利率变动和债券发行人信用调整给债券投资带来的不利影响。

在银行的经营中，外汇敞口是否需要套期保值或对冲是一个非常现实的问题。基于结构性外汇敞口“长期稳定”的性质，很多银行是不对冲结构性外汇风险的。事实上，由于涉及的敞口数量较大，即使是那些对冲结构性外汇风险的银行，它们也只会对冲一部分的结构性外汇风险。一般来说，只有在外汇风险引起的潜在损失巨大或结构性外汇敞口达到董事会批准的限额时，银行才会对冲结构性外汇风险。

对于对冲结构性外汇风险的银行来说，对冲策略通常会经过高级管理委员会（如资产负债管理委员会或负责市场风险管理的委员会）进行讨论后才交由交易部门执行。在执行对冲交易之前，银行需要考虑对冲交易的成本和有效性。对冲的有效性通常由财务部门定期监测并报告董事会及高管层。

以花旗银行为例。花旗银行（以下简称花旗）在几个有严格外汇管制的国家都有业务，这些外汇管制包括限制当地货币兑换成美元和资金转移到境外。在这种情况下，一旦当地货币对美元贬值，花旗很可能会面临外汇风险引起的损失。因此，花旗采用外汇远期、期权和外币计价债务等工具来管理它在几个海外子行的股权投资所面临的外汇风险，并记录这些投资的账面价值，以及对冲的有效性和外币折算调整。

根据花旗2013年年报，花旗在很多国家/地区都有海外投资，如表5-1所示。在这些国家/地区中，阿根廷、委内瑞拉、埃及和乌克兰存在外汇管制，花旗在这4国暴露的结构性外汇风险非常显著，但其只对在阿根廷、埃及和乌克兰这三个国家暴露的结构性外汇敞口进行对冲，而委内瑞拉的没有对冲。

表5-1　花旗在不同国家/地区第三方资产情况　单位：10亿美元

国家/地区	第三方资产	对冲工具	国家/地区	第三方资产	对冲工具
阿根廷	3.9	外汇远期	印度	34.2	—
委内瑞拉	1.2	无	德国	32.9	—
埃及	1.6	外汇远期	中国	32.2	—
乌克兰	0.6	汇率挂钩的主权债券	巴西	32.0	—
英国	111.7	—	新加坡	29.1	—
墨西哥	92.1	—	中国香港	28.0	—
日本	63.0	—	荷兰	25.7	—
开曼群岛	51.9	—	意大利	19.5	—
韩国	47.0	—	瑞士	19.0	—
法国	37.7	—	中国台湾	18.8	—
澳大利亚	34.4	—	西班牙	16.5	—

法：第三方资产是指任何不属于集团成员的资产。

（2）止损。止损是指当投资出现的亏损达到预计数值时，为避免形成更大亏损而及时平仓或进行对冲交易，目的是在投资失误时尽力减小损失。止损是控制市场风险的有效方法，通过止损，可以有效减小风险敞口，控制潜在损失，或者防止损失的进一步扩大。

实际执行中，止损可以在组合层面设定，也可以在单个产品维度设定，甚至操作模式、机制都可以设定止损。最关键的，则是根据机构的风险偏好设定合适的止损线，严格去执行。

（3）缓释与押品管理。通过信用风险缓释工具可以有效降低或转移银行承担的风险，主要手段一是签订押品协议和缴纳合格金融质押品；二是签订标准化协议进行净额清结算，如签订ISDA协议①及其信用支持附属协议（CSA）、NAFMII协议②及其附属协议等；三是通过中央交易对手清算等。

国际场外衍生品市场交易中，常见的缓释行为包括签订押品协议及要求交易对手提供押品等，其中最常见的是ISDA主协议的信用支持附件（CSA协议）。

根据CSA协议，在场外交易中为了减少自身风险，双方均有权要求对方支付抵押物。有鉴于此，双方可以事先约定抵押豁免额，如果双方风险敞口未超出该额度，则双方都无须交付抵押金。但如果一方的风险敞口超出额度范围，那么风险承担者为确保交易对手履行责任，可以要求其支付抵押物，如一定比例的现金或债券等资产。CSA协议还规定在抵押期间，抵押物收取方有权自由处置该抵押物并获得期间产生的所有收益，也就是说这种交付是“买断式”的。

根据ISDA的统计数据，ISDA主协议中的押品协议在2012年国际衍生品交易的押品协议中占到87%，其他非ISDA的押品协议包括特殊商品保证金协议和保证金协议等。在国际金融危机发生后，押品管理越发受到重视，通过押品缓释净额后的风险敞口比例逐年提高，2009年押品价值占净额后总风险敞口比例高达90%，2013年该比例更是达到95%以上。

---

① ISDA协议由国际掉期与衍生品协会发布的一系列场外衍生品交易协议文件。

② NAFMII协议是中国银行间市场交易商协会发布的《中国银行间市场金融衍生产品交易主协议》。

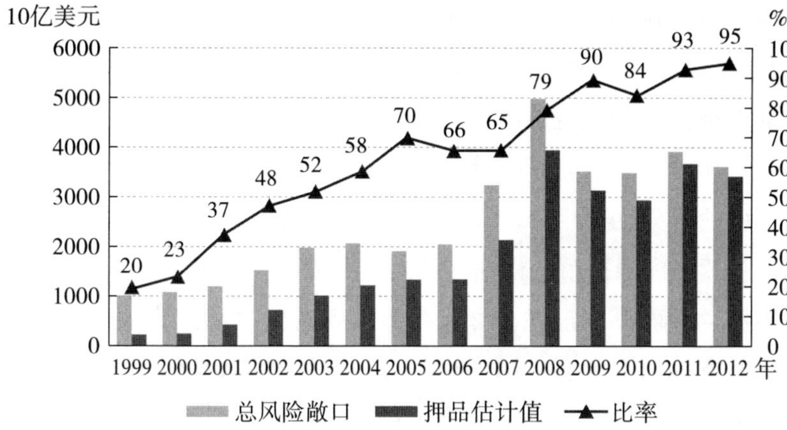

图5-2　国际衍生品市场押品使用情况

（资料来源：ISDA Margin Survey 2013）

根据调研数据，从OTC衍生品市场中押品协议的使用情况来看，信用类衍生品交易使用押品协议的比例最高，外汇类衍生品使用押品协议的比例则相对较低。

从机构类型来看，扮演交易商角色的银行（Dealer Banks）使用押品协议的比例最高，其次是非交易商银行机构，其他金融机构则相对较少签订和使用押品协议。同时，签订押品协议超过3000份的大型交易商在各种类型的产品中签订和使用抵押协议的比例均较高。以2013年6月为例，押品协议在OTC衍生品市场的使用比例如图5-3所示。

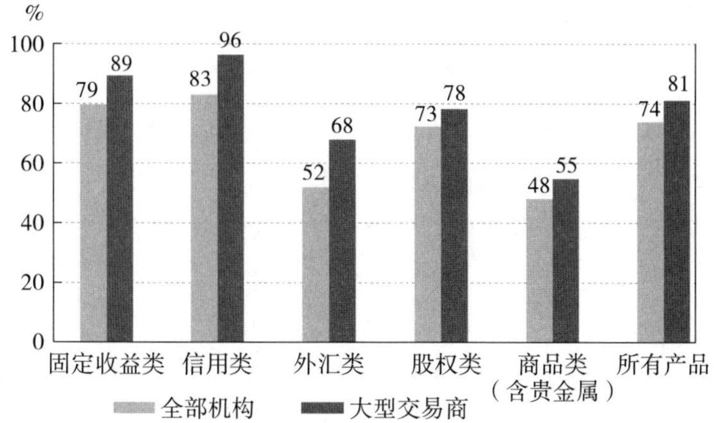

图5-3　押品协议在OTC衍生品市场中的使用比例（2013年6月）

（资料来源：ISDA Margin Survey 2013）

国内银行与国内金融机构签订NAFMII协议的质押式履约保障文件，该文件与CSA协议结构和原理近似，与客户多签订各行自行设计的具有法律效应的保证金协议或抵质押协议。与国外成熟的做法不同，国内银行虽然也按相关协议要求进行押品缓释等工作，但实际执行中仍存在很多的问题。与传统的信贷业务不同，场外衍生交易除需要缴纳初始保证金（押品）以外，在存续期内根据市值情况可能还需要缴纳变动保证金（押品），由于市值具有波动性和不确定性，可能在短期内多次触发变动保证金的缴纳条件。从业务实际情况来看，国内很多客户对缴纳初始保证金（押品）存在一定的抵触，对于缴纳变动保证金（押品）更加不理解，总体来看，客户普遍对缴纳保证金（押品）存在抵触，客户缴纳保证金（押品）尤其是追加保证金（押品）的意愿不强。此外，配套的估值、交易数据汇总确认、押品管理都对银行提出了更高的要求。

5. 应急管理

在市场风险管理中，需要应急处理的是非常规突发事件，主要包括系统故障、交易事件和市场重大波动。

（1）系统故障。系统故障是在市场风险应急管理中经常面临的一种情况，系统一旦发生故障，会让银行经营面临重大市场风险，甚至经营会全面瘫痪。在等待系统修复的这段时间，有可能会让客户的资产产生损失，也可能会让客户产生不当得利，损害银行利益。在日常的市场风险管理中，系统故障分为两种：一是系统自发性发生故障，二是系统遭受黑客攻击被动性产生故障。自发性故障是在日常工作中，银行业务系统可能因为交易笔数过多导致负荷过大产生故障，也可能因为设计不完善而产生故障。黑客攻击属于被动性故障，黑客攻击银行系统有的是为了窃取客户资料和客户密码，偷走钱财，有的是干扰系统运行，让系统拒绝提供服务。

（2）交易事件。交易事件是银行在市场风险管理中面对的最为重大的紧急状况。银行对于大部分涉及市场风险的交易事件无法预见，即使有预见也会带有一定的主观性，难以准确把握。交易事件分为内部操作失误导致的交易事件和外部交易突发事件。

在市场风险管理中，最为著名的内部违规操作交易事件是英国的巴林银行倒闭事件、法国兴业银行交易员科维尔交易欺诈事件和瑞银集团交易员阿多博利交易欺诈事件。外部交易突发事件是指处于银行或市场体系之外的交易事件，外部交易突发事件会使投资市场价格产生剧烈波动，加大市场风险，危及银行或市场利益。

（3）市场重大波动。市场重大波动对持有的交易产品会产生显著影响，导致损益和风险指标发生剧烈变化。即使是国外市场的重大波动，也可能对国内客户产生很大的影响。一些代客衍生理财产品和债务管理产品与外币利率指标挂钩，一旦挂钩的外币利率发生不利变动，就会让银行及客户蒙受经济上的损失，加大国内银行业面临的市场风险。

市场风险的应急处理，一是非常规止损。遇到突发事件，可以使用“非常规止损”方式避免损失进一步扩大，非常规止损区别于常规止损，是在特殊情况下的特殊措施。二是重大市场风险报告，在突发事件发生后，一般通过重大风险事项报告将风险信息及时地进行横向和纵向地传递。三是化解处置，包括进行风险提示、召开座谈会、发风险揭示函等。一旦风险出现，要控制事件的扩散面，对于涉及客户交易的，及时与客户取得联系，对客户做好解释工作，妥善处理，尽量争取客户配合与认同。

6. 报告

按照监控内容和监控目的，风险报告可分为常规风险报告和非常规风险报告。

常规风险报告指根据固定频率监控日常交易、分析其风险并对风险指标产生何种影响的报告。常规风险报告除了监控各项交易是否合规、风险指标是否在限额之内，还可以作为交易前台控制业务规模、避免业务指标超限的重要参考。常规风险报告形式主要有日报、月报、季报、年报。

非常规风险报告主要是针对突发的重大市场风险事件，国内外重要的市场变化，日常业务中出现的风险指标超限、超预警线等状况撰写的风险分析报告。

不同类型的风险报告侧重点不同，因此其报告的内容也不尽相同。

（1）风险日报：侧重于揭示前一交易日的市场风险、授权授信及风险限额执行状况等，内容须具体到各交易品种，报告内容是前一个交易日的产品风险状况，包括风险敞口和风险指标。

（2）风险月报：侧重于回顾分析投资组合的月度风险情况，在参考风险指标月度变化和比较的同时提出风险管理建议，报告内容是上月各类投资组合的风险状况。

（3）风险季报：侧重于对过去三个月的业务风险特征及变化趋势走向进行总结和纵向比较，同时也要在参考并分析目标时间段内风险变动特点的基础上提出风险管理建议，报告内容是前一个季度各类投资组合的风险情况。

（4）风险年报：侧重于全面回顾和总结分析上年度业务的风险状况，并对风险管理工作提出建议和设想，报告内容是上一年度的投资组合风险状况。

（5）非常规风险报告：侧重于突发事件、可疑交易或重大市场波动，报告内容是事件情况、交易情况及对组合的影响。

三、市场风险管理存在的问题与薄弱环节

（一）风险层面的问题与薄弱环节

1. 分支行层面的市场风险管理尚不完全适应交易业务快速发展的现实需求

（1）风险理念存在偏差。分支行认为市场风险只是总行的事情，与分支行关系不大，因为分支行的资金都集中在总行进行经营管理，分支行的资金业务均是代客户叙做，分支行本身不承担市场风险。从实际情况看，分支机构忽视客户实际需求加大敞口、忽视估值影响、不及时进行风险提示，都可能因为市场风险的影响产生垫款，给银行带来不必要的损失。

（2）总分行之间的市场风险管理架构尚不完善。从一定程度上说，分支行的市场风险管理就是交易性业务的管理，整个金融市场、整个商业银

行发展的方向就是要从传统的信贷业务向综合性的服务转变，分支行未来交易性业务会越来越多，市场风险管理的任务会越来越重。目前，分支机构的市场风险管理力量普遍比较薄弱，只有建立一种全行、全员的市场风险管理文化，厘清总分行在市场风险管理方面的职责与定位，加强总分行的互动和协调，才能真正实现对交易业务和市场风险的全面有效管理。

（3）风险理解与工具掌握不够。随着利率市场化改革的逐步深入，以及人民币汇率形成机制的不断完善，分支行需要进行积极主动管理的市场风险越来越多。例如，应对利率市场化对分行存贷款业务的挑战，在内部资金转移价格（FTP）管理的框架内合理安排产品的结构与定价；满足客户套期保值需要，提供相应的金融产品；银行业务转型产生的存款理财产品化、贷款证券化等，都需要总分行各级人员充分认识和理解市场风险、全面了解不同业务面临的市场风险，掌握相应的风险管理工具并能够积极主动地去应对。由于长期以来的风险管理重点都是信用风险，而交易性业务及其风险管控又与信用风险的管理存在较大差异，分支机构对业务的理解、风险的把控、工具的使用等方面普遍存在短板。

2. 风险计量工具不能满足多样化的管理需求

市场风险计量模型可以分为三类：第一类是静态的敏感性分析，如敏感性缺口分析、久期分析、凸性分析，这是早期国际金融界比较常用的计量分析方法；第二类是以VaR为代表的组合分析方法，20世纪90年代开始逐步发展起来；第三类是市场风险的情景分析与压力测试，以估值模型为基础，分析损益变动等指标。

在这三种计量模型中，VaR已经成为市场风险最重要的计量方法。VaR一般被称为“风险价值”或“在险价值”，指在一定的置信水平下，某一金融资产（或证券组合）在未来特定的一段时间内的最大可能损失。VaR模型产生之后，在风险管理与控制、资产配置与投资决策、业绩评价和风险监管等方面得到广泛的运用。但客观地说，其优缺点仍然十分明显。

（1）VaR的优点。

第一，VaR模型具有高度的综合、概括能力，其结果简洁直观，可以用来简单明了地表示市场风险总体轮廓的大小。

第二，VaR模型可以涵盖影响金融资产的各种不同市场因素，同时计算利率、汇率等不同风险因素的影响，也可以考虑历史波动率、隐含波动率等非线性的风险问题；既可以计算单个金融工具的风险价值，还能计算由多个金融工具组成的投资组合风险的风险价值，并能迅速地进行细分与汇总。

第三，人们可以利用历史数据，在交易之前就计算风险，动态地评估和计量风险，并根据VaR值的计算结果及反映出来的风险变化及时调整投资组合，以分散和规避风险。

（2）VaR的局限性。

第一，VaR模型衡量的主要是利率、汇率等市场波动产生的风险，如单纯依靠VaR方法，容易忽视其他种类的风险，如债券的价格波动可能是因为信用利差的变化造成的,一般的VaR模型也未能充分地考虑流动性风险。

第二，VaR值表明的是一定置信水平或置信度下的可能的最大损失，但并不能绝对排除高于VaR值的损失发生的可能性，仍存在尾部极端值发生的可能。假设99%置信度下的VaR值是5000万美元，仍会有1%的可能性会发生损失超过5000万美元的情况。这种情况一旦发生，给经营单位带来的后果就是非常严重的。忽略小概率事件发生的巨额损失事件是2008年国际金融危机给大家带来的一个沉重的教训。

第三，VaR模型并不能预测到投资组合的确切损失程度，它只是给出了一个潜在的最大损失，要想知道最可能的损失，还需要情景分析、压力测试等工具的配合。

第四，VaR模型与其他模型一样存在模型风险，如果参数选取不当，将导致VaR计量结果的误差，尤其是蒙特卡罗等模拟方法，波动率等参数的影响会很大。为了提高VaR模型的准确性，需要利用实际损益或者理论损益对模型的计算结果持续进行返回检验，根据返回检验的突破次数评估模型的有效性。

对市场风险管理而言，VaR仍然是目前已知的衡量组合风险的最简洁、最有效的方法，或者说是没有其他更好方法下的次优选择。但它并不等于市场风险管理的全部，还需要久期、delta、gamma等指标的配合，更需要专家经验、情景分析、压力测试等手段的支持。需要避免两种认识的极端：一种是对VaR全盘否定，认为其一无是处；另一种是过于迷信VaR计量，并把市场风险管理简单地等同于VaR计量。

3. 多元化金融集团的市场风险管控尚处于起步阶段

在金融全球化和自由化的大背景下，我国许多金融机构逐渐发展成集银行、保险、证券等业务为一体的综合性金融集团，虽然这种金融集团能够满足客户“一个客户、一个账户、多个产品、一站式”的金融服务，且能够实现规模经济、范围经济，降低营运成本，增加利润，但这种包含银行、保险、投资为一体的综合经营模式也导致综合金融集团面临着新的风险。这些风险具有风险形态多样、复杂，信息传导不对称、不及时等特点，增加了金融集团风险管理的难度。从金融集团市场风险管理的角度来看，存在的问题主要有三点。

一是子公司业务与总部差异大，各家子公司业务也不一样。总部对子公司业务的理解、关键风险点的识别不够充分。在市场风险方面，股票市场的风险与传统的利率、汇率并不相同，传统的银行受商业银行法规定的限制，并无直接的股票业务，相应的股票风险管理也很薄弱，因而在发生股灾、承担股票风险的子公司因为股灾出现风险时，集团的集中管理出现了短板。

二是缺乏系统数据的即时支持。因为是不同的法人主体，数据无法自动生成集团信息，只能依靠子公司系统单独获取，及时性和有效性难以控制。这对集团的数据管控、风险信息的汇总产生了较大挑战。尤其是在集团的信息共享方面，容易出现信息脱节的不利局面，难以满足市场风险高时效性的管理要求。

三是受子公司独立法人地位的影响，各类风险的管理边界不明确。尤其是在偏好约束力不强的情况下，加之管理半径过长，容易出现子公司对集团现有的政策执行力度不够的情况。

4. 市场风险与其他风险的交叉传导增加了管控的难度

在利率市场化和金融脱媒持续推进的背景下，近年来交叉业务快速发展。商业银行与信托公司、证券公司、保险公司等机构合作，通过资管业务、同业业务大力开展交叉金融业务，一方面拓展了盈利空间，另一方面也容易造成资金的脱实向虚，造成金融风险的交叉传染。

（1）产品复杂，风险识别困难。交叉性产品本身往往设计复杂，容易形成市场风险、流动性风险、信用风险等多重风险相互交织和传染的复杂局面，加上部分交易产品穿透不彻底，管理尚不透明，风险难以有效识别。

（2）投资范围日益复杂，银行面临的市场风险扩大。银行开始更多地参与交叉金融业务，相应的市场风险的影响也在扩大。2013年的钱荒事件、2015年的股灾、2018年中美贸易摩擦加剧以来股票市场的变化，这种大的市场波动不断出现。债券违约不断增加，对同业投资、理财资金的安全造成严重影响。

（3）市场风险、流动性风险和信用风险相互交织转换，单纯的市场风险管理难以有效应对业务发展的需要。以股票型交叉金融产品为例，很多投资于定向增发、大股东增持、员工持股计划和股票质押融资，表面上看是市场风险，但实际上市场风险、信用风险、流动性风险都在一起，既取决于市场的价格波动，又受估值时点的合理性影响，还面临融资人的信用风险，需要综合运用各种风险的管理工具与手段去进行管理。

（4）交叉性业务的风险计量尚处起步阶段。传统的各风险的计量尚未在交叉风险计量上有效结合，还不能实现跨风险的传染与组合的计量。交叉金融产品的减值计量模型、压力测试模型等都处于起步阶段。

（二）交易层面的问题与薄弱环节

在传统的市场风险管理的过程中，一些关键环节也存在着管理困难、管理不到位、管理效果不佳的问题，需要持续加强研究，不断完善管控手段。

1. 交易行为的合规管理

交易行为的合规管理一直是一个难点，发生的案例也很多。2011年，凯恩能源公司聘请汇丰协助其将35亿美元兑换成英镑。在该笔交易前，汇丰外汇交易员马克·杰克逊（Mark Johnson）蓄意在自营账户大量买入英镑，抬高英镑价格，以损害客户利益为代价为汇丰银行赚得约800万美元的收益，该事件被定性为“非法预先交易”（Front Running）。2012年初，摩根大通的SCP交易组合（包含各类衍生工具，用于对冲固定收益类产品的违约风险）的盯市价值出现下跌，面对可能会遭受的损失，CIO部门并没有选择立即解除合约或平仓进行止损，而是先后选择Flattener策略及卖出大量信用保护的方式来降低损失，结果反而使信用风险暴露更大。CIO的交易策略演变为对赌，最终受到外部市场的反作用，形成高达65亿美元的亏损。该事件中的主要人物布鲁诺·伊克希尔也因此被称为“伦敦鲸”。类似的例子在国内同样存在，如债市风暴中暴露出来的交易人员通过“扭曲”交易价格实现向自己的丙类户输送利润等。交易行为的管理一直是一个难点。

2. 乌龙指与报价问题

乌龙指与报价问题也是金融市场上时有发生的问题。2013年8月16日11点05分，上证指数出现异常大幅拉升，大盘一分钟内涨幅超过5%，最高涨幅5.62%，指数最高报2198.85点，盘中逼近2200点。事后据报道，异常波动的原因是光大证券策略投资部门自营业务在使用其套利系统时出现了问题，这次事件称为“光大证券乌龙指事件”。除此之外，国内银行在外汇、贵金属等市场上都多次出现过不同程度的报价问题。

3. 交易的止损

止损作为控制交易账户市场风险的重要手段，在实际执行中也存在很多的挑战。交易员往往会认为目前的损失是暂时的，并举出很多的例子，如果执行止损之后损失又回来了，止损又往往容易被认为是错误决策。

从历史交易看，不乏止损之后亏损缩小甚至扭亏为盈的例子。1995年3月5日，巴林银行被荷兰金融巨头ING以象征性的1英镑收购，并承担了其大约为14亿美元的债务，巴林银行当时未结清的头寸不得不在日经225指数触底之时立即清仓，损失惨重。但事实上，日经225指数在当年年终跌至15000点，可到了年末却重上19000点，所以若巴林银行在1995年维持其头寸而非平仓的话，则可以换回其先前的大部分损失。

1993年，德国工业巨头德国金属公司与北美地区的客户签订了十年内以固定价格供应石油的远期合约，同时在石油期货市场买入短期期货合约来对冲价格风险。这些短期期货合约在金额上与长期远期合约匹配，但期限不匹配，因此期货合约到期时需不断展期滚动。1993年下半年，石油期货市场遭受急速下挫，德国金属公司的期货空头头寸在展期滚动过程中损失惨重，濒临破产。为获得援救资金，德国金属公司只能尽快将大量期货合约平仓，最终损失13亿美元。然而，1993年之后市场逐渐回归以“反向市场”为主，如果德国金属公司继续贯彻此对冲策略，到1996年期货合约展期滚动策略就会实现盈亏相抵，到2002年盈利将高达22亿美元。

长期资本管理公司（LTCM）在交易中执行“收益率差额趋同”策略，即基于固定收益产品收益率最终会趋向一致的判断在全球寻找套利机会，并采取强杠杆率策略扩大收益。然而，1998年8月俄罗斯政府宣布对其国债违约、卢布贬值，随后俄罗斯境内众多金融机构也宣布对各种衍生品违约，全球市场陷入恐慌，发生了“择优而栖”的现象，信用风险不同的固定收益产品收益率之差急剧扩大，导致LTCM短期内蒙受巨大损失，不断的追加保证金要求使之陷入流动性危机。此外，LTCM还在市场上卖出大量股指期权以期望波动率最终会下降至历史平均水平，但资本从新兴市场回流发达国家时加大了股市波动率，加重了其亏损。在LTCM位于破产边缘时，纽约联邦储备银行召集了14家LTCM的债主银行提供35亿美元救助，使其得以继续经营。1998年年底，随着金融市场逐渐从恐慌中恢复稳定，LTCM管理的投资组合触底反弹，至1999年年中还获得14%的净收益率，返还了部分投资和救助资金，并还清了所有银行贷款。

从市场的角度看，止损机制可能导致市场的跟风式波动，群体性的止损可能导致市场的崩溃，股灾中的千股跌停等与此也有一定的联系。作为控制风险的一条重要举措，止损执行面临着内部压力，需要良好的风险管理文化去支撑。

四、市场风险的改进措施

（一）完善集团市场风险管理的政策制度

完善的政策制度体系是提升银行市场风险管理水平的必要保障。针对当前市场风险管理存在的薄弱环节，需要进一步通过政策制度的完善来提高管理。一是参考国际先进银行在市场风险管理方面的制度经验，进一步明确董事会、高管层和风险管理委员会的职责和权限。完善市场风险管理执行部门的职责、权限，强化执行层面规章制度；在集中管理的体系下，明确各级主体的市场风险责任，责任到位。二是根据业务发展、市场变化，完善有关市场风险管理流程的规章制度，规范业务授权与监督操作流程。三是完善市场风险管理监督检查规章制度，提升市场风险管理工作效率。

从集团市场风险管控的角度，在继续加强总部和海外分支机构管理的同时，要继续夯实对子公司的市场风险管理，完善集团一体化的管控。一是对子公司的风险管理架构进行评估，确保子公司的风险管理架构满足总部风险管理的要求，配置合适的资源，有效管控关键环节。二是在子公司的KPI考核中，增加与市场风险应急、重大事项报告相关情况的考核占比。三是建立子公司风险报表的定期报送机制。由子公司指定专人与总部对接，明确各子公司需要上报的重大风险事项。四是建立关键风险点识别与压力测试制度，要求子公司针对各自关键风险点进行识别，设计相关压力测试情景，进行压力测试并报总部。五是强化检查制度，总部统一组织对各子公司风险管理的专项评估检查，对重大市场风险应急报告、内控名单等制度执行情况进行检查。

（二）夯实市场风险的系统管理

1. 加强交易系统管理

交易系统包括开展交易业务的交易平台，以及相关的交易管理系统。

（1）各机构应重视交易系统的建设工作，尽可能避免以手工台账等方式开展交易，降低操作风险。

（2）充分利用系统实现业务关键风险环节的有效控制，包括但不限于交易授权、授信、风险限额、价格偏离度、关联交易、业务关键风险点等。尤其对对外报价业务等红线、底线风险，设置价格偏离度红线刚性控制、价格偏离度预警提示，引入自动报价源等系统控制手段。

（3）加强交易系统的用户权限管理，进行差别化权限配置，做好不相容岗位分离。建立并严格执行系统用户准入、退出、权限变更等的制度和流程。

（4）在系统建设过程中，实现前台交易、中台风险管理和后台清算核算的交易全流程系统直通，避免交易在多个系统中重复录入，减少清算环节的手工签章、递单等操作。

（5）加强交易系统参数的管理，建立系统参数的统一管理机制，明确系统参数的定义和范围，参数申请、审批、设置、重检的操作流程。

（6）加强系统应急管理。为保证业务持续性，做好交易系统突发事件的影响分析和风险评估、持续性策略制定、预案建设和维护以及演练评估。

2. 完善风险管理的系统

（1）建立“人控”与“机控”有机结合的管控方式，在积极开发更便捷的业务和风险管理系统的同时，也要避免人对系统的过度依赖，最终实现二者的有效结合来发挥风险管理的最大效用。

（2）弥补IT系统短板。近年来，同业业务、资管业务发展迅猛，银行尚未有专门的管理系统对同业业务、资管业务开展数据收集、风险计量、报表加工等工作，风险管理水平的落后与业务的快速发展形成了巨大的反差。未来IT系统建设的重点，就是要结合系统开发的总体进程，将同业业务、资管业务纳入新的系统及周边系统的开发内容。

（3）提高系统的时效性、智能性。例如，对敞口类、损益类、授权类等监控类指标进行实时监控，指标交易前进行试算和预警；不断提高系统的时效性、智能性。

3. 子公司应加强自身对交易系统管控

子公司由于独立性较强，特别是非银行类子公司业务与银行相差较大，交易系统也较特殊，各机构需加强自身对系统的管控，对各交易系统制定相应的管控规程，建章建制并遵照执行，对存在风险隐患多且可能造成损失大的用户权限控制不足、系统预警不够、双人复核流于形式等方面，需重点关注，定期不定期开展安全情况自查，保证控制系统安全有效。

（三）细化市场风险的资本管理

在当前经济进入新常态、银行业利润增幅持续收窄的背景下，商业银行的资本压力越来越大。从市场风险的角度看，市场风险的资本占用存在两个趋势：一是随着业务的发展，市场风险的资本占用不断增加；二是随着监管方法的变革，市场风险相关的资本将会大幅增加。

根据巴塞尔委员会组织的定量测算，新标准法下市场风险监管资本相比现行标准法会增加很多。资本增加的主要原因一是外汇风险的系数由8%升至21%；二是商品对冲的认定更加严格。2018年1月3日，中国银监会颁布《衍生工具交易对手违约风险资产计量规则》，用于交易对手违约风险加权资产的计算，新规于2019年1月1日实行。由于对净额结算组合、保证金协议和抵质押品的识别和认定等存在不确定性，采取不同的标准，新规下资本也将大幅增加。

适应业务的发展与资本要求的提高，需要在现有的基础上对市场风险的资本管理进行细化。第一，银行必须以风险调整资本回报率（RAROC）为核心，加快树立起经济资本管理理念，在衡量银行最终收益的过程中要应用经济资本的计算方法，使商业银行在调整评估风险的基础上科学有效地追求收益，进而优化银行的资本结构。在市场风险方面，经济资本就是市场风险的经济资本与交易对手信用风险的经济资本。第二，在目前的组合计算的情况下，合理地计算各交易平台、各团队的市场风险监管资本和经济资本，解决市场风险无法有效细分的局面，更好地去指导业务。第三，按照巴塞尔委员会《市场风险最低资本要求》的意见建立合格交易平台的管理理念，以各交易平台内部模型法为基础，区分不可模拟的风险因子，计算流动性校准的预期损失、实际损益在内的三种损益及一系列的检验指标，引领银行未来市场风险的交易平台管理。

（四）加强交易业务的全流程管控

针对交易业务面临的关键风险点，将风险管控操作融入业务流程，是对交易性业务进行风险管控的有效做法。

全流程管控的起点是交易产品的管理。要严格遵循新产品风险管理办法的要求，对新产品进行风险评估，未履行风险评估流程的新产品不得开办；要对开办后的新产品进行后评价，及时对新产品的经营管理、系统计量、政策流程进行完善。

全流程管控的核心是交易管理。要确保每一笔新增交易符合授权、授信、限额、策略的政策规定；要对交易的对外报价、成交价格进行管控，保证公允；要对单笔大额交易、交易集中度较高的交易对手、交易账户的敞口及盈亏情况进行及时的监控报告；对未到期业务要做好组合管理和单笔管理，根据风险计量结果严格执行风险预警、止损和盯市交保。

全流程管控的重点是交易流程的管理。要在完善风险管理融入交易流程的基础上，建立交易流程风险评价机制，能够根据监管、市场、业务、IT架构的变化，对交易流程进行及时的优化更新；要加强对交易业务关键风险点的穿行测试和管控功能评估，及时发现薄弱环节，通过流程的IT化建设提升风险机控水平；完善总行、分行、支行，前台、中台、后台在交易全流程的分工合作机制，提升管控实效。

全流程管控中要发挥好分行的作用。目前，分支行涉及的交易性业务主要包括人民币信用债投资业务、代客衍生产品业务和贵金属租赁业务。根据三类业务的风险特点和在分行端的交易流程，各分行、经办行的风险管理人员应按照操作要点认真执行规定动作，不断提高风险管控水平。

（五）强化交易员的交易行为管理

交易员作为银行内部一类特殊且重要的员工，交易员管理总体上与银行其他员工管理类似，但在部分管理环节上更为精细化。需要结合交易业务的特点，不断完善管理要求。

一是做好合理授权。通过交易员授权书，明确管理层和相关交易员应有的权利和责任，授权书的内容包含授权产品、期限、交易时间和地点、交易限额、交易市场、交易策略，并要求交易员确认其遵守行为及道德准则。

二是做好权责分离。要求授权、执行、复核等不相容职务相分离，确保不同岗位之间权责分明、相互制约、相互监督、相互制衡。

三是规范操作管理。针对银行开展的各项资金交易业务，制定相应的操作规范和手册，用以标准化交易员的业务操作方法，确保业务操作合理、合规、留痕，并为后续操作风险管理、违规操作统计提供依据。

四是加强准入与交易行为管理。严格交易员准入、认定和资格审核，定期重检交易员资格；夯实第一道防线，建立交易员风险管理技能评价机制；借助系统对交易员的新增交易、交易量、交易损益进行统计分析，加强交易员行为风险监控。

（六）防范市场风险的交叉传染

作为商业银行综合化经营探索的结果，交叉金融的风险管理尚处于探索阶段。最根本的是对交叉金融业务性质、产品功能和融资交易流程实施“穿透式”管理，立足于基础资产进行管理。

一是加强产品的穿透管理。严格秉承实质风险原则，排除各种困难，贯彻“穿透原理”，在制度建设、IT系统支持、人员配备等方面加强保障，切实将风险管理穿透至资产池底层，避免发生类似次贷危机中由于对基础资产不了解而错误投资次级抵押债券、债务担保凭证（CDO）等高风险品种的风险事件。

二是加强基础资产的持续期管理，严格执行资产分类、风险监测和预警等持续期管理的要求，持续跟踪发行主体信用风险变化情况，及时捕捉风险信号，尽量避免信用风险损失的发生。

三是加强交易对手管理。做好交易对手的管理有很多的经验，最重要的是做好名单管理，包括白名单和黑名单。构建名单时，可以金融机构客户底线政策和准入标准为基础，通过客户差别化管理和产品分层准入，建立客户—产品匹配机制，构建业务和客户双维度管理的风险管理体系。

6 第六章 流动性风险防控机制

- 流动性风险的界定
- 流动性风险的监管要求与管理实践
- 流动性风险压力测试
- 突发事件和流动性危机的应急处理
- 流动性风险管理存在的问题
- 流动性管理的改进

一、流动性风险的界定

研究流动性风险，首先要厘清流动性的定义，对流动性的不同层次进行解析，确定管理边界，充分认识其表现形式与危害。

（一）流动性与流动性风险的定义

商业银行的流动性通常指商业银行满足存款者的提现需求与借款者的正当贷款需求的能力。一家流动性正常的银行在面对客户需求时，或者手头有足够的立即可用的资金，或者通过借款或出售资产来迅速获得资金。一家银行即使资产质量低下，在技术上已处于清偿力不足的状态，但只要有充足的流动性，就能够争取时间，解决已经出现或即将出现的问题；相反，如果流动性严重不足，一家银行即使从技术上说仍具有清偿力，可能仍然难逃破产倒闭的命运。

流动性风险是指商业银行无法以合理成本及时获得充足资金，用于偿付到期债务、履行其他支付义务和满足正常业务开展的其他资金需求的风险[①]。对于银行管理者来说，日常管理的重要任务之一就是防范流动性风险。流动性风险的定义有三个要素：清偿能力、及时性、合理成本。

清偿能力是指银行偿付到期债务、履行其他支付义务和满足正常业务开展的其他资金需求的能力。从总量来看，一家银行的资产大于负债，就可以通过资产到期或者在二级市场上出售资产产生的现金回流，满足负债产生的支付需求。可以认为，总资产大于总负债的一家银行，是具有清偿能力的。

从期限上看，由于资产负债期限的不匹配，不同时段上银行的现金流量和方向都不同。一旦某一时段银行的现金流出大于现金流入，即出现了

① 中国银保监会《商业银行流动性风险管理办法》（2018年5月）。

负缺口，就会发生流动性风险。及时性是指银行可以在短期内通过拆借、回购、发债等方式筹集到足够的资金，使相应期限的现金流缺口转负为正的能力；否则，银行将面临流动性风险。

所谓成本是指银行以拆借、抵押融资或出售资产等方式获得融入资金所付出的货币总量。任何企业，包括商业银行，其成本的负担能力都是有限的。银行的筹资成本过高，也会导致融资能力下降，引发流动性风险。

（二）流动性管理的边界

控制资产负债表内外各项业务在总量、期限、结构方面的过度错配是流动性管理的基本思想，因此在计划管理、利率管理等工作中都应充分考虑流动性风险因素。但这并不意味着流动性管理大包大揽，漫无边界。

一方面，在安排银行资产负债计划时，应充分考虑各类产品的特性，保证资金来源、运用的总量和结构基本匹配，并随时关注内外部价格对资产负债结构的影响。另一方面，为应对存款大量流失、资产质量恶化等非预期因素对银行流动性造成的负面冲击，银行应持有一定的高质量流动性资产。

在实践中，银行的流动性管理部门主要负责资产中的高质量流动性资产部分，根据银行流动性状况，适时调整其规模及期限结构。高质量流动性资产通常包含以下几类：

（1）根据产品类型和资产期限划分，期限在3~6个月的同业资产，具有期限短、市场活跃、风险低、资金量大等特点，可以被定义为高质量流动性资产。

（2）按照巴塞尔协议Ⅲ的相关规定，高质量流动性资产（Stock of High-quality Liquid Assets）同时满足无变现障碍等要求，主要包括现金、超额准备金、风险较低的国债、中央银行票据、企业债券、资产抵押债券等。

（3）从现金流角度分析，未来能够产生确定的现金回流且具有较好的流通性质的资产也应算作高质量流动性资产。因此，剩余到期日在3个月以内的债券、存放同业、买入返售金融资产都可以被定义为高质量流动性资产。

此外，流动性管理也可在负债方面有所作为，主要是为了满足高盈利性资产增长的资金需求，采取一些主动负债措施，比如利率处于高位时，固定收益资产的资金需求增大，可以主动吸收一定数量的短期高成本存款对冲资金缺口；在批发市场持续融资，发行大额可转让存单、金融债券等。

（三）流动性的层次

在经济学或商业活动中，我们经常提及流动性一词。但是在不同场合，流动性所指的范畴是不一致的，因为流动性具有不同层次。通常可将流动性分为金融机构、市场与宏观三个层次。

金融机构的流动性主要关注这家机构本身的经营管理能力，与自身资产负债总量、结构等相关。

某个具体市场的流动性可以理解为在几乎不影响价格的情况下迅速达成交易的能力，与市场交易量、交易成本、交易时间等因素相关。前人关于证券市场流动性的研究成果有助于我们理解市场流动性。Harris（1990）认为，流动性好的市场要有“即时性、可忽略的宽度、很大的深度和高度弹性”。其中，即时性指证券成交所用时间；宽度指交易价格偏离市场中间价的幅度；深度指某交易价格存在的订单总数，通常指最佳买卖报价上的订单总数；弹性指交易导致价格偏离均衡水平后恢复均衡价格的速度[①]。由此可以推论，即使大部分单个金融机构的流动性充裕，也不一定意味着市场流动性充裕。因为：第一，流动性充裕机构富余资金的总量不一定能够完全覆盖资金短缺机构的总缺口；第二，受到对未来的悲观预期等因素影响，流动性充裕的机构不一定有融出资金的意愿；第三，资金融出方的价格或期限可能是资金短缺方难以接受的，因而导致交易不能顺利进行；第四，市场不完善、不发达可能导致信息的不对称，资金融出和融入方无法及时获取有效信息以完成交易。

① Harris, L.. Liquidity, Trading Rules and Electronic Trading Systems [J]. New York University Salomon Center, Monograph Series in Finance and Economic, 1990 (4).

在宏观层次上，流动性通常被理解为货币供给总量。我国的货币统计数据由人民银行定期发布，主要口径有：M_0=流通中货币；M_1=M_0+企业单位活期存款+农村存款+机关团体部队存款；M_2=M_1+企业单位定期存款+自筹基本建设存款+个人储蓄存款+其他存款；社会融资规模，是指一定时期内实体经济从金融体系获得的资金总额，主要包括人民币贷款、外币贷款、委托贷款、信托贷款、未贴现的银行承兑汇票、企业债券、非金融企业境内股票融资等，是增量概念，自2011年4月起对外公布月度数据。

值得注意的是，宏观流动性是一个量的概念，不能与市场流动性等同起来。在同一时点上，宏观流动性与市场流动性、银行流动性不一定会发生同向变动，即宏观流动性充裕并不代表市场流动性一定充裕，因为多余资金可能在金融系统盘桓，也有可能配置到低效部门，流动速度降低。即使在宽松的宏观和市场环境下，个别金融机构也有可能发生流动性风险。

（四）流动性风险的表现形式及危害

微观表现：从资产端看，流动性风险将导致金融产品将难以转手，一级市场发行条件恶化，风险溢价上升，金融机构被迫大幅压低产品价格以换取资金；从负债端看，客户出于对自身资金安全的考虑，可能出现挤兑，大额、集中的取款需求更加剧了银行流动性紧张程度。因此，极端的流动性风险可能置银行于死地。2009年雷曼兄弟就是因流动性问题而轰然倒下。

宏观表现：历史上，流动性风险一旦发生，往往猝不及防，并迅速蔓延，通过银行间交易、影响市场参与者预期、债务违约等渠道迅速将一家银行的流动性风险传染至另一家银行，也可以在银行间市场、股票市场、债券市场、外汇市场等不同市场之间交互传染，引发系统性风险。1987年全球股票市场的“黑色星期一”、1998年美国长期资本管理公司基金垮台、2001年“9・11”恐怖主义事件导致华尔街金融交易暂停、2008年国际金融危机及2010年欧洲债务危机都是由流动性风险引发系统性风险的典型事件。

二、流动性风险的监管要求与管理实践

国际监管机构和各国监管当局对于流动性风险都高度重视，特别是近十年陆续出台了一系列监管政策。商业银行出于自身经营管理需要，探索并形成了一套行之有效的流动性风险管理体系。

（一）监管要求

2018年5月25日，中国银保监会发布《商业银行流动性风险管理办法》，明确了对商业银行流动性风险管理体系的定性要求，根据商业银行特点设定了差异化的定量监管标准，并提出了统一的多维度流动性风险监测分析工具，构建了较完备的流动性风险监管框架。《商业银行流动性风险管理办法》自2018年7月1日起实施。

流动性风险监管指标包括流动性覆盖率（LCR）、净稳定融资比例（NSFR）、流动性比例、流动性匹配率和优质流动性资产充足率。其中，流动性覆盖率、净稳定融资比例、流动性比例和流动性匹配率适用于资产规模不小于2000亿元人民币的商业银行；优质流动性资产充足率、流动性比例和流动性匹配率适用于资产规模小于2000亿元人民币的商业银行（见表6-1）。

表6-1　流动性风险监管指标标准

流动性监管指标	监管指标计算公式	监管标准	
		资产规模≥2000亿元	资产规模＜2000亿元
流动性覆盖率	（合格优质流动性资产）÷（未来30天现金净流出量）	≥100%	不适用
流动性比例	（流动性资产余额）÷（流动性负债余额）	≥25%	≥25%
净稳定融资比例	（可用的稳定资金）÷（所需的稳定资金）	≥100%	不适用
流动性匹配率	（加权资金来源）÷（加权资金运用）	≥100%	≥100%

流动性覆盖率、净稳定融资比例是根据巴塞尔协议Ⅲ新引入的监管指标，与国际监管标准保持一致。流动性覆盖率旨在确保商业银行具有充足的

合格优质流动性资产，能够在规定的流动性压力情景下，通过变现这些资产满足未来至少30天的流动性需求，用于衡量商业银行短期流动性风险水平。净稳定融资比例旨在确保商业银行具有充足的稳定资金来源，以满足各类资产和表外风险敞口对稳定资金的需求，衡量商业银行长期流动性风险水平。

优质流动性资产充足率、流动性匹配率可以分别看作是流动性覆盖率、净稳定融资比例的中国简化版，简明扼要地展示了中小型商业银行流动性风险水平，提出了统一的监管标准。

为了使监管机构和投资者及时获取商业银行流动性风险状况，监管部门要求商业银行定期披露流动性风险水平及其管理状况的相关信息。

2014年1月，巴塞尔委员会发布了《流动性覆盖率披露标准》，要求按照国际通用模板披露上一季度流动性覆盖率的日均值及相关定量、定性信息。为了确保流动性风险监管的一致性，此标准适用于所有国际活跃银行，也可以用于国际活跃银行的任意子实体及其他银行。

2015年12月，中国银监会印发《商业银行流动性覆盖率信息披露办法》，要求实施资本计量高级方法的银行自2015年12月31日起，按照发布财务报告的频率，在财务报告中或官方网站上披露流动性覆盖率信息。一是按照并表口径披露最近一个季度流动性覆盖率及各明细项目的平均值，模板采用国际通用标准。二是根据相关性和重要性原则，披露与流动性覆盖率有关的定性信息，包括流动性覆盖率的季度内及跨季度变化情况、流动性覆盖率计算中的各构成要素对流动性覆盖率的影响及其变化情况、合格优质流动性资产构成情况、融资来源集中度情况、衍生产品头寸和潜在的抵（质）押品需求情况、流动性覆盖率中的币种错配情况、本行流动性管理的集中程度、集团内各机构间流动性相互影响情况、其他对本行流动性有重要影响的现金流入和流出情况。

（二）业界管理经验

1. 流动性管理模式

从管理模式划分，流动性管理可以分为集中的流动性管理和分散的流动性管理。集中的流动性管理指统一法人体制下的商业银行，由总部负责全行流动性管理，全行超额备付金集中于法人总部，总部对辖内机构的资金来源运用进行统筹安排，对辖内分支机构提供无限的流动性支持。相应地，分散的流动性管理是指统一法人体制下的商业银行，由各级分支机构负责辖内资金平衡和流动性管理，只有出现较大资金缺口或资金结余时，才与上级机构进行资金往来，上级机构对下级机构提供有限的流动性支持。

与集中的流动性管理相比，分散的流动性管理模式具有明显的缺陷。首先，潜伏长期结构性流动性风险。在分散的流动性管理模式下，银行没有从全行的角度统筹安排资产负债总量和结构，各级分支机构出于利润最大化的动机，资产运用长期化，负债来源短期化，资金来源运用的错配程度不断加深，这种结构性失调必然形成流动性风险管理隐患。其次，增加短期资金管理成本。分支机构各自管理本行备付金账户，不同地区、不同机构间资金余缺不能及时调剂，增加备付金占用规模和融资成本。

尽管集中的流动性管理的优势明显，但是国内只有少数银行采取了这种模式。这主要是因为实施集中的流动性管理必须具备机构、管理、系统、政策等方面的条件。

第一，设置独立的流动性管理部门，专门负责从流动性角度对全行资产负债表内外业务进行管理和控制。目前我国大部分商业银行，特别是中小型银行，流动性管理一般由金融市场部门负责，但是金融市场部门并不具备集中管理流动性的条件。首先，金融市场部门不具备综合统筹全行各项资产负债的职责，而流动性管理需要平衡全行各项资金来源运用，而不仅是管理部分备付金与流动性资产。其次，有效的流动性管理需要对资产、负债业务进行主动调控，而金融市场部门只能进行部分项目的主动性操作。从实际情况看，业务部门往往以部门经营利润最大化为管理目标，使银行资产、负债业务失衡发展，形成的短期流动性缺口全部由金融市场部门承担和消化，而长期的结构性流动性缺口已超出金融市场部门的能力范围。但它的问题是，有的商业银行已将流动性管理交由资产负债部门管理。从长期看，可以考虑设置独立的流动性管理部门，这也符合精益化管理要求。

第二，具备有效的价格管理手段，实行全额资金计价，能够将总部的政策导向快速传导至每家分支机构。国内大多数银行采用内部资金差额计价管理方式。资金紧张时，分支机构根据辖内资金的缺口向总部申请流动性支持，即使总部提供的资金依据市场价格定价，增加的融资成本很难逐笔匹配到相关业务，也就引导基层业务部门吸收存款、压缩资金运用，以缓解全行的流动性压力。反之亦然。

第三，建立完善的信息管理系统，实现资金和数据的无障碍流动。主要包括两个方面：一是具备快捷的清算网络，使资金能够在各机构之间快速安全的划转；二是实现全行数据集中，总部流动性管理部门能够实时监控资金进出状况，并据此预测未来的流动性状况。

第四，消除政策和市场障碍，能够实现资金的自由流动。在实行严格外汇管制的国家，由于跨币种的兑换限制，其境内银行机构没有能力对境外分支机构进行有效的流动性管理。境外机构出现资金缺口时，境内机构无法及时将本币转换成当地货币用于救济其海外分支机构。同样，境外机构出现富余资金的时候，也无法兑换成本国货币汇回境内。除了外汇管制等政策性因素，市场发展程度也是制约银行实施集中流动性管理的外部环境因素之一。只有债券市场和货币市场足够发达，银行总部才能在市场上及时、足额融入融出资金，以便调剂本行的流动性余缺，而不必发动分支机构在当地市场上随机寻找交易对手开展资金交易。

2. 流动性管理策略

银行进行流动性管理的最终目的并不是预测未来一定时期内的流动性需求，而是满足流动性需求，最大限度地减少流动性风险，保证既定收益水平。流动性需求主要源于资产负债表内外各项目的变化，这些变化有银行可以自主决定的，也有银行不能自主决定的。不能自主决定的变化是指银行管理者对这种变化不能施加短暂的控制。例如，存款的变化是银行无法自主决定的；贷款在表面上由银行决定，但从银行长远利益出发，银行对贷款的短期变化也基本上不能自主决定。在正常情况下，银行管理者可以在很大程度上自主决定的项目主要有：未作为抵押的政府债券和银行承兑汇票、同业拆借、大额存单、证券回购协议等。流动性管理决策的构想就是要用银行能自主决定的项目抵消或适应不能自主决定的变化，以实现银行收益。保持银行流动性的方法有两种：一是银行在自己的资产负债表中“储备”流动性；二是银行在金融市场“购买”流动性。相应的流动性管理策略有三种：一是资产流动性管理策略；二是负债流动性管理策略；三是介于前两者之间的平衡流动性管理策略。

（1）资产流动性管理策略。该策略强调以保有一定的现金与信誉好、低风险、易变现的证券，如国债、政策性金融债等来保持流动性。当银行的流动性需求超过银行所持有的现金时，选择一些资产出售来换取现金直至所有的现金需求得到满足。这种流动性管理策略又被称为资产转换策略，因为流动性资金是通过将非现金资产转换换取现金而获得的。资产流动性管理策略是一种比较传统和保守的管理策略。这种策略的最大好处在于风险小。由于用于储备流动性的资产都是一些期限短、风险小、流动性比较强的资产，因此银行面临流动性压力时，能够比较简单地通过变现来获得流动性。另一个好处在于这些流动性资产是低风险资产，它们在银行资产中占有一定的比例，有助于稳定和提高银行整体资产质量，从而稳定存款人的信心。而在流动性风险的管理过程中，存款人的信心可能是最重要的。资产流动性管理策略也有明显的不足之处。首先，流动性资产的收益通常较低，因此，过多地持有流动性资产不利于银行盈利能力的发挥，这实际上是机会成本的问题；其次，变现流动性资产往往要付出一定的交易成本，如手续费、税费等；再次，流动性资产变现时也要受市场状况的影响，利率的急剧上升会使变现的损失增加；最后，通过变现资产获得流动性会对资产结构的稳定造成一定的不良影响，对银行的信誉和形象可能是不利的。

（2）负债流动性管理策略。该策略强调在市场上购买流动性。这种策略兴起于20世纪六七十年代，是随着负债管理思想而发展起来的。其基本思想是银行应尽量扩大其资产规模并增加盈利性资产的数量，至于由此导致的流动性可以通过货币市场的各种借款解决，因此，这一策略又被称为购入流动性。负债流动性管理策略的主要好处体现在：一是以借入流动性而不是变卖资产作为解决流动性问题的主要手段，这样可以将资产规模和结构保持在较为稳定也是较为理想的水平，使银行盈利潜力得到较好的发挥。二是负债流动性管理选择的融资渠道通常对利率的变化较为敏感，在市场资金充裕时，借入资金的成本低，对银行较为有利。负债流动性管理策略的主要问题在于：一是货币市场对政治经济环境极为敏感，在市场紧张情况下，银行可能根本无法在市场上筹措资金，或只能以极为高昂的代价借入资金，这会使银行的流动性风险大大增加，收益的稳定性也难以保证。二是货币市场对筹资者的财务与经营情况极为敏感，往往当银行陷入财务危机、对资金的需求最为迫切时，市场为其提供流动性的意愿也相应降低，从而流动性风险演变为流动性危机。

（3）平衡流动性管理策略。该策略强调既储备一部分流动性，又从外部购入一部分流动性。对于预先可以掌握的流动性需求一般通过与资金供给者事先达成的信用安排来满足；突发性的流动性需求通常通过立即借款来解决；较长期限的流动性需求可以在事前做一些借款安排；在需要提高流动性时，也可以将部分资产变现来满足流动性。在采用平衡性流动性管理策略时，是较多地储备流动性还是较多地从货币市场借款，不同的银行有不同的选择。平衡流动性管理策略兼顾了安全和收益两方面的需要，较好地解决了风险和成本的矛盾。但它的问题是，用于满足流动性需求的资产变现和借款比例为多少才能使风险与成本的组合处于最佳状态，这是极难把握的。怎样在流动性和盈利性之间取得平衡，是银行流动性风险管理的核心和难点。

3. 流动性管理目标的选择

各家银行根据监管要求、市场环境、自身经营特点、风险偏好程度、风险承受能力等因素权衡流动性与盈利性，确定自身流动性管理目标，从而制定相应的流动性管理政策与策略。流动性管理目标表述分为定性表述和定量表述两类。

（1）定性表述。我们选取国内外上市银行公告中的流动性管理目标定性表述供大家参考。

美国富国银行：有效的流动性管理的目的在于，不论在正常环境下，还是富国银行自身发生的压力情景，或者整个市场普遍的压力环境下，银行都能够满足客户贷款需求、存款到期支付及其他现金需求。

摩根大通（JP Morgan Chase）：流动性管理旨在确保银行持有适当规模的流动性和融资组合以支持资产业务。流动性管理的主要目标是保证银行不论在正常经济周期中，还是在市场压力情况下，都能够开展核心业务以满足客户需求、到期支付及或有义务产生的现金流需求，同时维持适当的债务评级，使银行能够获得成本最低的流动性来源和最优融资组合。

美国银行（Bank of America）：流动性管理的主要目标是不论银行处于市场周期的什么阶段，包括压力时期，都能够向业务部门提供充足的资金。

中国工商银行：通过建立科学有效的流动性风险管理机制及对流动性风险实施有效的识别、计量、监测和控制，确保本行在正常经营条件及压力状态下，能及时满足本行资产、负债及表外业务引发的流动性需求和履行对外支付义务，有效平衡资金的效益性和安全性，并以此为基础，加强附属机构流动性风险管理和监测，有效防范集团整体流动性风险。

（2）定量表述。以定量形式确定的流动性管理目标包括两部分：流动性指标和限额。其中，流动性指标可以选择监管指标，也可以选择自身制定的管理指标；限额可以与监管要求保持一致，也可以比其严格。定量流动性管理目标中比较常见的是直接采用监管指标及其限额，如流动性比率、存贷比、流动性覆盖率（LCR）等。也有银行根据自身管理要求提出了独特的指标及限额，如美国银行设立了融资支持时间（Time to Required Funding）指标，用于计量在只能以全球流动性储备[①]（Global Excess Liquidity Sources）支付债务而不能发行新债务作为流动性来源的情况下，母公司能够持续满足支付非抵押合同支付义务的时间，以月为计量单位。美国银行对融资支持时间的管理目标是不少于21个月。

流动性管理目标的选择没有一定之规，适合自己的才是最佳的。总体来说，流动性管理的终极目标是保证银行在正常和压力环境下都具有充足的流动性以保证日常支付，同时又能将为了保证自身流动性安全缩短资产负债错配期限导致的流动性管理成本[②]降至最低。

① 全球流动性储备包括现金及高质量、未抵押的债券资产。

② 流动性管理成本是指银行配置流动性资产的机会成本。

4. 流动性管理方法

（1）计划管控。在年度、季度、月度业务经营计划中，应充分考虑资产负债表内外各项业务对流动性产生的影响，从总量和期限结构的维度保持资金来源与运用的大体平衡，避免因产品结构导致期限过度错配，引发流动性风险。同时，在制订计划时，还应模拟测算各项产品对关键流动性指标的影响，在指标大幅下降的情况下，应及时调整业务结构，以确保指标达标。

定期监测业务计划执行情况及其对流动性产生的影响。一方面，验证现行计划评估模型的科学性、准确性；另一方面，及时发现未纳入计划评估体系的新业务、新产品、新机构对流动性产生的影响，以便不断调整、修正计划测算模型的影响因素、参数设定及计算方法。

（2）头寸管理。头寸管理主要指银行日间流动性风险管理，即保持充足的日间头寸，及时满足正常和压力情景下的支付需求，维持备付在合理水平。

作为清算中介的银行每日要处理大量资金进出，大型商业银行的日清算量高达上万亿元。银行每天面临的市场形势和客户需求往往差别很大，简单套用单一的头寸管理目标和一成不变的操作模式显然是不科学的。因此，管理精细化的银行采取了头寸分级管理措施，即通过历史数据分析和市场资金形势判断，充分预估年度中间由于缴税、长假等特殊时点形成的资金需求，资本、外汇、债券市场波动，货币政策变化等外部因素对资金形成的扰动，按照流动性风险暴露程度，分级设定头寸管理目标。结合货币政策和市场资金形势变化，考虑存贷款波动、金融市场资金交易现金流、同业资产业务到期回流、法定存款准备金缴存或退回及中央银行公开市场操作等因素，有效计量每日的预期现金流入和流出总量，并据此匡算日终头寸，对比目标头寸要求，确定每日资金融入融出安排。同时，做好日间头寸监控，关注清算账户资金实时变动，建立大额资金收付预报机制，实时监控客户资金收付情况，借助历史数据分析、系统开发等手段，摸清日间资金流入流出时点规律，有效计量日间各个时点现金流入和流出的规模、缺口。充分考虑非预期冲击对日间流动性的影响，合理设定目标头寸和现金回流限额，确保日间信用额度、可用押品的充足和融资渠道畅通，及时调配资金，保持日间头寸充足。

（3）指标限额。根据监管要求和内部管理需要，银行可以对部分重要的流动性风险管理指标设置限额。流动性风险限额可以分为监管部门设立的监管指标限额和内部管理指标限额。

监管指标限额一般按照监管规则孰严的原则设定，应考虑的监管规则包括法定监管标准、地方性监管机构的个性化要求等。由于突破监管指标限额将可能面临严厉的制裁措施或造成负面市场影响，进而引发融资成本上升、筹资困难、声誉下降、业务萎缩等一系列不良后果。因此，银行必须定期监测监管指标达标情况，在指标恶化、接近监管标准时，就开展评估分析，及时采取解决措施，确保指标不被突破。

内部管理指标限额是根据银行自身管理要求制定的，设定和调整的考虑因素包括货币政策和市场资金环境、银行业务策略和活动、风险承受能力、融资能力、限额使用效率、收益能力、资本消化潜在损失的能力等。内部管理指标限额也应定期监测，一旦发现指标出现恶化趋势，可能突破限额水平，可启动超限审批程序，并采取有效措施使指标尽快恢复至限额以内。

指标限额不是一成不变的，应根据银行自身业务规模、性质、复杂程度、风险偏好、外部市场发展变化情况按年评估，必要时进行调整。

常用的流动性管理方法，除了基于正常情况下的计划管控、头寸管理、指标限额之外，还有压力测试和应急预案。为了应对极端不利因素对流动性形成的冲击，银行应该未雨绸缪，综合考虑市场波动、银行自身风险转化等因素，定期开展压力测试，提前预估压力情况对流动性量化影响，并事先设定应对预案。我们将在之后的两节中详细阐述。

三、流动性风险压力测试

（一）定义和目的

流动性风险压力测试是一种以定量分析为主的风险分析方法，通过测算银行在遇到假定的小概率事件等极端不利情况下可能发生的资金流失，分析这些流失对银行对外支付的负面影响，进而对单家银行、银行集团和银行体系的脆弱性作出评估和判断，并采取必要措施。

与日常经营的情景分析不同，压力测试主要关注极端情景，如2013年6月“钱荒”事件。尽管这些极端事件发生概率很低，但一旦发生，产生的后果非常严重，一家审慎经营的商业银行应时刻关注自身能够抵御极端风险的能力。但商业银行对压力测试重要性的认识有一个过程。早期银行作为经营风险的企业，流动性风险管理的大部分时间和精力用在日常融资、风险计量和控制上。2008年国际金融危机以后，银行业认识到，即便银行在资本充足和资本质量得到保证的前提下，也容易因流动性问题造成崩溃的局面，银行既要管控好日常流动性风险，还要管好极端风险，压力情景下流动性管理甚至比正常情况下流动性管理更重要，因为正常情景下发生流动性风险只是付出一定财务代价，而严重的流动性危机通常决定银行的生死。

2008年国际金融危机后，巴塞尔协议Ⅲ出台，除了对资本提出更高要求外，引入了两个流动性监管新指标，即流动性覆盖率和净稳定融资比例，这也是流动性管理方面第一次提出全球统一的量化指标。两个指标计量标准和监测范围都和压力测试结合起来，给定了各种风险因素的压力情景，银行可以通过调整存款流失比例等系数，灵活地生成各种情景压力测试结果。目前风险因素包括：存款流失；融资能力下降；资产质量下降；追加衍生品交易的抵押品；声誉损失；因大量信用风险、市场风险或操作风险暴露所造成的清偿力或盈利能力大幅下降。

（二）压力测试种类

压力测试分为常规压力测试和临时性压力测试。根据《商业银行流动性风险管理办法》，商业银行应至少每季度执行一次常规压力测试。临时性压力测试主要是在出现市场剧烈波动等情况下或在监管要求下，针对特定压力情景进行的临时性、专门的压力测试。

（三）压力测试职责

流动性管理部门应该牵头实施集团层面的压力测试。其中，子公司部分可以让每个子公司单独进行，尤其大型商业银行，其基金、信托、保险等非银行类子公司应按照自身行业标准进行测试，最后由集团流动性管理部门进行汇总分析，生成集团测试报告。

（四）压力测试流程

流动性风险压力测试流程主要包含明确测试对象、选择承压指标、确定风险因素、设计压力情景、执行压力测试、分析测试结果、执行相关政策。

1. 明确测试对象

（1）测试对象从机构角度，可以分为集团层面、法人层面、境内机构和各子公司等。

（2）测试对象从币种角度，可以分人民币、美元和欧元等，对于外币业务较少占比不高的银行，也可以选择外币合计进行测试。

（3）测试对象从业务组合角度，通常包括表内所有资产和负债项目，对于表外业务占比较高的银行，还应包含对其有重要影响的表外业务，如金融衍生产品、不可撤销的贷款承诺、银行承兑汇票和保函等业务。

2. 选择承压指标

承压指标通常应满足两个基本条件：一是可以解释测试者关心的问题，并具有实际的意义，也就是说，不应为了某次压力测试而重新设计指标，这些指标在正常情景下也是有意义的；二是与压力因素存在关联关系，即在压力情景下测试指标会有极端的不良表现。

监管指标、内部管理指标和现金流缺口都可以作为承压指标。因为不同的测试主体关心的压力测试目标不同，可能导致选取的指标有所差异，如监管机构更关注与银行整体的流动性风险水平，因此监管指标和现金流缺口就是很好的选择。例如，人民银行牵头开展金融稳定压力测试中的流动性压力测试，承压指标就选择了流动性比例、7天现金流缺口和1个月现金流缺口。而商业银行更关注自身的流动性风险，因此内部管理指标和现金流缺口是其更好的选择，现金流缺口可以选择7天缺口、1个月缺口和3个月缺口等。

3. 确定风险因素

我们无法计量和监测不为我们所知的东西，而要管理风险，首先要了解引起风险的因素。

流动性风险因素可能来源于外部事件，如中央银行紧缩货币政策、债券市场流动性大幅下降、经济衰退等。发达国家货币政策调控经常使用价格工具，通过调控利率实现政策目标。但我国由于利率市场化尚未完成，价格工具传导效果较差，货币政策经常采用数量工具，通过调整法定存款准备金率和发行定向中央银行票据来实现宏观调控。其中，法定准备金率调整对银行流动性影响显著，是目前国内银行流动性风险压力测试中主要考虑的因素之一。

流动性风险因素也可能是自身经营问题。商业银行的风险可分成流动性风险、信用风险、市场风险、操作风险和声誉风险等类型，在现实中，流动性风险大多伴随其他风险产生。例如，信用风险、市场风险和操作风险都可能直接转化为流动性风险，如果处理不当，银行声誉受损而引发声誉风险，将加剧银行的流动性风险。在所有风险中，声誉风险对流动性冲击最大。银行的经营不善很少直接来源于流动性管理，但银行（所有企业）的倒闭破产清算都体现为最终流动性不足，所有其他风险如果不能有效控制，最后都会转化成流动性风险（见表6-2）。

表6-2　其他风险对流动性风险的转化

风险类型	风险因素	对流动性直接影响
信用风险	贷款不良率上升	（1）现金回流减少，无法及时足额收回贷款本金和利息； （2）无法通过出售贷款资产获得资金
	投资债券违约	（1）现金回流减少，无法及时足额收回投资本金和利息； （2）流动性储备减少，无法通过回购或出售违约债券获得资金
	同业交易对手违约	现金回流减少，无法及时足额收回存放同业存款和无担保拆借本金和利息
市场风险	利率大幅上升	可能增加融资成本、需要追加抵押债券等
	汇率大幅波动	可能增加现金流出

续表

风险类型	风险因素	对流动性直接影响
操作风险	资金损失	增加现金流出
声誉风险	同业存款流失	短期内现金流出大幅增加
	企业存款流失	短期内现金流出大幅增加
	储蓄存款流失	短期内现金流出大幅增加
	融资能力	（1）轻微时融资成本提高； （2）严重时无法获得融资，如无法获得信用拆借、无法发行债券或股票

4. 设计压力情景

任何一种压力因素最终都会通过时间、成本和数量三个方面影响到具体的承压指标，反映出流动性风险的大小。压力情景设计主要是量化风险因素在不同极端环境下的变化情况。通常，压力情景可分为轻度、中度和重度三种情景。理想的压力测试情景应具备以下几个特点：一是具备前瞻性，能够体现出未来变化，即靠以往历史变化无法涵盖的新情景；二是日常管理关注的因素是相对较小的变化幅度，而压力测试应该是剧烈变动；三是体现出外部经济环境对测试的影响；四是所模拟的情景应具备在现实中发生的可能性，尽管有时这种可能性出现的概率很低；五是根据不同的测试时点设置不同的情景，历史极端点是设置情景的重要参考。例如，考虑到每年第一季度由于春节因素，中央银行通常会向市场投放流动性以满足民众大规模取现需求，这时压力情景设置可以相对弱一些。在经济周期处于通胀或通缩的不同时点进行压力测试，对极端的定义也应有所不同。

压力情景设计方法通常包括历史情景法、专家情景法、模型法和混合法。

（1）历史情景法。历史情景法是从已有的历史数据中选取极端情景，既可以用银行自身经历的情景，也可以采用与银行类似的国内、外同业经历的情景。

历史情景法的优点：一是简单，不需要大量的建模工作；二是客观，以历史数据作为依据，大量减少了人为假设；三是实用，商业银行应该了解并定期检验如果同样“灾难”重演，银行所面临的风险及自身的抵抗能力。

历史情景法的缺陷：一是历史不会简单地重复，商业银行所要面对未来的市场结构和经济环境会随着社会的发展有所变化；二是需要进行压力测试的极端事件很可能是历史上没有发生过的，如中国多年来外汇占款大幅增长，但短期持续大幅下降的情景还没有发生过，因此无法用中国历史数据测试“热钱”大量外流对中国商业银行流动性的影响。

（2）专家情景法。专家情景法是基于专家经验和判断对压力情景进行设定。具体执行时可以组成专家团队，团队成员通常包括资产负债管理部门、金融市场交易部门、风险部门和业务部门。

专家情景法的优点：一是简单，不需要大量的建模工作；二是有前瞻性，专家组可以结合当时的社会和经济环境进行情景设计，弥补了历史情景法的不足。例如，某欧美商业银行（A银行）做压力测试时，曾经假设当时一国际知名大型商业银行（B银行）出现倒闭危机，会给自身带来什么影响，并据此提出防范措施计划。2008年，该B银行由于持有大量次贷产品和过度参与金融衍生品交易导致出现倒闭危机，A银行由于预先设定了防范计划，在危机中得以幸免，由此可以看出压力测试的重要性。

专家情景法的缺陷：主观性较强，缺少比较的基准，容易造成各机构的压力测试结果无法比较分析。

（3）模型法。模型法是利用统计建模方法设计情景。该方法主要用于信用风险和市场风险领域，流动性风险很少应用，主要因为：一是该方法依赖数学统计，无法给出情景发生可能性的任何信息，生成的情景可能脱离实际；二是流动性风险压力测试通常关注多个因素同时变化的影响，因此还需要建立模型来模拟不同变量之间的关系。

（4）混合法。混合法是利用历史数据，结合专家判断设置压力情景。在目前中国缺少历史数据积累，而且很多极端情况尚未出现的情况下，该方法是一种较好的选择。

中国人民银行牵头开展金融稳定压力测试情景见表6-3。

表6-3　中国人民银行牵头开展金融稳定压力测试情景

测试时间		资产流动性风险	负债流动性风险
7日	轻度压力情景	有价证券价格下跌2%	存款（活期存款和定期存款总额，下同）流失2%，同业存款和拆入规模下降10%
	中度压力情景	有价证券价格下跌4%	存款流失4%，同业存款和拆入规模下降30%
	重度压力情景	有价证券价格下跌6%	存款流失6%，同业存款和拆入规模下降50%
30日	轻度压力情景	30日内到期贷款转为不良贷款的比率为4%，有价证券价格下跌4%	存款流失4%，同业存款和拆入规模下降10%
	中度压力情景	30日内到期贷款转为不良贷款的比率为7%，有价证券价格下跌7%	存款流失6%，同业存款和拆入规模下降30%
	重度压力情景	30日内到期贷款转为不良贷款的比率为10%，有价证券价格下跌10%	存款流失8%，同业存款和拆入规模下降50%

中国银保监会最新发布的《商业银行流动性风险管理办法》中，也给出了13种参考情景，具体如下：

①流动性资产变现能力大幅下降；

②批发和零售存款大量流失；

③批发和零售融资的可获得性下降；

④融资期限缩短和融资成本提高；

⑤表外业务、复杂产品和交易对流动性造成损耗；

⑥交易对手要求追加抵（质）押品或减少融资金额；

⑦主要交易对手违约或破产；

⑧信用评级下调或声誉风险上升；

⑨母公司或集团内其他机构出现流动性危机；

⑩市场流动性状况出现重大不利变化；

⑪跨境或跨机构流动性转移受到限制；

⑫中央银行融资渠道发生重大变化；

⑬银行支付清算系统突然中断运行。

但银行在实际中不能直接应用，还要对其细化，如应该明确批发存款流失比例、零售存款流失比例、融资成本升高具体数值和流动性资产变现的折扣系数等。

监管情景与银行资产负债项目之间的关系见表6-4。

表6-4　监管情景与银行资产负债项目之间的关系

	银行资产负债项目		监管规定压力情景	情景假设具体应用
资产	现金及存放中央银行款项		批发和零售存款大量流失；信用评级下调或声誉风险上升；母公司或集团内其他机构出现流动性危机	客户存款流失法定存款准备金退回部分
	存放同业款项		主要交易对手违约或破产	交易对手违约，存放同业无法到期收回比例
	拆放同业		主要交易对手违约或破产	交易对手违约，拆放同业无法到期收回比例
	买入返售资产		主要交易对手违约或破产	交易对手违约，买入返售无法到期收回比例
	各项贷款		主要交易对手违约或破产	贷款不良率上升，贷款无法到期回收比例
	债券投资和债权投资		主要交易对手违约或破产	债券投资无法到期兑付比例
负债	向中央银行借款		信用评级下调或声誉风险上升；中央银行融资渠道发生重大不利变化；母公司或集团内其他机构出现流动性危机	中央银行借款到期，中央银行不同意叙做借款比例
	同业存放款项	同业存放活期款项	批发和零售存款大量流失；信用评级下调或声誉风险上升；母公司或集团内其他机构出现流动性危机；市场流动性状况出现重大不利变化	同业存放活期流失比例
		同业存放定期款项	批发和零售存款大量流失；信用评级下调或声誉风险上升；母公司或集团内其他机构出现流动性危机；市场流动性状况出现重大不利变化	同业存放定期款项到期流失比例
	同业拆入		批发和零售融资的可获得性下降，融资期限缩短和融资成本提高，交易对手要求追加抵（质）押品或减少融资金额，信用评级下调或声誉风险上升；母公司或集团内其他机构出现流动性危机，市场流动性状况出现重大不利变化	同业拆入到期交易对手不同意叙做借款比例
	卖出回购款项		批发和零售融资的可获得性下降，融资期限缩短和融资成本提高，交易对手要求追加抵（质）押品或减少融资金额，信用评级下调或声誉风险上升；母公司或集团内其他机构出现流动性危机，市场流动性状况出现重大不利变化	卖出回购款项到期交易对手不同意叙做借款比例
	各项存款	个人活期款项	批发和零售存款大量流失，信用评级下调或声誉风险上升；母公司或集团内其他机构出现流动性危机	个人活期款项流失比例

续表

	银行资产负债项目		监管规定压力情景	情景假设具体应用
负债	各项存款	个人定期款项	批发和零售存款大量流失，信用评级下调或声誉风险上升；母公司或集团内其他机构出现流动性危机	个人定期款项到期流失比例
		对公活期款项	批发和零售存款大量流失，信用评级下调或声誉风险上升；母公司或集团内其他机构出现流动性危机	对公活期款项流失比例
		对公定期款项	批发和零售存款大量流失，信用评级下调或声誉风险上升；母公司或集团内其他机构出现流动性危机	对公定期款项到期流失比例
	发行债券		批发和零售融资的可获得性下降，信用评级下调或声誉风险上升；母公司或集团内其他机构出现流动性危机，市场流动性状况出现重大不利变化	发行债券到期叙做比例

5. 执行压力测试

根据不同压力情景，通过系统或手工计算测试结果。下面以现金流缺口为例简要介绍计算方法。

（1）生成未来1个月内原始合同期限现金流缺口。有确定期限产品均采用合同期限，活期存款视同1年以上到期存款，不考虑客户行为（定期存款提前支取、贷款提前还款、定期存款滚存）和新业务，其他资产和其他负债根据审慎原则，资产方项目放入长期期限（如作为1年以上现金流入），负债方项目放入短期期限（如作为1个月内现金流出）。

（2）根据假设情景计算产品未来各个期限的流失值。流失值是指压力下负债的流失值或折价出售资产的损失值或资产冻结的部分，为现金流出或流动性下降。根据情景假设给定的流失比率进行计算，以1个月内期限为例：

①法定存款准备金增缴额作为现金及存放中央银行款项1个月内流失值。

法定存款准备金增缴额=一般性存款余额×法定存款准备金上调比率

②定期存款流失值=（定期存款基础分析日余额–1个月内定期存款到期量）×定期存款流失比率

③活期存款流失值=活期存款基础分析日余额×活期存款流失比率

④贷款到期回收流失值=1个月内累计贷款到期量×到期贷款转为不良贷款比率

⑤压力情景下出售投资现金流入=（投资余额–1个月内累计投资到期量）×（1–有价证券价格下跌比率）

（3）根据原始合同期限现金流缺口和各个期限的流失值生成压力情景下各期限现金流缺口。

6. 分析测试结果

分析不同压力情景下承压指标，对于测试结果进行解释，以便管理层理解测试目的和测试反映的问题，重点关注可能带来的损失或风险，看银行能否承受压力情景下相应损失，并研究相关对策，提出政策建议。

根据测试结果分析，撰写《压力测试报告》并报送高管层审阅。压力测试报告内容应包括但不限于：压力测试目的、测试过程、测试结果、结果分析和相关政策建议。

7. 执行相关政策

根据高管层批示结果，流动性风险管理部门负责牵头相关部门落实管理措施。

四、突发事件和流动性危机的应急处理

2007年8月，美国次贷危机爆发，并迅速传染到欧美房地产市场、信贷市场、债券市场和股票市场。因金融机构间信心缺失导致的信贷紧缩很快从美国蔓延到欧洲，以银行间同业拆借为主要资金来源的英国北岩银行由此出现了融资困难，在2007年9月连续几天发生了挤兑事件，成为次贷危机影响欧洲金融业的标志性事件。

北岩银行是英国150年来首次，也是唯一的一次出现挤兑的银行。挤兑事件发生之前，北岩银行一直是英国银行业经营理念最为大胆、敢于创

新、发展速度最快的银行之一。2006年下半年和2007年上半年，其销售增长一直维持在35%左右的较快速度。而从挤兑前几年的ROA（资产利率率）、ROE（资本利润率）和ROC（变动率）等指标表现来看，北岩银行的利润创造能力强劲、稳定。在这样的背景下，挤兑突然爆发于一个高成长性银行身上有些出人意料。

无独有偶，时隔一年，2008年9月14日，作为最大的香港本地银行，有着百年历史的东亚银行，一向在业界以经营稳健、业绩良好著称，却受到谣言影响，陷入“短信门”而遭到数千存款人的挤兑。

上述案例促使我们认真思索一个问题：商业银行，特别是中国商业银行在大力推进市场化、国际化的进程中，应该如何应对此类突发事件和流动性危机？

（一）突发事件与流动性危机

突发事件是指突然发生的不平常的大事情，而危机是指人或系统难以应对的剧变。两者联系紧密，突发事件往往是引起危机的关键事件，但并不是所有的突发事件都会导致危机。

1. 突发事件

本章中，银行流动性风险突发事件指商业银行各级分支机构在参与人民银行大额支付系统资金清算中的突发事件，主要指以下三种情况：

（1）商业银行资金调拨系统或人民银行大额支付系统与资金调拨系统接口出现故障，导致资金调拨系统无法录入资金调拨申请，错过规定的日间资金头寸调拨时间，但在人民银行大额支付系统业务截止时间前恢复的。

（2）在人民银行大额支付系统业务截止时间前1个小时，预计商业银行的分支机构在人民银行的清算账户将发生透支。

（3）在人民银行大额支付系统清算窗口时间结束前，商业银行的分支机构在人民银行的清算账户发生透支。

2. 流动性危机

古希腊人认为，危机是“人或事件潜在含义浮现的时刻”或“病人自愈能力能否战胜病症，机体能否康复的转折点”[①]。这也是危机的两个经典含义。现实中，人们对“危机”一词的使用多基于具体的语境。

银行危机是危机的一种，具有危机的一般特征，如剧变、熵增、系统性、主观性和相对性等。但是由于银行危机对社会经济生活的影响更大，因此更加需要重视。

本章对危机的讨论仅限于商业银行流动性，是指一个或一个以上营业机构或子公司发生群体性挤兑事件，或者虽然未发生挤兑事件，但是全行头寸持续紧张，必须被动地以高于市场的价格持续大量融入资金以满足流动性需求的情况。

（二）挤兑

挤兑，无疑是流动性风险中最常见，并且也是最可怕的一种表现形式。所谓挤兑是指存款者从一家银行提取很多或全部存款。一家银行可能会因信用下降或受到不利传闻影响等原因，出现存款人集中大量提取存款的情况。因此挤兑是一种突发性、集中性、危害性较强的流动性危机。

根据信息经济学的理论，银行和存款人之间存在着严重的信息不对称。一旦银行出现支付困难，就极易引起存款人的恐慌并导致挤兑。许多案例表明，银行的支付危机一般会经过以下几个阶段：流动性不足—支付困难—信心缺失—引发挤兑—倒闭清算。其中，存款人的信心危机是将银行推向倒闭的关键。

如果一家银行的挤兑传播到与其相关的其他银行，就会产生银行业的流动性系统危机，带来以下两个方面的影响：

（1）破坏支付系统功能。银行业一般承担着一国支付系统的职能，与经济体系中的各类经济实体存在着复杂的债权债务关系。如果一个国家的支付系统出现问题，那么对整个经济体系的破坏力是十分巨大的。

（2）危及金融系统安全及国民经济的稳定。不管银行是由于什么原因

① O'CONNOR JAMES. The Meaning of Crisis: A Theoretical Introduction [M]. Oxford: Basil Blackwell. 1987: PP.54-55.

失败，存款人都会重新审视和思考整个银行系统的安全性、稳健性，重新评价其他银行的财务状况，对其他银行产生溢出效应。这种溢出效应甚至会突破银行系统扩大到金融体系、国内宏观经济及其他国家。

历史上，在香港回归前就发生过几次大规模的流动性危机①。1965年香港发生了大规模的银行挤兑，首先从明德银号开始，继而波及广东信托商业银行，最后终于爆发了对多家银行的挤兑，恒生银行、广安银行、道亨银行和永隆银行都遭到挤兑风潮的冲击，“整个市场已犹如一把火烧遍”。为了平息风潮，当局及有关部门采取了许多措施，如汇丰银行、渣打银行等宣布无限量支持受挤兑银行，外汇银行公会宣布不准提取定期存款等，同时动用各种宣传手段恢复存款者信心。挤兑风潮持续了将近半个月才得以平息。20世纪80年代又爆发了银行危机，数家银行受到冲击，恒隆银行发生的挤兑是整个危机的开始。

从上述分析可以看出，银行业流动性危机的主要诱发因素是挤兑，个别银行发生挤兑事件，会通过一定渠道在整个银行系统内传导，致使其他银行受到流动性危机的牵连和影响。那么，商业银行应如何应对这一“致命”的冲击呢?

（三）应急处置措施

1. 突发事件应急处理

一般的流动性管理都比较重视挤兑等流动性危机的处置，但是，突发事件处理不好往往会导致严重后果，引发流动性危机，包括挤兑。因此，有必要专门针对系统故障等突发事件制定专门的处置预案。

2013年6月23日上午，工商银行由于系统升级故障突然造成柜台、ATM和网银交易的大面积“瘫痪”，当天下午业务开始恢复。由于恰逢国内市场资金紧张，银行间市场出现“钱荒”，工商银行业务暂停的消息一时间引起众多猜测，市场传闻工商银行因资金短缺导致暂停支付，甚至有消息称工商银行已经出现了挤兑。后工商银行通过微博澄清，证实为一场虚惊。作

① 包永全．银行系统性风险及其防范与控制研究[M]．北京：中国财政经济出版社，2006.

为当时全球市值排名第一的银行，工商银行仅因为暂时的系统故障就出现挤兑传闻，幸而及时应对，没有造成更大规模的不良影响，足以引起所有商业银行对突发事件的处理高度重视。

为了提高应对资金管理突发事件的能力，规范资金业务操作，防范支付清算风险，商业银行应建立资金管理突发事件处理组织体系，制定相应的突发事件应急预案，明确处置突发事件的工作原则，制定突发事件的应急处理措施。

（1）处置突发事件的工作原则。

①防范风险原则。增强防范流动性风险的意识，加大对头寸的监控和管理力度，发现预期头寸不足将会导致资金无法清算的，应提前做好调拨资金的准备，切实保证有足额资金进行清算。

②“先直后横”原则。预期日终头寸不足，无法进行日终清算时，应积极从系统内调拨资金，同时联系当地同业做好资金融通的准备。只有在系统内无法满足资金需求的情况下，才能向当地同业拆借、向人民银行再贷款或启动债券质押。

2015年12月31日，受股票市场波动、同业客户大额提款、一般性存款骤减等多重因素影响，某商业银行在年终决算时预计在人民银行的清算账户将出现大额透支，流动性出现极度紧张。该银行立即采取应急措施：首先梳理系统内全部清算账户余额，紧急通知各分支机构除保证当天业务清算外其余资金全部上汇；其次暂停同业资产增长，并选择性停止贷款发放和债券投资，将系统内回流资金全部用于弥补流动性。在上述措施完成后，该银行通过评估剩余资金缺口，最大限度地从货币市场融资，并积极寻求中央银行融资便利，最终在系统业务截止时刻之前补足头寸，确保了业务的及时清算。此事件给该行流动性管理敲响了警钟，自此以后，加强了前期的系统内账户管理和头寸运算，强化了流动性风险的预警机制建设。

③分级管理原则。依据应急预案和现行支付体系，发生突发事件时，上级行负责及时向下级行调拨资金。各级分支机构应结合自身特点，负责制定辖内机构的应急预案，并组织实施。

（2）应急处理流程。

在多点清算模式下，总分行等各级机构在人民银行都开立了清算账户。由于客户收付款等行为，造成不同账户之间资金分布不均，必须通过上下汇解决资金平衡问题。正常情况下，银行内部资金调拨系统与人民银行大额支付系统相连接，上下汇通过上述通道可以顺利进行。但是一旦出现系统故障，如何处理呢？下面以某全国性银行的应急处理流程为例来说明。

①错过日间资金头寸调拨时间的应急处理。资金调拨系统与人民银行大额支付系统的接口出现故障，错过规定的日间资金头寸调拨时间，下级行资金管理部门应及时向上一级行报告。报告内容包括故障发生原因、时间、影响程度、相关部门排除故障的进度、预计修复时间等信息。下级行可先填制包括调拨类型、调拨金额等信息的下汇资金申请表，并加盖部门公章或资金专用章，传真至上级行申请下汇资金。上级行接到下级行下汇资金申请表后，通过人民银行大额支付系统进行资金调拨。下级行必须于当日下班前将该笔资金调拨申请补录到系统中，并电话通知上级行，以免重复记账。

②预计在人民银行的清算账户将发生透支的应急处理。下级行预计在人民银行的清算账户将发生透支，应立即向上级行报告并申请下汇资金。报告内容包括突发事件原因、下汇金额、调拨类型等信息。上级行接到下级行报告后，立即核准下汇资金申请，通过人民银行大额支付系统先将资金下汇至下级行，及时弥补人行头寸不足。

总部预计在人民银行的清算账户透支时，应查询各一级机构在人民银行头寸账户余额，并与一级机构电话沟通，在不影响正常清算的前提下，要求资金富余的其他一级机构尽早上汇。系统内资金调拨不能满足需求时，总部资金管理部门应及时与资金交易部门取得联系，通过资金交易部融入资金或启动债券质押。必要时，应立即与人民银行取得联系，申请延长大额清算业务处理时间。

③清算窗口时间账户透支的应急处理。下级行收到当地人民银行发来的“清算窗口打开”信息后，应立即将此情况报告上级行，同时上报下汇资金的金额、调拨类型，填写下汇资金申请表，加盖部门公章或资金专用

章，传真至上级行。上级行接到报告后，立即发起弥补头寸不足类的大额支付业务，补充一级机构资金，并通知下级行。下级行必须于当日系统结账前补录该笔资金调拨申请，并电话通知上级行，以免重复记账。

如果总部无法满足资金需求，一级机构应立即与建立合作关系的同业机构拆借资金。在同业拆借不能满足清算资金需求时，还可向人民银行申请再贷款。各一级机构应建立“隔夜拆借资金快速审批通道”机制，需要进行同业拆借或申请人民银行再贷款时，迅速启动该机制，以便在最短时间内完成行内审批流程，并最迟于突发事件的第二个工作日将处理结果报告总部流动性管理部门。

2. 流动性危机应急处理

商业银行应建立危机处理组织体系，制定相应的流动性危机管理应急预案，界定危机等级，明确危机信息报告内容、时限和路径，制定应急处理及善后措施。

（1）组织机构。

在应急计划中，应事先规定总部及各一级机构应设立流动性危机应急处置领导小组，全面负责危机应急处置工作。行长或行长授权的其他高管人员任组长。流动性风险管理部门、金融市场部门、营运部门、公关部门、安保部门、技术部门及各主要业务部门的负责人为领导小组成员。领导小组为非常设机构，领导小组组长根据处置工作需要可以指令相关职能部门设置情报信息、技术保障、现场处置、政策咨询、法律顾问、媒体应对等专家咨询小组。领导小组下设办公室，日常工作可由流动性风险管理部门承担。总分机构流动性应急领导小组成员名单及联系方式应定期更新。海外机构和境外子公司应根据所在国家或地区的法律规定，依据总部规定制定相应的流动性危机应急预案处理细则，并依据相关规定报总部和当地监管机构备案。

（2）监测预警以及应急预案的启动。

银行应设定预警指标并严密监测其变化情况，可以参考的监测预警指标有：

①总部头寸持续低于目标控制值；

②被迫持续从市场净融入资金用于补充流动性；

③资产快速增长，负债波动性显著增加；

④资产或负债集中度上升；

⑤负债平均期限下降；

⑥批发或零售存款大量流失；

⑦批发或零售融资成本上升；

⑧难以继续获得长期或短期融资；

⑨期限或货币错配程度增加；

⑩流动性风险指标多次接近内部限额或监管标准；

⑪表外业务、复杂产品和交易对流动性的需求增加；

⑫银行资产质量、盈利水平和总体财务状况恶化；

⑬交易对手要求追加额外抵（质）押品或拒绝进行新交易；

⑭代理行降低或取消授信额度；

⑮信用评级下调；

⑯股票价格下跌；

⑰出现重大声誉风险事件。

一旦发现出现上述预警指标，立即分析原因及发展趋势，酌情决定是否需要提请领导小组启动应急预案。需要指出的是，银行流动性受到宏观市场环境、银行经营情况、流动性管理策略等多重因素影响，预警指标的设置不能过于僵化，也不能仅凭某一项指标的异常变动就启动流动性风险应急预案。比如，某银行因客户大额定期存款集中到期，造成头寸下降至目标值以下，只得从货币市场融入资金满足日常支付，3天后将有大额债券到期，回流资金足以弥补资金缺口。在这种情况下，尽管已经出现了两种预警信息，但是通过分析可以确定银行面临的流动性风险较小，没有必要启动应急预案，否则将给银行收益和客户关系带来不利影响。

（3）流动性危机等级的界定。

依据影响的程度，流动性危机分为四个级别：特别严重的流动性危机（Ⅰ级）、严重的流动性危机（Ⅱ级）、比较严重的流动性危机（Ⅲ级）和一般流动性危机（Ⅳ级）。其中，特别严重的流动性危机（Ⅰ级）指商业银行整体头寸持续紧张，必须被动地以高于市场的价格持续大量融入资金以满足流动性需求；严重的流动性危机（Ⅱ级）指发生涉及商业银行所属的两个或两个以上一级分行或子公司，影响全国或局部地区金融秩序或银行正常经营的挤兑事件；比较严重的流动性危机（Ⅲ级）指发生涉及商业银行所属的两个或两个以上二级分行，影响全省（区、市）或局部地区金融秩序或银行正常经营的挤兑事件；一般流动性危机（Ⅳ级）指发生涉及商业银行所属的一个或一个以上基层网点机构，影响本地区金融秩序或银行正常经营的挤兑事件。

当危机等级指标介于两个级别之间，应按较高级别危机处理。处置危机过程中，如果事态升级，则应及时调整危机级别，并按升级后的级别调整处置预案。

（4）流动性危机信息报告。

商业银行的各级分支机构需加强对危机信息的收集、分析、管理、监测、跟踪。根据非现场监管、现场检查、中介机构审计及其他渠道所获信息，及时对危机风险信息和状况作出判断，并出具相应信息报告，达到有效预防和妥善处置的工作目标。紧急情况先电话报告，后补书面报告。

信息报告的主要内容包括：发生危机的机构名称、地点、时间；造成危机的主要原因及事件的等级、规模、危害或损失程度、影响范围、社会反应等情况；事件发展趋势预测和已采取的控制措施；对平息事态提出意见和建议。

发生危机的分支机构要在1个小时内分别报告上一级机构资金管理部门、安全保卫部门和公共关系管理部门。上级行安全保卫部门和公共关系管理部门接到报告（或电话）并初步核实有关情况后，报送资金管理部门。资金管理部门及时上报领导小组，并按照国家有关法律、法规的报告规定时限报告监管机构，随时关注事态发展，及时报送后续情况。

（5）流动性危机的处置措施。

①严重的流动性危机（Ⅱ级）、比较严重的流动性危机（Ⅲ级）和一般流动性危机（Ⅳ级）的应急处置措施。根据流动性危机的严重程度，银行可以采取的资产方应急措施依次为：降低资产增长速度、资产投放零增

长、资产到期回收资金且不增加新的资产投放、变卖未到期资产。具体包括：暂停拆出资金、买入返售证券、存放同业定期款项、买入返售票据、买入返售信贷资产、代理同业委托付款、非银行金融机构借款等同业资产业务到期资金全部回流，用于补充流动性；暂停债券投资，必要时出售债券，回流资金补充流动性；控制贷款新增进度，必要时暂停贷款发放。

负债方应急措施包括：提高同业存款内外部价格，稳定同业存款规模，防止出现大幅下降；通过回购、同业拆入、外币掉期等方式，尽量在同业市场最大限度融入资金；提高理财资金存款价格，增加理财产品发行期数和规模，扩大理财资金来源；向人民银行申请资金支持；在批发市场上发行CD（大额可转让债券）等债券，增加同业资金来源等。对于国内银行机构来说，人民银行提供的资金支持渠道有公开市场逆回购、短期流动性工具（SLO）、常备借贷便利（SLF）、再贷款等。

其他应急措施还包括：总部统一组织安排资金在各机构之间的调配，及时足额地向发生危机的机构补充资金。分支机构接到上级行划来资金后，应在规定时间内将资金下汇到发生挤兑的下属机构的人民银行账户或清算行账户。清算系统发生故障时可直接到当地人行柜台办理资金汇划，并适当延长时限。

②特别严重流动性危机（Ⅰ级）的应急处置。除了①中提及的应急处理措施外，还可以由银行高管层代表银行向监管部门或中央银行提出申请，由监管部门或中央银行向公众发布声明承诺向银行提供协助，稳定公众信心；也可以向中央银行提出申请，动用法定存款准备金以应对危机。

应该说明的是，紧急情况下，银行应急处置措施有很多种，具体措施的实施顺序不是一成不变的。银行何时采取什么措施，要结合资金缺口规模和期限、资产市场价格和市场流动性、负债成本和市场容量、应急措施对银行声誉的影响等因素综合考虑。

（6）善后处理。

针对流动性危机对外信息发布和新闻报道，应该提前制定应对预案并遵照执行。危机处置完毕，银行应尽快归还临时借款，恢复贷款提款安排。如果在危机期间，客户关系受到影响，应尽快采取措施恢复建立客户关系。及时对事件和处置工作进行评估与总结，并将评估和总结报告送董事会和监事会。发生挤兑事件的一级机构或子公司要在评估与总结的基础上进行整改工作，包括完善相关规章制度、恢复经营秩序措施、风险预警机制及落实相关工作的时间表等，并及时向总部提交整改报告，总部其对整改工作组织验收。造成危机的责任人员或处置危机不力的人员，依据集团违规失职行为处理相关规定追究直接责任人与相关负责人的责任。对在危机处置过程中表现突出并作出贡献的单位和个人，给予一定奖励和表彰。

专栏6-1　香港东亚银行流动性危机应急处置的案例

2008年9月23日，一则通过手机短信传播的利空谣言——“持有雷曼兄弟债券的东亚银行也不行了”，称该行受雷曼兄弟控股公司破产及美国国际集团被政府接管拖累，面临清盘倒闭。随着这则手机短信的四处传播，9月24日，成百上千名香港市民在该行网点前排起长队取款。这也是自十多年前爆发亚洲金融危机以来，香港首次遭遇银行挤兑。

当天下午3点半，东亚银行管理层紧急召开记者会向外界澄清事实。随后，香港金管局总裁任志刚、香港财政司司长曾俊华、香港特别行政区行政长官曾荫权都公开力挺东亚银行。接着，东亚银行股东中银香港和长江实业主席李嘉诚也站出来，分别以发表声明和入市大笔买入东亚股份的措施支持东亚银行。截至9月25日下午，这场挤兑风潮逐渐平息。

1. 总部层面的应对

一是事发当日，东亚银行立即召开记者会澄清事实，公布延迟营业时间、满足客户提款需求，并表明已通知警方协助调查造谣者。二是多方努力，积极争取监管当局和股东的大力支持。三是在应对挤兑的宣传措施方面，严密部署，银行内部制定统一对外答复口径，以避免银行各部门在危机处理过程中回答外界疑问时因口径不统一可能造成的风险。

2. 子公司层面的应对措施

一是紧急启动“紧急应变中心”；提高库存现金限额，增加现金储备。二是筹措资金，提高流动性比例10个百分点。三是及时与当地监管机构沟通。四是召开媒体发布会，澄清事实。

3. 分行层面的应对措施

一是立即启动分行流动性应急预案，成立分行应急小组。二是将存款现金增至分支行最高限额，确保ATM机具内现钞充足。三是落实应急处置措施。分行管理层立即召开有关部门主管会议，就可能出现的突发情况进行逐项分析，整理出应对方案，安排人员分别落实。四是紧急约见监管机构，提交关于母行挤兑事件的书面报备材料。五是拜访重要同业，争取合作银行的理解与支持。

五、流动性风险管理存在的问题

我国商业银行总体流动性风险可控，2018年上半年商业银行流动性比例、流动性覆盖率的平均值分别为52.42%、131.26%，分别高于监管标准27个百分点、31个百分点。但是个别地方性金融机构管理水平较低，在资金面趋紧的市场环境中，流动性风险问题凸显。

（一）银行层面

受金融脱媒、利率市场化、金融格局新变革等内外部环境因素的影响，商业银行面临存款增长乏力、长期资产投放需求刚性增长、盈利水平遭遇拐点等新一轮经营困境和生存危机。特别是经历了近两年的“去杠杆”过程，市场资金呈紧平衡状态，个别银行的流动性问题比较突出。

1. 流动性风险意识不强，管理内容仅局限于日常头寸管理

市场资金总体宽松，资金价格相对处于低位。一些商业银行因此产生资金供给将持续充裕的错觉。在进行长期业务发展规划时，忽略流动性风险因素的考量，以牺牲流动性为代价，超常规快速发展同业及表外业务，通过期限错配获取收益。流动性管理仅限于日常头寸调拨和短期市场拆借。以盈利为导向的资源配置与配套考核进一步加剧了这一状况，从而导致潜在流动性风险的积聚。

2. 部分小银行的资金来源集中度较高，过分依赖同业融资

在基础货币投放速度放缓、表内信贷渠道存款派生效应减弱、监管趋严、影子银行派生存款渠道变窄、互联网金融快速扩张、储蓄存款不断从银行分流等多重因素影响下，银行存款余额同比增速持续下降。在存款增长乏力、无法满足资产扩张需求的情况下，银行资金来源更加依赖同业融资，资金流入也变得更加不稳定。同业融资主要包括同业拆借、同业存款、同业存单。相对于不易被同时提取的、较为稳定的储蓄存款，市场和金融政策的变化会轻易地引发同业融资波动。如果市场遭遇负面信息影响或者市场资金面紧张时，同业市场中的资金供给者为求自保，往往会减少资金融出，导致市场资金供应不足，依赖同业融资的银行机构就很有可能出现流动性短缺，从而引发流动性风险。因此，银行对同业融资的过度依赖不利于流动性风险的有效管理。

城市商业银行、农村商业银行等机构融资过度依赖同业市场，2017年底，同业存单发行余额占到整体市场的58.5%，2018年略有下降，第三季度末仍占到57.15%，是其总资产占比的2倍。近两年存单发行及到期量的市场总量逐年递增，但也存在个别月份净融资量下降、资金价格上升的状况，引起市场流动性紧张，从这个角度看，城市商业银行及地方金融机构流动性风险管理压力较大。

3. 迫于利差缩窄等压力，资产期限拉长，流动性储备不足

受经济下行压力加大及利率市场化导致的息差收窄的影响，商业银行的利润和营业收入增速呈下滑趋势，尤其是中小银行表现更为明显。在传统信贷资产扩张受到监管政策、资本占用、信用风险等多重约束下，有限的资本过多地配置于期限长、流动性差的资产，而用于抵御流动性冲击的、收益率较低的流动性资产配置过少。在出现资金缺口时，没有充足的现金回流，持有资产也无法快速变现，有效抵（质）押物不足，融资出现困难，自身应对流动性风险的能力下降。

4. 系统功能欠缺

流动性风险管理主要依赖信息系统与量化工具，较大地提升了流动性

风险管理的精细化程度。对照流动性管理需要，目前的信息系统及量化工具的提升完善空间较大，表现在：一是系统功能有待完善。理论上讲，银行的每一笔资产负债表内外业务都有可能对流动性产生影响，因此系统应涵盖所有业务条线、产品种类，获取逐笔交易信息。但是大多数银行尚未实现全行数据集中，也没有专门的流动性管理系统或功能模块，甚至手工计算流动性监管指标。二是量化预测模型精度有待改进，须引入专家主观经验予以修正。三是数据模型分析侧重于对过去经验的总结，并根据相关参数模拟未来，但历史不会简单重复，参数的权重变化及超预期的参数也可能对结果造成较大影响。四是信息系统与量化方法的结合需要时间。

5. 专业人员匮乏

绝大多数城市商业银行、农村商业银行没有设置专门的流动性风险管理团队，而是由财会或资金管理部门兼顾流动性风险管理，对流动性资产也没有独立的处置权力；缺乏专业管理人员，无专职岗位设置。

（二）市场层面

除了银行自身的管理短板，货币政策和监管政策的变化、行业竞争态势的改变、市场发育程度等都会对银行流动性风险造成影响。负债端，货币供应量下降、互联网金融分流存款，导致银行稳定资金来源的增速放缓。资产端，市场容量有限，导致银行存量资产变现困难。在监管趋严的背景下，表外资产转回表内的需求加剧了银行资金运用增长的刚性需求。

1. 存款派生能力下降

一是基础货币投放速度减缓，表内信贷渠道的存款派生效应减弱。从基础货币投放看，中央银行采取稳健中性的货币政策，基础货币投放速度趋缓，2018年1月中央银行资产负债表中储备货币同比增速下降至–0.1%。从货币派生效应看，首先，随着近年来我国外汇占款增速下降，中央银行更多地通过逆回购、中期借贷便利、常备借贷便利等货币政策工具调控基础货币。与外汇占款渠道相比，通过货币政策工具投放的基础货币期限较短，不利于商业银行贷款业务的开展，相应的存款派生受到影响。其次，近年来，中央银行多次实施定向降准，引导银行将信贷资源投向小微、“三农”等领域，然而部分商业银行因客户资源储备不足，贷款业务增长缓慢，存款派生能力提升有限。最后，随着同业业务的发展，大量资金在金融体系内循环，无法派生存款。

二是受资管业务严监管政策影响，影子银行的存款派生渠道变窄。自2014年以来，房地产行业和地方政府融资需求旺盛，不少非银行金融机构借助“通道”将银行表内资金投向表外非标资产，我国资管行业呈现井喷式发展态势，各类资管业务规模普遍扩大了1~2倍。截至2017年底，证券公司资管规模从2014年的7.95万亿元增加至16.88万亿元，基金子公司资管规模从5.88万亿元增加至13.74万亿元，银行理财规模从15.02万亿元增加至29.54万亿元，信托资产规模从13.98万亿元增加至26.25万亿元。在此背景下，银行投向非标资产的资金随着融资主体的使用又会转化为存款而回流至银行体系，周而复始，存款便会派生出来，影子银行由此而成为存款派生的一个重要渠道。但是，自2017年以来，监管部门对影子银行开始实施严监管政策，尤其是资管新规和理财新规的出台，有效约束了影子银行的盲目扩张，影子银行渠道的存款派生能力随之下降。

三是互联网金融业务快速扩张，导致存款分流。国家金融与发展实验室2018年2月发布的《互联网理财指数报告》显示，我国互联网理财规模已由2013年底的2152.97亿元增长至2017年底的3.15万亿元，预计到2020年底将达15.5万亿元。互联网金融发展的一个重要原因是互联网理财产品较高的预期收益率。2018年1~6月，投资期限1年以上的互联网“宝宝”理财的平均收益率为4.11%/年，投资期限1年以上的P2P网贷理财的平均收益率为9.39%/年，远高于1年期定期存款利率。可以预见，未来仍将有更多的银行客户选择互联网理财，其对商业银行居民存款分流的影响仍将持续。

2. 标准化债权资产的市场流动性不足

2018年4月27日发布的“资管新规”对标准化债权资产进行了明确定义。标准化债权资产必须满足以下五个条件：一是等分化，可交易；二是信息披露充分；三是集中登记，独立托管；四是公允定价，流动性机制完善；五是在银行间市场、证券交易所市场等经国务院同意设立的交易市场交易。

按照属性不同，标准化债权资产可以分为以下三类：

一是利率债，主要是指国债、地方政府债券、政策性金融债和中央银行票据。利率债的发行主体是国家或地方政府，安全等级最高，市场接受程度也最高，不仅可以用于中央银行借款、银行间回购交易的抵（质）押物，融资折扣率也最低，还可以计入合格优质流动性资产，提升流动性覆盖率等监管指标水平。因此，银行对利率债的配置需求最高。

二是信用债，主要是指政府之外的主体发行的、约定了确定的本息偿付现金流的债券，具体包括企业债、公司债、短期融资券、中期票据、可转债、次级债等品种。

三是资产支持证券，包括资产支持证券（ABS）、资产支持票据（ABN）等。尽管债券产品具有相对优良的流动性属性，但是由于我国市场深度和广度的局限，使用债券可获得的流动性仍然非常有限。首先，以债券作为抵押从市场融资，绝大多数使用利率债作为抵（质）押物，而中小银行持有占比很高的信用债和资产抵押债券很难作为抵（质）押物获得融资。其次，债券二级市场的容量与银行流动性管理需求相去甚远。2018年上半年，债券二级市场交易量81.30万亿元，日均交易量4300亿元，仅为回购交易的16%。

3. 非标转标加剧银行资产增长的刚性需求

非标是指非标准化债权类资产，即不属于标准化债权资产的债权资产。据测算，2017年非标资产规模为37万亿~39万亿元。其中，社会融资总量中的信托贷款、委托贷款、未贴现票据分别为8.53万亿元、13.97万亿元、4.44万亿元；此外，还包含明股实债、场内股票质押式回购融资、银行登记流转中心信贷资产流转合计为10万亿~12万亿元。

自2016年底以来，监管部门加强了对非标资产的监管，收紧资金源头，严控规模，清理通道，多部门协同推进非标资产监管。监管政策收紧之下，非标资产规模必将大幅下降，增量需求将逐渐转向标准化产品，而存量非标资产则主要通过自然到期、非标转标及资产回表等方式压缩。非标资产回表是指通过表内信贷承接表内外非标资产，以达到表外资产回归表内的目的。2017年底，银行理财规模约为29.5万亿元，非标资产占比为16%，照此推算银行理财非标资产规模约为4.8万亿元，为2017年银行信贷新增规模的35%。

在银行业存款增速不及贷款、持续出现资金缺口的情况下，非标转标及资产回表将进一步加剧资产增长的刚性需求，对银行流动性形成压力。

4. 资产证券化进程有待进一步加快

中国自2005年开展资产证券化试点以来，取得了长足发展。特别是2017年以来，持续快速扩容、稳健运行，监管政策日渐完善，大类基础资产类别逐渐明确，CMBS & REITs、供应链金融、PPP资产证券化、绿色资产证券化等领域实现重要突破，参与机构多样化，为我国资本市场改革注入了新的活力，促进金融回归本源，服务实体经济和社会发展。

尽管如此，受到市场容量和产品种类的制约，资产证券化尚未成为银行流动性管理的主要工具。2018年，我国共发行资产证券化产品2.01万亿元，年底市场存量为3.09万亿元，其中信贷ABS的基础资产主要为企业贷款、住房抵押贷款、汽车抵押贷款、信用卡分期等，全年发行9318.35亿元，存量为15208.11亿元，存量规模仅占同期银行贷款总量的1.11%。2018年，信贷ABS市场发起机构排名前两位的建设银行、工商银行，市场占比合计超过50%，其发行规模在贷款中的占比分别为2.23%、1.41%（见表6-5）。

表6-5　2018年信贷ABS市场发起机构排名（前十名）

机构名称	总笔数/单	发行总额/亿元	市场占有率/%	2018年排名
中国建设银行股份有限公司	35	2973.87	31.91	1
中国工商银行股份有限公司	26	2168.06	23.27	2
交通银行股份有限公司	7	702.68	7.54	3
兴业银行股份有限公司	6	463.20	4.97	4
招商银行股份有限公司	8	410.14	4.40	5
中国银行股份有限公司	5	381.11	4.09	6
东风日产汽车金融有限公司	4	177.57	1.91	7
中信银行股份有限公司	3	173.79	1.87	8
梅赛德斯奔驰汽车金融有限公司	2	168.55	1.81	9
中国邮政储蓄银行股份有限公司	35	142.97	1.53	10

六、流动性管理的改进

流动性风险的管理水平关系到银行的生死存亡，也关系到金融体系的稳定安全，对社会经济产生深刻影响。不论从提高自身管理水平、确保银行稳健经营的角度出发，还是从防范系统性风险、维护金融体系健康发展的角度考虑，持续优化银行流动性管理方法，不断改善银行经营环境，都是非常必要的。

（一）银行层面

牢固树立流动性风险管理的红线意识，明确流动性风险管理偏好，建立流动性管理治理结构，设置专门的流动性管理部门，建立健全流动性风险计量、监测、识别、管控管理体系。

流动性风险管理关口前移。不宜将流动性管理局限于日常头寸管理，被动接受短接长用造成的持续资金缺口，应该在经营计划中充分体现流动性管理思路，维持资金来源运用的基本平衡，运用计划、价格等手段引导业务条线、分支机构遵循行内流动性管理策略。

完善流动性管理方法，科学设定指标体系。定期监测指标变动情况，分析业务发展与指标的关系，适时调整资产负债规模结构；定期开展压力测试，预先设定应急处置措施并实施演练。

利用大数据、云存储等新技术，提高流动性管理的及时性和准确性。开发流动性风险管理的专用系统或功能模块，逐步实现日常头寸监测、指标计量监测、压力测试模拟等功能。分析总结客户资金进出规律，有针对性地制定产品营销和价格政策，夯实客户基础，增强客户黏性，提高存款稳定性。

培养流动性管理专业人才，建立流动性风险管理团队。管理人员素质的提升，不仅有利于防范银行风险，满足监管要求，还能够有效降低备付水平，提高资金使用效率，为银行带来切实收益。

（二）监管层面

货币政策保持稳健、中性，关键在于疏通传导机制。中国人民银行采取定向降准措施，向市场释放流动性，用于支持市场化法制化债转股，为信贷增长提供资金，降低资金成本，解决小微企业融资难、融资贵问题。但是，出于资本约束、风险偏好选择等因素限制，企业存款、贷款增速不及预期，甚至出现下降，说明资金仍盘亘于银行间市场，尚未传导至实体经济，货币政策传导不畅，政策效果则难以体现。从短期来看，市场资金面宽松有利于降低银行流动性风险。但是从长期分析，实体经济得不到资金支持，经济基本面可能因此出现恶化，增加信用风险发生的概率，进而引发流动性风险。货币当局需要进一步研究传导机制问题，合理运用各种组合工具，为实体经济发展和银行经营创造适宜环境，进一步疏通货币政策传导过程中的“中梗阻”，通过正向激励引导银行将资金投向债转股、小微企业信贷等实体经济领域，避免流动性在银行体系形成过剩。

发挥信贷、债券、股票、信托等渠道的筹资功能，有效平衡直接融资与间接融资，推动金融市场化改革稳步前行。人民银行发布的数据显示，2018年上半年对实体经济发放的人民币贷款占同期社会融资规模增量的96.3%。这意味着实体经济主要依靠人民币贷款间接渠道融资，而其他直接融资工具及融资渠道没有得到有效利用。应充分发挥投行、理财、委托贷款、信托贷款等直接融资和影子银行的作用，满足实体经济的投融资需求，丰富金融产品供给、推动利率市场化，规范其监管套利、业务运作和投资者适当性管理、信息披露等方面存在的问题，防止其对金融体系的脆弱性影响，积极引导影子银行向有利于纾解融资难的方向发展，成为银行信贷、债券发行的有益补充。大力发展、健全标准化债权类资产市场、银行间和交易所ABS，承接非标资产合规化需求。充分考虑货币政策对债券市场的溢出效应，降低长期债券无风险收益率，对冲风险溢价提升对债券融资成本的压力，解决实体经济融资贵问题。

保持政策的协调性、一致性，规避政策叠加效应对市场和银行形成过大的流动性冲击，提高政策有效性。注意货币政策与财政政策的协调性，合理安排地方债发行进度、缴税、财政资金投放与公开市场操作节奏，加强沟通配合，保持市场资金面稳定。注意监管政策之间的一致性，充分评估新政策对银行可能造成的影响，广泛征求意见，审慎推广实施。

专栏6–2 流动性风险测试案例分析

流动性风险测试案例是按照监管要求每季度进行的常规压力测试，测试时间是2013年12月31日。

1. 背景资料

（1）宏观环境背景。

货币政策方面：中央银行在2013年第四季度货币政策执行报告中明确，2014年将继续实施稳健的货币政策，坚持“总量稳定、结构优化”的取向，保持政策的连续性和稳定性，增强调控的前瞻性、针对性、协同性，统筹稳增长、调结构、促改革和防风险，适时适度预调微调。继续根据国际收支和流动性供需形势，合理运用公开市场操作、存款准备金率、再贷款、再贴现、常备借贷便利、短期流动性调节等工具组合，管理和调节好银行体系流动性，实现货币信贷及社会融资规模合理增长，稳定预期，促进市场利率平稳运行。

市场资金方面：为完成2013年M_2增长14%的目标，中央银行于2013年11月开始压缩常备借贷便利规模，导致第四季度市场资金整体处于紧张局面，预计2014年第一季度市场资金面将较2013年第四季度有所好转。由于美联储于2013年12月正式宣告逐步退出QE（量化宽松政策），全球的货币基数将由停滞转为下降，国际资本回流美国，势必导致中国“资金池”水位下降。尽管资本流向的逆转和利率的上升将是一个中长期过程，短期资金大量外流可能性不大，但过去外汇占款大幅增长现象很难重现，市场资金面将长期处于中性或偏紧态势。

（2）银行情况。

2013年第四季度银行全口径存款增长3000亿元，其中：一般性存款增长2500亿元，同业存款增长500亿元。各月度存款波动较大，10月存款下降2000亿元，11月和12月存款分别增加1000亿元和4000亿元；同时，月度中间存款波动开始收窄，各月月中存款最大下降额分别为3500亿元、500亿元和100亿元。

2. 明确测试对象和承压指标

测试对象：银行境内分支机构人民币表内所有资产负债项目。

承压指标：未来现金流缺口。测试指标分为1个月现金流缺口、2个月现金流缺口和3个月现金流缺口，鉴于各月度中间存款波动较大，将分为月度现金流缺口和月中（每月前两旬）现金流缺口两类。

3. 分析风险因素

通过宏观环境和本行数据分析：预计2014年第一季度法定存款准备金率保持稳定；债券和同业市场保持平稳，不会发生大幅违约事件；银行整体贷款不良率不存在短期大幅上升可能；鉴于存款历史变动趋势及季度初、月初存款下滑等因素影响，预计第一季度存款波动仍然较大，特别是月度中间存款大幅下降，给流动性管理造成一定压力。因此，本次压力测试选择影响流动性的主要风险因素为存款波动。

4. 设计压力情景

结合本行存款历史同期波动最大和增长最差数据，结合专家经验判断，设计压力情景假设：

（1）预计第一季度全口径存款新增约3000亿元，其中1月下降400亿元，2月和3月分别增加600亿元和2800亿元。预计1月、2月和3月月中存款最大下降额分别为1200亿元、2000亿元和1000亿元。

（2）第一季度贷款计划投放2400亿元，每月均衡投放；非银行金融机构借款预计新增0元；金融市场部新增债券投资计划0元；拆借资金到期不叙做；可用头寸为–200亿元（12月31日总行、分行头寸合计800亿元，满足支付需求的头寸应保持在1000亿元左右）。

5. 执行压力测试和分析

根据压力情景计算生成压力测试结果，如表6–6所示。

表6-6　境内机构人民币压力测试结果　　单位：亿元

	月度结果			月中结果		
	1月	2月	3月	1月	2月	3月
总分行可用头寸	-200	0	0	-200	1500	2100
买入返售票据回流	200	0	0	200	0	0
存放同业回流	300	100	200	200	60	100
非银行金融机构借款回流	100	100	100	50	50	60
买入返售信贷资产回流	0	0	0	0	0	0
市场部货币市场到期资产	2700	100	0	2000	60	0
市场部投资回流	300	300	600	200	200	400
理财资金回流	500	1100	1200	300	600	600
预计全口径存款增长	-400	600	2800	-2000	-2000	-1000
现金流入合计	3500	2300	4900	750	470	2260
存款增长增缴法定准备金	-200	-100	-400	300	300	200
预计新增贷款	-800	-800	-800	-600	-600	-600
非银行金融机构借款预计新增	0	0	0	0	0	0
市场部货币市场到期负债	-500	0	-100	-300	0	-60
市场部计划投资	-300	-300	-600	-200	-200	-400
归还借款	-200	-400	0	-200	-400	0
已发行债务证券	0	-100	0	0	-120	0
现金流出合计	-2000	-1700	-1900	-1000	-1020	-860
现金流缺口	1500	600	3000	-250	-550	1400
累计现金流缺口	1500	2100	5100			

根据测试结果分析，第一季度银行人民币流动性风险整体可控，可用资金比较充裕。因存款大幅下降，在1月和2月月中可能存在资金缺口250亿元和550亿元，需通过货币市场融入资金弥补缺口，因此建议如下：

一是得益于理财存放同业资金回流，预计第一季度资金整体充裕，考虑到拆借利率上升的因素，建议拆借资金到期不叙做。

二是保本理财和非保本理财存放同业回流资金优先补充流动性储备。资金相对富余时，根据流动性状况，通过网上、网下等各渠道加强资金运用，合理安排期限结构，在保证流动性安全的前提下，提高资金收益。

三是加强监测、分析和预报，将理财资金回流、同业定期存款到期、存放同业、买入返售票据、非银行金融机构借款到期等资金进出纳入日常监控范围，提高预测准确性，关注春节取现、月初缴存准备金、月中缴税等个别时点的资金变动情况，保证全行流动性安全。

6. 报告与执行

根据分析结果撰写《2014年第一季度压力测试报告》，提交高管层审阅，并根据批示执行相关政策措施。

7 第七章

证券、保险、外汇市场风险表现与防范

- 证券市场风险的表现与防范
- 保险市场风险的表现与防范
- 资本项目开放的风险与防范
- 汇率的风险与防范
- 人民币国际化的风险与防范

一、证券市场风险的表现与防范

（一）证券市场

1. 证券和证券市场

广义上讲，证券是多种经济权益凭证的统称，包括资本证券、货币证券、商品证券等。狭义上讲，证券主要指证券市场中的证券，如股票、债券、商品期货、股票期权等。广义上讲，证券市场是指所有证券发行和交易的场所。狭义上讲，证券市场指股票、债券、商品期货、股票期货等证券产品发行和交易的场所。

根据不同的标准，可以将证券市场分为不同的类型。根据证券进入市场的顺序，可以将证券市场分为发行市场和交易市场。发行市场又被称为一级市场或初级市场，是发行人以筹集资金为目的，按照一定的法律规定和发行程序，向投资者出售新证券所形成的市场。交易市场又被称为二级市场或次级市场，是已发行证券通过买卖交易实现流通转让的市场。根据证券市场的交易品种，可以将证券市场分为股票市场、债券市场、基金市场、衍生品市场。根据证券交易地点是否有固定场所，可以将证券市场分为场内市场和场外市场。场内市场指有固定场所的证券交易所市场，场外市场是指没有固定场所的证券交易所市场。

证券市场由证券市场参与者、证券市场交易工具和证券交易场所三方面构成。证券市场参与者包括证券发行人、证券投资者、证券市场中介机构、自律性组织、证券监管机构等；证券市场交易工具包括政府债券、金融债券、公司（企业）债券、股票、基金及金融衍生证券等；证券交易场所包括场内交易市场和场外交易市场。

2. 我国证券市场的现状

改革开放40多年来，我国证券市场经历了从无到有、从小到大的巨大变化。以股票市场为例，截至2019年底，沪深两市上市公司一共3757家，同比上年净增加193家，其中，主板1953家、中小企业板943家、创业板791家，科创板70家。沪深两市总市值达59.29万亿元，其中流通市值48.35万亿元，占总市值的81.55%。沪深两市总市值居全球第二位，仅次于美国。如今，证券市场是我国资本市场的重要组成部分，在支持实体经济方面发挥了巨大作用。2019年，我国证券市场通过沪深两市发行A股融资金额约为13534亿元，其中，首发融资2490亿元，再融资（包括公开增发、定向增发、配股、优先股、可转债转股）11044亿元。

（二）证券市场风险的类型

证券市场风险主要表现为证券价格的波动性、不确定性和证券市场的不稳定性。根据风险和收益的关系，可以将证券市场的风险分为系统性风险、非系统性风险和交易过程风险。

1. 系统性风险

系统性风险是指投资者无法通过分散投资组合消除的风险，影响证券市场所有参与者。造成系统性风险的因素既包括外部因素的冲击，如政府制定的新政策、市场利率水平波动、物价水平变化等，也包括内部因素相互牵连引发的剧烈波动、危机或瘫痪，如证券价格的大涨大落。

（1）政策风险。政策风险是指政府出台的经济政策或相关管理措施导致证券收益产生损失。例如，2007年5月30日，政府将证券交易印花税税率由1‰上调为3‰，直接降低了股票交易的收益，引发随后的股市大跌。

（2）利率风险。利率风险是指市场利率水平变化造成证券收益损失。例如，当人民银行上调金融机构人民币存贷款基准利率时，直接提高了市场利率，一般而言，债券的投资收益将下降。

（3）通货膨胀风险。通货膨胀风险是指物价水平的变化造成证券收益损失。由于证券的投资收益一般表现为货币，如债券到期支付固定金额的货币，当物价水平上升时，货币的实际购买力将下降，债券的投资收益也会下降。

（4）市场风险。市场风险是指证券价格大幅涨落造成的投资损失。在新兴市场，证券交易制度还不成熟，证券市场容易出现证券价格大幅涨落的现象，这可能会造成投资损失。

2. 非系统性风险

非系统性风险是指可以通过分散投资消除的风险。非系统性风险的特点是仅影响部分证券，对其他证券没有影响。非系统性风险主要包括以下四类：

（1）经营风险。经营风险是指证券发行公司由于经营决策失误或其他原因导致公司业绩大幅下滑甚至公司倒闭，使持有证券的投资者产生一定损失。

（2）财务风险。财务风险是指公司在资金筹措方面存在的问题，导致公司债务成本大幅上升或者无法偿还到期债务。财务风险与经营风险的不同之处在于，尽管公司经营发展比较顺利，公司业绩良好，但如果公司债务结构安排不合理，也可能存在财务风险。

（3）信用风险。信用风险是指证券发行人无法按期向证券持有人还本付息，使投资者产生损失。这种风险主要针对债券投资品种。例如，自2018年以来，我国债券市场信用风险事件频发：2018年初海航集团陷入流动性危机，通过出售资产、转让股权等方式力图解决流动性危机；浙江盾安集团为大型民营企业，也出现了巨额债券不能如期兑付风险，引发了投资者对债券市场信用风险的高度关注。

（4）道德风险。道德风险是由于信息不对称，上市公司管理层出于追求自身利益动机可能会采取损害公司股东权益的行为。目前，道德风险突出是我国上市公司面临的一个重要问题，集中表现为财务合规性不足、交易行为规范性不足、并购重组真实性不足、环境保护透明性不足、分红意愿主动性不足等。

3. 交易过程风险

证券交易运作的复杂性使交易过程存在风险，具体表现形式包括由于投资者不慎或券商失责导致股票被盗卖、资本被冒提、保证金被挪用等。

光大证券“乌龙指”事件是交易过程风险的一个重要案例。[①] 2013年

① 从风险归类中，光大证券“乌龙指”事件属于金融市场风险，在第五章已有表述，但是也属于证券市场在交易过程中发生的风险。

8月16日，由于光大证券策略投资部门自营业务在使用其独立的套利系统时出现问题，订单执行系统针对高频交易在市场委托时，对可用资金额度未能进行有效校验控制，而订单生成系统存在缺陷，导致生成预期外的订单，系统自动发起交易，瞬间重复生成大量市价委托订单，并将上证指数大幅拉升，最高涨幅达5.62%。光大证券“乌龙指”事件不仅导致光大证券出现大量损失，同时也波及市场其他投资者。

（三）证券市场风险产生的原因

证券市场风险的产生受多种因素共同影响，其中主要包括以下四个方面。

1. 宏观经济走势

宏观经济走势对证券市场有着重要影响。一般而言，当宏观经济处于经济周期的不同阶段时，证券市场也会随之调整，进而引发证券价格的涨跌。比如，当经济处于下行周期时，国债价格可能上涨，但信用债也可能出现违约，产生信用风险。如果宏观经济出现急剧变化，如爆发经济危机，那么其将对证券市场产生巨大影响。2007年国际金融危机在美国率先爆发，多家大型金融机构发生危机，雷曼兄弟提出破产申请，美林证券被美国银行收购，随后，国际金融危机蔓延至全球其他国家，全球股市发生暴跌，债券出现违约。对中国而言，我国股市从2007年10月的最高点6124点一路下跌到最低点1664点，大量股票投资者损失惨重。

2. 公司治理机制不健全

公司是重要的证券发行主体。公司的发展质量直接决定了其发行证券的质量。公司治理机制不健全是证券风险的重要原因。我国上市公司是公司治理要求相对较高的企业，但仍然暴露出一系列公司治理机制不健全的问题，给证券投资者造成损失。我国上市公司治理机制不健全体现在多个方面。第一，董事会未能尽职履责，具体表现为有的董事长责任意识淡薄，致使上市公司无法作出重大决策，或独立董事的独立性无法保证等；第二，控股股东侵害上市公司和小股东权益，具体表现为控股股东为了自身利益，采取关联交易等方式控制上市公司的经营管理权、转移上市公司资产等行为；第三，管理层缺乏有效的激励和约束机制，出现内部人控制等现象，高管人员侵害上市公司利益。

2018年9月30日，中国证监会正式发布修订后的《上市公司治理准则》，有利于推动上市公司规范运作，提升公司治理水平，保护投资者合法权益，促进资本市场稳定健康发展。

3. 保护证券投资者力度不足

证券市场的健康发展需要既充分满足证券发行者筹集资金的需求，又充分保护证券投资者的合法权益。对证券投资者保护不足主要体现为：第一，投资者损害赔偿制度不健全，包括支持诉讼制度、和解金赔偿制度等监管支持制度，公益诉讼制度、示范诉讼制度等司法救济制度，专业仲裁制度、小额纠纷调解制度等社会机制。第二，证券市场违法成本较低，导致证券市场违规行为不断。第三，我国证券投资者以中小投资者为主，中小投资者在证券市场处于弱势地位，无力维护自身合法权益。

我国出台了多种措施加强对证券投资者权益的保护力度。2019年4月，中证中小投资者服务中心提起首单退市公司支持诉讼，对涉嫌财务违规的昆明机床股份有限公司及其大股东沈阳机床（集团）有限责任公司提出虚假陈述损害赔偿申请。此举有利于探索完善退市公司投资者赔偿救济渠道和机制，有利于维护投资者的利益。

4. 证券监管经验不足

改革开放以来，我国证券市场快速发展，目前已经成为全世界重要的证券市场之一，但我国证券监管经验相对有限，一方面导致我国证券监管制度不健全，另一方面，证券市场监管者甚至会主动引发证券市场风险。为维护证券市场稳定，防止市场剧烈波动、引发系统性风险，2015年底，中国证监会发布指数熔断相关规定，并于2016年1月1日起正式实施。1月4日，A股市场不断下跌，沪深300指数跌幅超过5%，首次触发熔断，三家交易所暂停交易15分钟，恢复交易后沪深300指数继续下跌，触发7%的关口，三家交易所暂停交易至收市。1月7日，A股市场再次触发熔断，导致第二次提前收盘。1月7日晚，三家交易所发布通知，自1月8日起暂停实施指数熔断机制。从指数熔断机制的结果看，指数熔断机制并没有达到预期效果。

（四）防范证券市场风险的举措

改革开放40多年以来，我国居民积累了巨额财富，证券市场规模也在不断扩大，未来，证券市场将是我国居民管理财富的重要场所。证券市场是我国资本市场的重要组成部分，也是打好防范化解重大金融风险攻坚战的重要内容。防范证券市场风险，应当从以下三个方面着手。

1. 加强对证券投资者的权益保护力度

证券市场投资者的权益保护力度关系着证券市场的长期发展水平。保护证券投资者的权益，可以从以下三个方面着手：第一，加强信息披露监管，提高披露的真实性、规范性、透明性和及时性，减少财务数据造假和内幕交易行为。第二，加强对中小投资者的交易管理，充分提示证券投资的风险，鼓励中小投资者积极行使正当权利，维护自身合法权益。第三，加快证券投资者损害赔偿制度建设，为投资者维护自身权益提供合法有效的途径，提高证券市场违规者的成本。

2. 推进证券市场的市场化改革

深化证券市场改革，加快证券市场的市场化程度是化解证券市场风险的重要途径。现阶段，我国证券市场的市场化程度还不高，行政管制的程度较高，这在一定程度上滋生了证券市场风险。未来，我国应该按照党的十八届三中全会精神，以市场化的理念推动证券市场改革，比如，积极推动新股发行从审核制向注册制的过渡、完善退市制度等。党的十八大以来，我国加快了证券市场的市场化改革步伐。2019年6月13日，科创板正式开板；7月22日，科创板首批公司正式上市。科创板承担了资本市场改革试验田作用，发挥了探索推进发行、上市、交易、退市等基础制度改革的重大作用。

3. 加强证券市场监管能力建设

良好的证券市场监管是证券市场健康发展的必要条件。我国证券市场发展历程较短，证券市场制度尚不完善，证券市场监管能力相对不足，这严重制约了我国证券市场的健康发展。加强证券市场的监管能力建设，一方面，要加强对证券市场欺诈行为的打击，降低证券市场交易成本，减少证券市场摩擦；另一方面，要防止过度监管，防止抑制市场发展和创新。加强证券市场监管能力建设需要在两者之间取得平衡。

二、保险市场风险的表现与防范

（一）保险市场

1. 保险及保险市场

保险是现代金融体系的重要组成部分。保险的本质属性是分摊风险和补偿损失，这与证券、银行有很大不同。首先，保险具有分摊风险的功能。保险业是一个发现风险、经营风险、管理风险的行业（魏华林，2018），通过保险业服务对象之间的互助，实现对风险的分摊和管理。其次，保险具有补偿损失的功能。当客户遭受风险产生损失时，保险可以发挥“造血”功能，一定程度上弥补客户的损失。

保险市场的发展与社会经济的发展密切相关。根据不同的市场，可以将保险市场分为不同的类型。按照承保方式的不同，可以将保险市场分为原保险市场、再保险市场和自保市场。按照保险业务性质的不同，可以将保险市场分为寿险市场、产险市场。根据保险业务的发生地，可以将保险市场分为国际保险市场和国内保险市场。

2. 我国保险市场的发展现状

1979年，我国保险业务开始全面恢复。经过40余年的发展，我国保险市场发生了巨大变化，取得了巨大成就。第一，我国保险市场成长迅速，成效显著。2019年，我国保费收入约为4.26万亿元，是全世界第二大保险市场。截至2019年底，保险业总资产约为20.56万亿元。第二，我国保险市场体系基本发展健全，市场结构不断优化。截至2019年底，我国一共有235家保险机构，保险市场竞争不断加强，保险市场集中度不断下降。从产权结构上看，既有内资保险企业，也有外资保险企业；从企业类型上看，既有直保公司，也有再保险公司；从险种上看，既有财产保险，也有人身保险。第三，我国保险市场发挥了巨大的风险保障功能。2019年，保险业为全社会提供风险保障约为6470万亿元，赔付支出约为12894亿元。第四，保险资金有力地支持了国家战略需求。保险业为国家重大战略和重大项目持续提供投保服务，在监管机构的引导下，为民营和中小微企业提供融资服务。

（二）我国保险市场存在的问题

1. 保险市场“乱象”不断

近年来，随着我国保险行业的快速发展，保险市场也出现了一系列“乱象”，集中表现在公司治理薄弱、违规资金运用、产品创新不当、销售误导、财务业务数据不真实等方面。这些“乱象”不仅导致保险市场竞争失序、保险企业经营失衡，还导致保险业积累了大量风险，形成了一定的金融风险隐患，甚至波及非保险企业。例如，自2014年以来，保险公司频频举牌上市公司，导致被举牌公司出现股权之争、控制权转移、管理层更迭等问题，甚至使被举牌公司出现经营风险。其中最引人瞩目的是，2015年底前海人寿公司和相关联的“宝能系”公司联合抢夺万科A的股权，随后，安邦保险加入争夺万科A股权的行列。但万科A的管理层表现出对新的第一大股东“宝能系”的严重抵制，甚至导致万科A的管理层改变被举牌公司的经营策略，出现经营风险，也导致举牌险企的投资损失。

近年来，监管机构加强了对保险市场“乱象”的治理和监管。2017年5月，中国保监会发文遏制行业的“八大乱象”：虚假出资、公司治理乱象、违规资金运用、问题产品、销售误导、理赔难、虚套费用、数据造假。2017年12月底，中国保监会又组织开展治理人身保险销售乱象、打击非法经营专项行动。2018年，中国银保监会针对保险行业“八大乱象”，下发《进一步深化保险业市场乱象整治工作的通知》（银保监办发〔2018〕52号），进一步推进保险市场乱象整治工作。2019年，中国银保监会下发《关于开展“巩固治乱象成果　促进合规建设”工作的通知》（银保监发〔2019〕23号），进一步巩固前期治理整顿的阶段性成果，努力实现保险行业的高质量发展，提升服务实体经济能力。

2. 保险业发展不平衡、不充分

改革开放后，虽然保险行业经历了快速发展，但仍然存在保险需求与供给不平衡、发展不充分的矛盾。首先是保险需求的不平衡、不充分。随着经济的快速发展，人民群众对保险的需求也在日益增长，这种增长不仅体现为购买更多保险产品，也体现为对保险产品的个性化需求和优化升级。其次是保险供给的不平衡、不充分。保险供给的不平衡体现为以下两个方面：第一，保险业务结构不平衡。比如，在财产保险业务中，机动车辆保险收入占比长期偏高，2018年占比高达72.74%，其他重要险种保费收入占比长期徘徊在低位。第二，保险市场竞争相对不充分，市场集中度较高。2018年，财产保险市场中，人保股份、平安财险、太保财险的保费收入占比分别为33.01%、21.05%、9.98%，合计占比高达64.04%；人身保险市场中，国寿股份、平安寿险、太保寿险的保费收入占比分别为20.42%、17.02%、7.67%，合计占比高达45.11%。保险供给的不充分体现为以下两个方面：第一，保险市场服务水平较低。例如，2018年，我国寿险渗透率仅为3%左右，与欧美成熟市场的5%~10%还有很大差距。第二，保险产品创新能力不足，市场同质化竞争严重。我国保险市场上的新产品数量较多，但真正拥有知识产权、自主定价、市场竞争力的保险产品较少，因此，保险市场产品同质化严重，恶性竞争激烈。

3. 保险监管面临一定问题

改革开放以来，保险监管经历了四个阶段的发展。第一个阶段是1979年至1998年，在此阶段，我国保险业刚刚恢复发展，我国还没有独立的保险监管机构，保险监管职责由人民银行履行。第二个阶段是1998年至2006年，在此阶段，我国设立了中国保监会，专司监管全国保险市场，保险监管从市场行为监管为主逐渐过渡到市场行为监管和偿付能力监管并重。第三个阶段是2006年至2018年，在此阶段，我国逐渐形成了市场行为监管、偿付能力监管和公司治理监管“三支柱”的监管框架。第四个阶段是2018年以后，在此阶段，原中国银监会和原中国保监会合并为中国银保监会，这标志着我国保险行业监管进入了新的历史发展阶段。虽然我国保险监管能力大幅提升，并且取得了重要成就，但仍然还存在一定问题，主要是前期保险市场的“乱象”和保险市场发展不平衡、不充分。保险监管仍然需要进一步的改革和完善，有以下三个问题需要进一步解决：第一，新时代下，保险行业也需要进一步转型升级，如何通过优化保险监管进一步推进保险行业的高质量发展。第二，保险行业的健康发展离不开优良的经营环境，保险监管机构如何优化保险行业的发展环境。第三，保险监管机构应该进一步提高监管效能，补足监管短板，从源头遏制风险。

（三）保险市场问题产生的原因

1. 保险行业发展经验不够

保险在我国的发展历史相对较短。中华人民共和国成立以来，我国保险行业发展经历了三个阶段。第一个阶段是1949年至1959年，我国在此期间对保险行业进行改制，建立了国有保险制度体系。第二个阶段是1959年至1979年，我国在此期间基本停办保险。第三个阶段是1979年至今，我国保险行业在此期间恢复开办，并逐渐发展壮大。事实上，我国现代保险行业的发展历程仅40余年，与西方保险行业数百年的发展历程有较大差距，因此，无论是民众、保险经营者还是保险监管者，都对保险行业发展规律的认知存在一定的局限性。

我国近十年来保险“乱象”频发，与保险业从业人员对保险认知存在局限性密切相关。这种局限性体现为以下三个方面：第一，部分保险经营者忽视了保险行业集散风险、控制风险的功能，片面强调保险行业融通资金的功能，导致保险企业的发展偏离主业，并形成了金融风险。第二，部分保险人员不尊重保险规律，无论任何投保标的都敢于承保，导致保险企业积累了许多不必要的风险。第三，部分保险销售人员为推销保险，采取隐瞒重要条款甚至欺骗的手段，使投保人上当受骗，破坏了保险行业规律和在社会中的形象，导致保险行业发展环境恶化。

2. 公司治理机制不够健全

公司治理结构是现代企业制度的核心内容。公司治理是否合理是决定企业绩效的重要因素之一。早在2006年，国际保险监督官协会就把公司治理确立为现代保险监管体系的三大支柱之一。完善的公司治理能够保障保险公司发展战略的有效制定、顺畅传导和执行到位，是防范金融风险、维护保险市场稳定的重要措施。现阶段，我国保险公司在公司治理方面的缺陷，最明显地表现在股权关系上。部分保险企业因为股东存在资信较差、隐藏持股、入股资金来源不明等问题，被幕后股东操控，损害了公司治理机制的有效性，导致违规交易频发，严重破坏了市场的运行。此外，保险企业公司治理失灵还体现为股东行为不合规、不审慎，董事会履职有效性不足，高管层职责定位存在偏差，监事会监督不到位，战略规划不科学等一些问题。

监管部门开始加强对保险企业公司治理的监管。2018年3月，中国保监会修订发布了《保险公司股权管理办法》（保监会令〔2018〕5号），对保险企业股东准入、股权结构、资本真实性等进行了明确规范。2018年5月，中国银保监会发布了《保险公司关联交易管理办法（征求意见稿）》，旨在加强对关联交易的监管，防范不正当利益输送风险。未来，监管层还将进一步加强对保险企业公司治理的监管。

3. 保险行业法律法规制度不完善

由于我国保险行业发展起步较晚，我国保险方面的法律法规制度建设并不完善。我国已经颁布了《保险法》《农业保险条例》《机动车第三者责任强制保险条例》和《巨灾保险条例》等一系列法律法规，但在保险其他领域还缺乏完善的法律法规，导致保险业在这些领域的发展缺乏相应的规则，保险“乱象”也相应产生。此外，随着经济社会的发展，保险也出现了新的形式，如互联网保险，针对这种保险领域的新现象，相应的法律法规有所缺失，也使互联网保险发展遇到一定程度的障碍。

（四）保险市场风险防范举措

对于保险领域产生的种种问题，要认识到，这一方面与我国在保险行业制度建设、公司治理、保险监管等方面的缺陷有关；另一方面，也与我国保险业发展时间较短有直接关系。防范重大金融风险是我国“三大攻坚战”之首，保险市场要健康发展，必须从源头控制相关风险：

1. 完善保险领域法律法规

保险在我国的发展历程较短，但并非一个新鲜事物，其他国家的保险业发展历程较长，积累了大量宝贵的经验，应当结合我国国情，吸收其他国家在保险业上的有益经验，尽快完善保险领域的法律法规。此外，针对保险领域新兴现象，如互联网保险，一方面要鼓励保险企业积极探索；另一方面要及时跟踪监管，将企业探索出的相关规律通过立法的形式予以确立，谨慎起见，前期可以先通过行业自律公约的形式试行，随后上升为行政法规，直至法律制度。

2. 提升保险企业的公司治理功能

保险市场的种种“乱象”，在某种程度上都可以归结为保险企业公司治理不健全。提高保险企业公司治理的有效性也是保险业实现高质量发展的必由之路，是防范保险市场风险的重要前提。未来，提高保险企业的公司治理需考虑以下三个问题：第一，把党的建设和公司治理结合起来，党的建设是我国国有企业独特的政治优势，国有保险企业应当积极探索将两者紧密结合起来。第二，切实提高董事会的履职效率。董事会是公司治理的核心，是保险企业重大发展战略的决策机关，直接影响了保险企业的发展方面。第三，强化股东股权管理。股权是公司治理的基础，股权结构和股东行为对公司治理的有效性有着重要影响。

3. 增强对保险消费者权益的保护力度

保险市场的发展由保险需求方和保险供给方共同决定。保险消费者是保险市场的需求方，保险行业的快速发展极大地满足了保险消费者的需求，但也必须认识到，保险消费者的权益屡屡受到侵害，造成了恶劣的社会影响。一方面，保险消费者权益受侵害数量较多；另一方面，保险消费者权益受侵害的范围较广，包括知情权、自由选择权、公平交易权、财产权等。如果保险消费者的权益长期得不到保障，那么保险市场将难以健康发展。因此，必须增强对保险消费者权益的保护力度。

4. 提高保险市场的监管效能

保险行业的健康发展离不开有效的保险监管。首先，监管部门应当在充分厘清政府、市场边界的基础上，确定保险监管的核心内容，既不能缺位，也不能越位。其次，应当积极创新监管模式，提高监管的质量和效率，努力降低监管成本。再次，监管部门应与中央银行、其他金融监管部门积极协调，合理确定各自的监管边界，及时沟通相关金融监管信息，预防跨市场、跨行业、跨领域的交叉金融风险。最后，推动建立保险行业的市场退出机制。保险是金融业，而金融业本质上是竞争性行业，保险行业的市场退出机制是约束保险企业的重要机制，现阶段保险行业的市场退出机制尚不健全，保险监管机构应该积极推动相关制度的建立。

三、资本项目开放的风险与防范

（一）资本项目开放的定义

资本项目又称为资本账户，是国际收支平衡表中的一个重要组成部分，记录资产所有权在国际的流动。“资本项目”的概念最早由国际货币基金组织（IMF）出版的《国际收支手册（第四版）》提出，但《国际收支手册（第五版）》又将“资本项目”的概念修改为“资本与金融账户”，并沿用至今。虽然理论界和实务界现在仍然广泛使用“资本项目”这一名词，但其内涵实际包括资本账户与金融账户两部分。其中，资本账户部分包括资本转移和非生产、非金融资产的取得或处置，金融账户部分包括直接投资、证券投资、金融衍生品和雇员认股权、其他投资、储备资产等。

目前，资本项目开放并无权威的定义。从现有文献看，一种观点认为，资本项目开放即是取消对跨境资本交易的管制、征税和补贴，允许金融市场的自由交易和货币的自由兑换。另一种观点认为，资本项目开放主要是指资本交易的开放，可以不允许资本账户下的汇兑自由。我们认为，资本项目开放的内涵不应仅局限于资本交易的开放，实际上也包括金融账户下的各种交易的开放，因此，资本项目开放是指政府逐步减少对跨境资本交易和货币自由兑换的管制，最终允许资本自由流入和流出，实现资本账户的自由兑换。

我国资本项目自由化自1993年启动后，至今已经取得巨大进展。目前，直接投资项下实现了基本可兑换，并且通过通道开放的方式稳步推进证券投资项下可兑换，包括沪港通、深港通、QFII、RQFII、QDII、RQDII等。①

（二）我国资本项目开放的必要性

资本项目开放具有潜在的重大利益。现阶段，我国开放资本项目具有历史的必然性和现实的必要性。

第一，资本项目开放有利于经济增长。现有研究发现，资本项目开放可以通过三个机制促进经济增长。首先，资本项目开放可以吸引更多国际资本流入国内。开放资本项目有利于国内更好地利用外资，缓解国内资本不足的局面。其次，资本项目开放可以提高国内资本配置效率。资本项目开放可以增加国内投资的融资渠道，缓解融资约束，提高全要素生产率，进而促进经济增长。再次，资本项目开放可以挤出低效的国内金融机构，倒逼国内金融机构改革，提高国内金融市场的效率，进而改善资本配置效率。最后，资本项目开放可以吸引更多外国直接投资，而外国直接投资具有重要的技术溢出效应，可以促进国内技术水平的提高，提高国内企业的国际竞争力，进而促进经济增长。

第二，资本项目开放是继续扩大金融业开放的必然选择。我国加快了金融业开放的步伐，提出金融业开放“宜快不宜慢、宜早不宜迟”。例如，宣布全面取消在华外资银行、证券公司、基金管理公司等金融机构业务范围限制。金融业开放是深化改革开放的重要组成部分。资本项目开放是未来继续扩大金融业开放、实现金融业双向开放的必要内容。

第三，资本项目开放是人民币国际化的内在要求。人民币实现国际化

① QFII是Qualified Foreign Institutional Investor的缩写，指合格的境外机构投资者。RQFII是RMB Qualified Foreign Institutional Investor的缩写，指人民币合格境外机构投资者。QDII是Qualified Domestic Institutional Investor的缩写，指合格境内机构投资者。RQDII是RMB Qualified Domestic Institutional Investor的缩写，指人民币合格境内机构投资者。

需要具备国际支付、投资、交易和储备功能，但经常项目开放对于人民币实现国际化的作用不大，只有开放资本项目，实现跨境资本的自由流动，人民币国际化才有可能实现。

（三）资本项目开放的风险

资本项目开放虽然能带来潜在的重大利益，但也伴随着巨大的风险，具体表现为以下四个方面：

第一，资本项目开放可能加剧经济金融的不稳定性。随着经济全球化的加深，跨境资本流动的规模越来越巨大，尤其是2008年国际金融危机之后，主要发达国家纷纷实施了量化宽松的货币政策，向市场投放了巨大的流动性，其中有相当的流动性通过跨境资本进入全球金融市场（孙国锋，2007），进一步扩大了跨境资本流动的规模。IMF 2018年10月发布的《世界经济展望》预测，2018年全球资本流动总规模约为1.38万亿美元。资本项目开放消除了资本跨境流动的限制，可能导致我国境内跨境资本流动的规模大幅增加，而跨境资本流动受全球各国经济情况和政策的共同影响，很可能出现境内跨境资本快速流入和流出的情形，进而冲击金融系统的稳定性，加剧经济金融的不稳定性。

第二，资本项目开放可能威胁货币政策独立性。首先，根据“三元悖论”理论，一个国家不可能同时兼顾资本自由流动、固定汇率制度和货币政策的独立性。如果汇率不能完全市场化，那么资本项目开放将导致货币政策独立性的丧失。其次，随着跨境资本规模的不断上升，“三元悖论”中资本自由流动的重要性相对上升，固定汇率制度和独立货币政策的重要性相对下降，此时，即便政府放弃固定汇率制度，采用完全市场化的汇率制度，也可能仍然难以保证货币政策的独立性。这意味着即便完成汇率制度的市场化改革，如果放开资本项目管制，仍然可能丧失货币政策的独立性。对于大国而言，丧失货币政策独立性的危害远大于资本项目开放的收益。

第三，资本项目开放可能导致资产价格大幅波动。资本项目开放将导致大量跨境资本流入和流出，这些资本的流入推高国内证券、房产价格，而流出时将抑制国内证券、房产价格。短期跨境资本的流动性更强，如果资本项目开放后，流入大量短期资本，这些短期资本的大进大出会导致国内资产价格经常大幅波动，威胁宏观经济的稳定性。

第四，资本项目开放可能加剧国内金融结构的扭曲程度。如果本国金融体系发展不完善，金融要素配置存在扭曲，那么开放资本项目可能进一步扭曲金融要素资源配置，加剧金融结构的扭曲程度。例如，现阶段，我国经济存在杠杆率较高，民营企业融资难、融资贵等问题，如果贸然开放资本项目，可能会进一步推高国内的杠杆率，而且由于国有企业特殊的地位，金融资源会继续流向相对低效的国有企业，民营企业融资难、融资贵问题仍然难以解决。此外，我国以间接融资为主并且储蓄回报率较低，如果开放资本项目，大量国内资本流入国外，可能会加剧社会的融资负担。

第五，资本项目开放可能引发金融危机。资本项目开放最大的风险是可能引发金融危机，跨境资本的大量流入可能导致经济泡沫，而跨境资本的大量流出又可能会刺激经济泡沫，进而引发金融危机。从历史经验看，放开资本项目引发金融危机的案例为数不少，1997年的亚洲金融危机就是一个典型的案例。在危机发生前，东南亚国家放开了本国的资本管制，导致大量跨境资本流入国内，助推经济泡沫和资产泡沫，当国外经济好转时，大量跨境资本回流，导致东南亚各国金融市场混乱，最终刺破经济泡沫和资产泡沫，引发金融危机。

（四）防范资本项目开放风险的举措

资本项目开放是建成社会主义现代化强国所必须逾越的一个门槛，但逾越这一门槛也伴随着巨大的风险。防范化解重大风险是我国当前确立的三大攻坚战之首，资本项目开放必须确保不会发生重大风险。防范资本项目开放风险，可以从以下四个方面着手：

第一，资本项目开放并不意味着放弃资本管制。资本项目开放与资本管制并不矛盾，事实上，2008年国际金融危机之后，关于资本项目的国际主流观点由支持完全开放转向支持合理的管制。20世纪90年代，IMF极力鼓吹资本项目开放，试图要求各成员国完全实现资本自由流动，认为资本项目开放利大于弊。但几次金融危机中发展中国家的经验表明，资本管制可以在一定程度上增强发展中国家经济的稳定性。亚洲金融危机结束后，跨境资本大量流入发展中国家，2008年国际金融危机爆发后，跨境资本回流美国，导致发展中国家出现流动性紧张、信贷收缩和经济衰退，美国实施零利率政策后，跨境资本再度流向发展中国家，引发资产泡沫和高通货膨胀率。2008年国际金融危机之后，包括发达国家在内的各国重新审视了资本项目开放，IMF宣称各国可以在适当时间对资本流入和资本流出进行管制，一些已经实现资本项目开放的发达国家也开始着手实施资本管制。因此，在推进资本项目开放的过程中必须保持可控性，这样才能最大限度地降低资本项目开放的风险。

第二，加强跨境资本流动的监管能力建设。跨境资本流动监管是政府掌握跨境资本流动的全面真实情况的必要手段，有助于政府及时采取相关措施防范跨境资本流动带来的风险。加强跨境资本流动的监管能力建设可以从以下三个方面着手。首先，建立和完善跨境资本流动宏观审慎管理机制，包括监测机制、预警机制和相应机制。宏观审慎管理的目的在于从维护整体稳定的角度出发，调控跨境资本流动的方向，建立针对企业和银行等重要的跨境投融资机构的外汇监管制度。其次，建立和完善跨境资本流动微观监管机制，包括行为监管和打击外汇领域违法违规行为，从而维护外汇市场秩序。最后，探索建立数字货币时代下的跨境资本流动监管机制。随着信息技术的发展，各国正在积极探索数字货币方案，如美国Facebook公司提出的Libra。数字货币为跨境资本流动提供了新的渠道，增加了外汇管制的难度，应及时探索如何在数字货币时代下更有效地监管跨境资本流动。

第三，加快金融体系市场化改革。资本项目开放对经济的利弊一定程度上取决于本国金融体系的市场化程度，只有当本国金融体系相对健全，市场化程度较高，开放资本项目才能起到提高资源配置效率，促进经济增长的作用。现阶段，我国金融体系市场化改革已经取得了一定成绩，但仍然有较大的改进空间，具体表现为以下三个方面。首先，加快推进利率市场化改革。放开对金融机构存贷款的利率管制后，存贷款利率并没有立即实现市场化，仍受存贷款基准利率（LPR）的影响。我国正在推进利率市场化改革，改革了LPR形成机制，未来还需要继续完善LPR形成机制及推进存款利率市场化改革。其次，进一步完善金融产品体系。大量的跨境资本流动催生了各种各样的金融需求，只有具备完善的金融产品体系，才能分散相应的风险。最后，优化金融市场环境。通过加强金融市场制度建设，降低金融市场的交易成本，提高金融市场的便利性和灵活性。

第四，资本项目开放要与其他改革措施配套实施。资本项目开放是一项极复杂的系统工程，需要与其他改革措施配套推进，才能避免资本开放引发的风险。首先，资本开放需要汇率制度更加市场化。汇率制度市场化有利于根据市场需求自动调节人民币汇率，进而自动调节资本流动，减缓跨境资本大进大出对我国经济金融的冲击。其次，加强和完善金融监管体系建设。资本项目开放后，国内金融体系和国外金融体系的联系将更加紧密，国内金融体系受国际金融体系的冲击也将更加强烈，因此，只有加强和完善国内金融监管，提高国内金融体系的透明度，保证国内金融体系高效稳健运行，才能降低资本项目开放引发的冲击。最后，资本项目开放需要产业政策、财政政策和税收政策等同步改革。资本项目开放后，可能流入大量外资，如果要高效地利用这些外资，就必须调整现行的产业政策、财政政策和税收政策，如放松对外资投资行业的限制、制定对外资投资所得的税收抵免优惠政策等。

四、汇率的风险与防范

（一）我国汇率制度的变迁

中华人民共和国成立以来，我国人民币汇率形成制度经历了三个重要的演进阶段（王国刚和林楠，2019）。第一个阶段是1949年至1978年。这一时期主要实行单一汇率制度，经历了单一盯住英镑的固定汇率、以“一篮子货币”为基础的单一浮动汇率制度。在这一阶段，我国的国际经济交往较少，人民币汇率主要由政府决定。

第二个阶段是1978年至2005年。这一时期经历了双重汇率制度向事实上盯住美元的汇率制度的转变。1981年，为了促进出口和增加外汇收入，在人民币官方汇率之外实现贸易内部结算汇率，1988年以后，各地普遍设立外汇调剂中心，并允许外汇调剂市场汇率在一定范围内按市场供求浮动。为了减少汇率双轨制带来的问题，1994年，实行官方汇率和外汇调剂市场回归并轨。为了减少汇率市场的波动，从1997年开始，实行事实上盯住美元的固定汇率制度。

第三个阶段是2005年至今。这一时期逐步探索实行有管理的浮动汇率制度形成机制。为了减少外部失衡和国际压力，我国从2005年开始宣布实行有管理的浮动汇率制度，人民币兑美元汇率至2005年开始小幅波动并保持长期升值的趋势。2008年爆发国际金融危机后，为减少汇率波动对宏观经济的影响，再度实行事实上盯住美元的汇率制度。2010年以后，重新采用有管理的浮动汇率制度，探索更加市场化的汇率形成机制。2015年8月13日，人民银行对人民币汇率形成机制进行了改革，重新引入中间价管理模式，人民币汇率由市场供求、“一篮子货币”汇率和逆周期调节因子共同决定。

汇率是开放经济体系中的重要价格之一。随着经济全球化的发展，跨境资本规模越来越庞大，对国内宏观经济的影响也越来越大，越来越多的国家采用浮动汇率化解跨境资本流动的压力，以保障本国货币政策的独立性。虽然有学者研究表明，即便采用浮动汇率也难以充分保障货币政策的独立性（Rey，2015），但相比固定汇率而言，浮动汇率可以相当程度上平抑跨境资本流动对国内宏观经济的冲击（Obstfeld，2015），为本国货币政策留下一定操作空间。

对中国而言，大部分学者都认可人民币汇率形成机制的发展方向是浮动汇率制度，主要原因有三点：第一，人民币汇率采用浮动汇率制度有利于长期宏观经济稳定。当人民币汇率无法自由浮动时，中国货币当局不得不大规模干预外汇市场，货币政策独立性也受外汇市场波动影响，长期看不利于宏观经济的稳定。第二，中国货币当局长期干预外汇市场，真实汇率短期内难以充分调整，导致资源配置扭曲，进而造成国内经济的内部失衡和外部失衡。第三，当人民币汇率不能自由浮动时，人民币可能面临持续的单边贬值压力或贬值压力，导致政府不得不加强资本管制，进而不利于金融开放的推进。

（二）汇率风险及其成因

汇率风险主要是指汇率大幅波动的风险，特别是本币大幅贬值带来的风险。从历史上看，本国货币大幅贬值的事件并不罕见，以2018年为例，土耳其、印度尼西亚、巴西、南非、墨西哥和阿根廷等国的货币对美元均出现超过20%的贬值，部分国家本币贬值幅度甚至超过50%。自从2015年人民币汇率形成机制改革后，人民币汇率波动幅度扩大，防范汇率风险的重要性也越发明显。

汇率大幅波动不利于经济稳定和增长。从宏观角度看，汇率大幅波动不利于出口和本国引进外商投资，抑制本国经济增长；汇率大幅贬值时还会引发外资流出，进而危及本国金融体系的稳定。从微观角度看，汇率大幅波动会增加外贸企业的成本，包括增加汇兑损失、干扰企业的现金流、增加企业外债成本等，不利于外贸企业的长期发展。

汇率风险的成因非常复杂，不同汇率制度的风险不尽相同，总体来看，汇率风险的成因包括以下四个方面。

第一，国际收支情况。国际收支是影响汇率波动的重要因素，如果本国的国际收支是顺差，国际市场对本国货币的需求较高，本国货币就会升值；相反，如果本国的国际收支为逆差，国际市场对本国货币的需求降低，本国货币就会贬值。相应地，本国货币汇率的波动也会起到调节国际收支的作用。1994年汇率并轨以后，我国国际收支正长期保持“双顺差”的格局，即经常项目和资本项目均为顺差。自2014年以来，国际收支开始转为“一顺一逆”的新格局，即经常项目顺差和资本项目逆差，并且经常项目顺差与GDP之比开始下降，基本回落至国际合理标准以内，而资本项目逆差规模开始增大，一度超越经常项目的顺差，这表明影响人民币汇率的主要因素由贸易收支转为资本流动。资本流动的速度快于商品贸易，因此，人民币汇率的波动幅度也会更大。

第二，经济增长情况。经济增长对汇率变动的影响较为复杂。首先，本国经济增长较快，本国居民因收入增长对国外商品的需求会增加，本国货币因进口增加而面临贬值压力；其次，如果本国经济增长由出口驱动，本国经济增速较快，意味着本国生产率提高，本国的出口会增加，本国货币会面临升值压力；最后，本国经济增长提高意味着本国资本回报率更高，因此，国外资本会流入本国，导致本国货币面临升值压力。对中国而言，出口是我国经济增长的重要驱动力，经济增长会增加人民币的升值压力。值得注意的是，经济增长指的是经济的实际增长速度，而通货膨胀对汇率的影响与经济增长相反。

第三，政治因素。政治因素对汇率的影响也十分明显。一般而言，当一个国家的政治局势动荡时，国外资本为躲避政治风险而大量流出，导致该国货币面临较大的贬值压力；相反，当一个国家的政治局势重新恢复稳定时，国外资本会重新流入该国，该国货币也会进入升值周期。国际政治局势也会影响本国的汇率，比如，当某个地区政局动荡时，国际资本为躲避风险，会进入政治局势相对稳定的大国，如美国和日本，从而导致美元和日元升值。

第四，预期因素。预期也是影响汇率的一个重要因素。如果市场对某个国家的国际收支、经济增长和政治看好，国际资本就会大量流入该国，该国货币汇率面临较大升值压力；相反，如果市场不看好某个国家的国际收支、经济增长和政治，该国货币就会面临较大的贬值压力。随着跨国资本流动的规模不断增加，追求投机和套利的跨国资本规模也不断增加，预期是驱动这部分资本流动的重要因素，一旦国际资本关于某个国家的预期发生较大变化，就会引发国际资本的大量流动，引发该国货币汇率的大幅波动。

（三）汇率风险的分类

根据汇率风险的具体表现形式，可以把汇率风险分为交易性风险、折算风险、经济风险、合规风险和政治风险。

1. 交易性风险

交易性风险也称为交易结算风险，是指当企业使用外汇进行收支结算时，由于外汇汇率波动而可能承受的损失。例如，当企业开展进出口业务时，在合同签订到实际收付款的期间内，汇率出现超预期的波动，导致实际收付款时企业蒙受损失。此外，如果企业有外币借款，一旦外币汇率在实际偿付期出现大幅波动，企业为偿还外币就需要支付更多本币，这意味着企业的实际贷款利息大幅提高。

2. 折算风险

折算风险也称为会计风险，是指企业在处理资产负债表时，外币资产价值和外币负债价值由于汇率波动而变化的风险。例如，当一家跨国公司在母国以外国家或地区设立一家子公司时，一方面，子公司在编制资产负债表时，需要将所使用的外币转化为东道国货币，这是一种折算风险；另一方面，当母公司编制合并会计报表时，需要合并子公司的报表，此时，子公司的资产和负债又需要从东道国的货币转化为母国的货币，这也是一种折算风险。

3. 经济风险

经济风险也称为经营风险，是指汇率超预期波动引发企业未来一段时间内收益或现金流变量的风险。具体来讲，汇率波动可能影响企业的销售价格、销售数量和生产成本，进而影响到企业的营业收入和利润等。例如，本国货币贬值既可以提高本国商品在国际市场的竞争力，刺激企业出口，也可以增加企业的进口成本。

4. 合规风险

合规风险，是指企业因违反相关外汇管理法律法规，进而被处罚的相关风险。外汇市场的合规风险既来自国内，也来自海外。在国内方面，部分企业和个人因虚构进出口贸易对外付汇或违规汇入外汇，将个人资金分拆购汇后汇往境外账户等原因被处罚。在海外方面，美国是中国企业合规风险的重要来源，以银行业为例，近年来，中资银行曾多次被美国处罚。美国法院将中资银行在美国的分支机构视为这些银行和美国之间具有最低限度联系的依据，从而对这些银行实施“长臂管辖”，甚至部分在美国没有分支机构的银行，因为使用美元清算系统而被认定为与美国有最低限度联系，同样被美国“长臂管辖”。

5. 政治风险

政治风险，是指因为政治制度或国家而被制裁而引发的汇率风险。例如，美国对伊朗的制裁就包括不允许伊朗被列入制裁的企业和个人使用美国的金融系统，这可能使这些被制裁的企业和个人无法获得足够的美元清偿债务和收回美元债务。此外，美国制裁伊朗也会导致伊朗货币大幅贬值，使没有被制裁的伊朗企业和个人也受影响，增加了其外币债务的实际成本。

（四）防范汇率风险的举措

改革开放以来，我国长期对人民币汇率进行一定程度的干预，人民币汇率波动幅度相对较小，此时，人民币的汇率风险主要由国家承担，企业承担的汇率风险较小。2015年人民币汇率形成机制改革后，人民币汇率波动幅度开始扩大，国家把汇率稳定住、固定住的责任开始淡化，汇率形成机制的市场化程度不断加深，企业逐渐开始承担汇率风险。因此，防范汇率风险的举措也逐渐从围绕政府转向围绕企业。此外，由于企业长期不承担汇率风险，面对汇率风险时经验不足，管理汇率风险的手段欠缺，亟须加强防范汇率风险的意识和手段。防范汇率风险的主要举措包括以下三个方面。

1. 不断丰富金融产品市场，为企业提供充分的汇率避险工具

经过多年的发展，金融市场和金融机构已经可以提供一部分汇率避险工具，包括远期交易和掉期交易等。企业可以使用这些避险工具规避交易方面的汇率风险。但部分复杂的金融衍生品则供给相对不足，如涉及货币和外币的衍生品、货币期货和货币期权等。此外，场外市场中能够锁定汇率风险的货币期权市场也不健全。这在一定程度上限制了企业有效的管理汇率风险。要进一步完善金融产品市场，开放更多汇率风险防范工具，使

汇率风险防范市场逐渐完善和成熟，满足企业各种汇率避险需求。

2. 鼓励企业建立汇率风险管理体系

随着企业“走出去”步伐的加快，企业面临的汇率风险不断加大，汇率风险的种类和成因也更加复杂，为了更好地应对汇率风险，企业需要建立汇率风险管理体系，调动整个公司的力量，积极主动应对汇率风险。具体来讲，企业汇率风险管理体系的主要参与部门是业务部门和财务部门。其中，业务部门负责预测汇率波动对进出口业务或投融资业务现金流的影响，财务部门则根据上述预测设计防范汇率风险的方案，寻找合适的汇率避险工具。需要注意的是，由于汇率风险和汇率避险工具相对复杂，企业需要及时配备相关方面的人才，以更好地满足汇率风险管理的需要。

3. 增强商业银行的汇率风险管理能力

企业利用商业银行提供的金融产品防范汇率风险，其实是把汇率风险转移给商业银行。商业银行面临的汇率风险包括外汇交易风险及外汇资产和负债错配风险，此外，汇率波动幅度扩大还会增加商业银行涉外业务的定价难度。为了更好地管理商业银行的汇率风险，商业银行可以从以下方面着手：加强对汇率变动的预测能力，以更好地指导外汇业务开展；建立和完善外汇风险计量模型，完善外汇风险内部控制制度，将外汇风险控制在自身可承受的范围内；引进和培养一批精通外汇业务和外汇风险管理的人才；开发一批金融衍生品，以更好地分散汇率风险。

五、人民币国际化的风险与防范

（一）人民币国际化的现状

货币国际化是指一种货币超过国界在世界范围流通使用，即在全世界范围内承担货币职能。人民币国际化是指人民币在境外流通使用，在世界上充当计价、结算及储备货币的过程。我国自2009年启动跨境人民币结算试点暨人民币国际化以来，至今已有10年。10年来，我国人民币国际化取得了重大进展，人民币跨境和国际使用快速增长，截至2020年上半年，我国已与39个国家和地区的中央银行或货币当局签署了双边本币互换协议，货币互换协议的规模达3.47万亿元人民币。我国在伦敦、纽约、新加坡等多个国际金融中心设立了人民币清算行。2016年10月，人民币正式加入IMF特别取款权（SDR）货币篮子，人民币国际化进程取得重大突破，截至2019年第三季度，人民币储备规模为2196.2亿美元，被60多个境外货币当局纳入外汇储备。

人民币国际化在促进实体经济，推进金融开放方面发挥了重要作用。首先，人民币国际化有利于规避企业面临的汇率风险，提高跨境资金的结算效率，方便跨境业务的发展，促进实体经济的壮大发展。其次，人民币国际化与金融开放是相互依赖和相互促进的关系。一方面，人民币国际化会增加境外主体持有的人民币金额，刺激境外主体对国内金融市场的需求，进而促进国内金融市场的开放；另一方面，国内金融市场和发展与开放又进一步提高了人民币资产的吸引力，反过来促进人民币的国际使用。

虽然人民币国际化取得了巨大进展，但仍然面临许多制约。首先，国内金融市场发展不够充分和完善。人民币国际化要求国内金融市场与国际金融市场接轨，以满足国际投资者的需求，但目前我国金融市场发展还不充分，金融产品体系还不健全，而且市场化程度还不够高，存在金融结构扭曲，这些与成熟的国际金融市场相比还有较大差距。其次，高新技术产品发展不充分。高新技术产品的可替代性较低，能够在国际贸易中带动本国货币的使用，进而提高本国货币的国际化程度。目前，我国经济已经进入高质量发展阶段，高新技术产品正在日益增加，但尚未取得广泛的世界领先。最后，区域化程度不够高。一种货币只有具有足够大的交易规模和足够便捷的交易网络，其他国家才会愿意持有和使用这种货币，一种货币的区域化是国际化的重要开端。目前，虽然我国进出口贸易规模已经位列世界第一，但与周边国家的自由兑换还存在一定障碍，导致人民币区域化程度还不够高。

（二）人民币国际化的风险

人民币国际化虽然可以带来巨大的经济利益，如国际铸币税收入、节省大量货币兑换成本和降低汇率风险等，但在人民币国际化的过程中也伴随着重要风险，主要包括以下四种：

1. 金融监管风险

人民币国际化意味着人民币将成为国际货币，境外离岸人民币市场将迅速发展壮大，届时境外将由大量以人民币计价的新型的金融工具、新型的融资方式、新型的支付清算手段和新型的金融组织形式和管理方法，这些金融创新对金融监管提出了较高的要求。一方面，目前的金融监管水平与国外发达国家相比还有一定差距，对国外复杂的金融业务难以做到有效监管；另一方面，某些金融创新是对现行金融监管制度的突破，一般而言，金融监管很难走在金融创新前面，这就意味着金融监管始终要接受金融创新的挑战。总之，人民币国际化要求金融监管水平必须接近甚至超过主要经济体的金融监管水平，并且能够做到有效应对金融创新的挑战，否则就可能引发国内金融混乱。

2. 资本冲击风险

人民币国际化要求放松资本管制和调整汇率制度，允许国际资本更加自由的流入和流出，这可能会冲击我国金融市场，甚至引发金融危机。跨境资本中有相当一部分是短期资本，这部分资本主要流向房地产、股票和债券等高利润、高风险的行业，具有高流动性和高投机性。在“羊群效应”的作用下，国外投机资本购买国内资产和证券可能引发国内投机资本的跟随，进而导致资产价格泡沫，国外投机资本抛售国内资产和证券也可能引发国内投机资本的跟随，导致资产价格急剧下跌，刺破资产泡沫。此外，人民币国际化后，人民币可能成为一种传导工具，将国外的政治风险、金融风险和经济风险传导到国内。

3. 政策调控风险

人民币国际化的最终目标是成为世界储备货币，届时境外大量机构和个人将持有人民币，并且人民币跨境流通将更加自由，这会增加货币政策调控的难度。一方面，我国根据自身经济情况实施的货币政策会因境外人民币资产的存在而效果不佳。例如，当人民银行实施紧缩性货币政策时，国内利率和资产收益率上升，国外机构和个人会将其持有的外币资产换成人民币资产，导致国内经济扩张的局面难以得到有效控制。相反，当人民银行实施扩张性货币政策时，国内利率和资产收益率下降，国外机构和个人会将其持有的人民币资产换成外币资产，导致国内经济紧缩的局面难以得到有效控制。另一方面，外来因素将会影响我国货币政策。国外发生政治风险和经济风险都会影响世界对人民币的需求，进而波及国内金融市场，影响人民银行的货币政策决定。

4. 银行信用风险

人民币实现国际化后，中国的银行对外贷款不存在汇率风险，只存在信用风险。如果某个地区的债务人无法筹集足够的人民币偿还贷款，或因为宏观经济或政治动荡等因素导致大量债务人无法如期偿还贷款，中国银行业将形成大量不良贷款，严重时甚至会导致银行失去清偿能力，引发系统性金融风险。此外，人民币国际化后，洗钱的途径和方法也会更加多样，导致反洗钱的难度增大，增加中国银行业的合规风险。

（三）防范人民币国际化风险的举措

人民币国际化进程中存在的风险，不仅会阻碍人民币国际化的进展，也可能诱发货币危机，危及经济发展和社会稳定，因此，人民币国际化的进程中必须格外重视防风险。防范人民币国际化的风险，主要从以下五个方面着手：

1. 提高经济高质量发展水平

中国的经济实力是人民币国际化的根本基础，也是抵御人民币国际化风险的根本保障。现阶段，我国经济发展从高速增长阶段转向高质量发展阶段，提高经济高质量发展水平，就需要加快经济结构转型，增加高新技术研发投入，提升在全球产业链分工中的地位，这也是推动人民币国际化的重要动力。此外，也需要实现外贸方面的高质量发展，改革现行的贸易体制，肩负起向国际经济贸易提供所需人民币的责任，从出口导向型外贸战略转向贸易平衡战略，兼顾国内市场和国际市场。

2. 完善国内金融体系

人民币国际化需要一个健全、高效的国内金融体系作为支撑，为人民币资产提供高流动性，为金融市场参与者提供完善的金融服务和金融产品，以便金融市场参与者管理人民币资产和对冲相关风险。完善国内金融体系，首先要加快金融体制改革，健全金融机构法人治理结构，鼓励金融科技的研发应用，提高金融机构效率，确保金融机构稳健经营；其次要鼓励商业银行设立海外分支机构，为境外机构和个人提供所持有的人民币存放和流通的渠道，同时也为本国企业提供境外金融服务；最后要完善金融产品体系，为人民币持有者提供完善的风险对冲工具，建成多层次的资本市场体系，满足不同类型投资者和融资者对投融资金融服务的多样化需求。

3. 增强人民币汇率弹性

如果人民币汇率缺乏足够的弹性，在开放的金融体系下，一旦市场形成人民币的单边升值预期或贬值预期，就可能诱发货币危机或国际收支危机。2015年人民币汇率形成机制改革后，人民币汇率弹性有所增强，但与完全的浮动汇率相比还有一定差距。未来，我国应该在人民币汇率预期减弱时，适时减弱对外汇市场的干预，允许人民币汇率在更大幅度内波动。此外，增强人民币汇率弹性还必须配合其他改革措施，比如推进利率市场化改革，畅通利率汇率联合机制。

4. 提高金融监管能力，建立金融风险监控预警机制

人民币国际化后，国际市场的冲击对国内金融监管提出较高要求。提高金融监管能力，要完善改进监管方法和手段，用国际通用的反操纵垄断、反欺诈假冒和反内部沟通“三反原则”来替代规则监管，从合规性监管转向审慎性监管。为了将风险防患于未然，我国应当建立金融风险监控预警机制，通过完善金融基础设施，建立和世界其他国家的信息交换机制，广泛收集金融数据，利用大数据技术和计量经济学方法，组成金融风险监控预警指标体系，并随时根据事实进行校准和动态调整。

5. 保持适当的资本管制

放松资本管制是人民币国际化的必然要求，但这并不意味着要彻底放

弃资本管制。从金融危机的历史经验来看，保持适当的资本管制有助于防范金融危机的扩散和发展。2008年国际金融危机之后，各国关于资本管制的主流观点有所转变，从反对资本管制转向支持一定程度的资本管制。我国应该提前做好压力测试等准备预案，一旦市场显露出金融危机的迹象，可以采取临时性的资本管制措施，待金融危机的隐患得以控制，市场重新恢复平静，就可以取消这些临时性的资本管制措施，重新支持资本的自由流入和流出。

8 第八章

新金融风险的表现与防范治理

- 新金融形成的背景与特征
- 网络金融风险的形成机理与表现形式
- 影子银行体系风险形成机理与表现形式
- 新金融风险的防范与治理

新金融在现阶段并没有一个统一规范的定义和解释，一般指在新的时期，针对金融所发生的一些重要改变，我们可以做一些表述。随着经济多元化对金融的需求快速增加，科学技术的发展极大地推动了社会经济发展方式的转变。金融要素的市场化、金融主体的多元化、金融产品的快速迭代过程正在发生变化，在科学技术的推动下，金融架构中的“底层物质”形态正在发生重要改变，金融的新模式和新业态也取得突破性进展。在现代金融体系中，不妨把上述现象称为“新金融”，而且它已经成为一个重要的经济金融现象。一方面，传统金融机构开始向新金融业态和跨界交叉经营转型，互联网公司等新型机构、产业资本、风险投资纷纷投资新金融业务并投资设立金融控股公司；另一方面，互联网金融、理财资管等影子银行业务和金融控股公司交叉经营等新金融业态经过前期的野蛮生长，面对经济结构调整和监管由松到紧的周期转换，因市场投机、监管套利相互交织而又产生了新金融风险。新金融也伴随着新的金融风险，金融科技风险、影子银行业务风险及其交叉传染风险等新金融风险影响着现代金融体系。本章重点讨论新金融风险的表现形式与防范治理对策。

一、新金融形成的背景与特征

分析新金融风险首先要结合时代背景界定什么是新金融。新金融是相对于传统金融而言的，不同时代都有从以往时代的传统金融演变而来的新金融，只有搞清楚本轮新金融生成的时代背景、内涵和演化路径，才能清晰地分析本轮新金融风险的来源。

（一）新金融形成的背景条件

1. 制度环境：金融市场化和适度宽松的监管条件

金融是制度的产物。2008年，为应对国际金融危机，中国开启了金融市场化的征程，中国金融业也开始了新一轮的快速增长。2011年，中央银行向第三方支付企业发放首批支付业务许可证，2012年，全国证券公司创新发展研讨会召开，由此，中国金融业进入了监管相对放宽，金融产品、业务、机制创新被大力鼓励的新发展阶段。近十年来，以宜信、拍拍贷、阿里“余额宝”为起始，在监管部门“先观察再规范”的宽松监管思路下，兴起了众多利用互联网技术与传统金融业务融合发展的网络借贷、消费金融、小额信贷、理财等新业态，移动互联网的风口吸引了大量社会资本。在此期间，利率市场化进程加快，中国证监会允许证券、基金设立资产管理子公司并从事资产管理业务，传统金融机构资产负债表急剧膨胀，产品规模快速增长。

与此同时，在“大众创业、万众创新”的政策指引下，产业资本也跨界进入金融业，阿里巴巴、微众、京东、苏宁、海尔、绿地、万达、恒大等产业资本及平安、安邦、复星等金融资本纷纷设立金融控股公司或网络金融公司经营新金融业务。政府和监管部门也鼓励设立民营银行等新型金融机构，如腾讯微众银行、四川新网银行、江办苏宁银行及上海华瑞银行、天津金城银行、温州民商银行等民营银行。在上述过程中，金融业增加值的增速大幅提升，超过了以工业增加值为代表的实体经济增速。

2. 技术条件：金融科技的兴起和应用

新金融高度依赖新技术的发展，每一轮新科技的发明都催生了当时的新金融。这个时代最有代表性的新技术就是移动互联技术。从20世纪90年代开始，金融科技大力助推传统金融服务的供应，通过技术环境支撑金融业务发展。到了近十年，金融科技因互联网金融的快速扩展而呈燎原之势，我们可以用大数据、云计算、互联网平台、区块链、移动支付、生物识别技术、微表情分析等这些通行概念来刻画新技术。金融科技应用助力金融业实现了真正的“提速降费”——大幅降低了经济金融活动的搜索成本、投融资成本、服务成本及交易成本等，有效提升了信息匹配效率、外部性和网络效应。

金融科技的具体应用主要体现在以下几个方面：利用大数据挖掘技术推动个人信用自动化评估、贷款自动化审批，防范欺诈风险，提高风控水平；利用生物特征识别技术实现声纹登录、指纹支付、刷脸取款，提升用户体验；利用人工智能赋能智能投顾和智能理财，为百姓提供专业的金融服务等。

3. 时代背景：金融全球化、开放竞争和监管国际标准化

自21世纪以来，国际金融市场呈现出新特征。

一是金融市场一体化进程加快。全球大多数国家都已经放松或解除外汇管制，正在开放或已经开放国内金融市场。不同地区和不同类别的金融市场之间的壁垒被打破，不同国家的金融市场，货币市场与资本市场、债券市场与股票市场的联动性逐渐增强，相互依赖程度提高。

二是金融全球化导致全球金融市场竞争加剧。为适应经济金融全球化，金融机构也加快调整步伐：一方面，各大金融机构通过兼并、收购等活动不断进入新领域、开辟新市场，并提升其市场份额；另一方面，金融衍生工具的大量运用和互联网金融的快速发展，使分业监管的效力大大降低，金融全能化趋势渐渐明朗。

三是金融监管向国际金融监管标准靠拢。治理框架由G7转向G20，金融稳定论坛升级为更具实体性质的协会类法人机构——金融稳定理事会。各国监管当局也开始适当调整对金融机构的监管范围，促进本国监管标准与国际标准接轨。巴塞尔协议Ⅱ转向巴塞尔协议Ⅲ。我国的金融监管也向国际统一监管标准看齐。

（二）新金融的特征

与传统金融相比，在新时代背景下形成的新金融体系，主要特征表现为：新金融更加科技化、市场领域拓展得更深，业态更为复杂，风险更具传染性和系统性。

1. 新金融较传统金融更加科技化，市场领域纵深拓展至“长尾客群”

在传统金融未覆盖或覆盖不足的领域发展起来的网络新金融，其客户群体更多集中在中小微企业、个人客户、“三农”客户等领域。互联网渗透率的提高和金融服务普惠功能的提升，也降低了金融市场参与者的门槛。与传统金融相比，新金融主要表现出以下特征：

一是主体多元。新金融的参与主体包含了更广泛的客户群体（尤其是“长尾”客户）及互联网平台、第三方支付机构、外部数据公司和征信机构等新型主体，且多元主体之间相互从属性关系不强。在新金融领域，电子商务、社交媒体等新业态不断涌入，国有企业与民营企业、互联网企业与科创企业等纷纷进入抢占市场，众筹、网络借贷、大数据征信、互联网保险等新模式层出不穷，小微企业、蓝领阶层、学生用户等群体都能享受到新金融服务。

二是业务交叉。网络信息技术承担着优化网络金融产品功能，进而实现价值创造的重要任务。网络金融产品突破了传统金融产品的局限，跨越了行业和领域的限制，因此很难以管控传统金融的方式对网络金融进行监控和管理。从业务类型来看，新金融在PPP、供应链金融、消费金融、股权众筹、承兑汇票、保理、融资租赁等多个维度上进行交叉创新。

三是渠道便利。新渠道与新技术的出现是紧密相连的，智能手机的普及，移动通信技术的不断革新，移动互联网技术和网民数量的持续提升，“屏幕+鼠标”取代了“水泥+钢筋”，使新金融服务唾手可得——金融无处不在，就是不在网点！金融不再是一个网点服务，而是一种行为——一部手机就是一个移动金融机构。

四是场景契合。在“长尾”市场领域，新金融在汽车、旅游、电商、家装、教育等业务场景中得到进一步的丰富和提升。在互联网的推动下，伴随移动通信、大数据、云计算、人工智能、区块链等技术兴起的新金融产品、服务、模式及生态更好地继承了互联网的特质，即“草根”、平等、开放、共享。

五是技术依赖。网络金融的诞生基础和实现工具都表现出明显的网络信息技术及技术创新的依赖性。新金融利用大数据、人工智能、机器学习、深度学习等新兴技术，进行金融服务底层架构和要件的组合，并培育出独特的互联网金融服务生态。除了阿里巴巴、京东、腾讯等互联网巨头积极布局，还有传统金融企业、科技初创企业等逐鹿新金融，它们都给传统金融行业带来了颠覆性的变革。网络信息技术带领传统金融进入新金融时代，技术革新与信用积累也将给金融科技带来更大的想象空间。

六是缺乏稳健。技术的开源化降低了网络金融的进入门槛，借鉴传统金融企业设置的资金门槛或实行特许经营的方式已经无法有效准入或禁止网络金融企业。实力较强的新金融企业更倾向于通过不断创新来扩大利润，力图形成技术垄断，进而制约小微新金融企业的发展。同时，金融产品跨领域、金融业务跨市场、网络金融跨平台越来越普遍，也使新金融系统运行缺乏稳健。

2. 新金融交叉创新，形成了跨市场、跨机构的更为复杂的新型业态

在利率市场化持续推进和金融脱媒的背景下，各类金融机构之间的交叉融合不断深入，金融产品和服务创新不断涌现。交叉性金融工具的兴起与蓬勃发展的原因，一是金融市场发展不平衡蕴含了巨大的业务拓展空间；二是适应金融市场需求的变化；三是规避金融管制；四是金融机构业务转型推动。

交叉金融创新主要通过内部交叉和外部交叉两个途径进行金融产品及业务的融合。内部交叉金融创新是指银行、保险、证券甚至产业资本等机构通过获取多种金融业务牌照，在银行、证券、保险、信托等领域进行综合化布局，以企业集团的形式打通各类金融子市场，从而实现金融产品的交叉创新；例如，原有的平安、中信、光大三大金融控股集团；以及在前期监管宽松时期纷纷进行交叉控股形成的新的控股集团，如苏宁金融、蚂蚁金服、万达金融等。

外部交叉金融创新是指各类机构以产品和业务为载体，通过机构合作形式进行跨市场、跨业务的金融交叉创新。值得一提的是，商业银行表外业务具有较高的自由度和自主性，为银行资产参与其他机构的产品和服务提供了渠道，为银信合作、同业代付、银证合作、银基合作、银保合作创造了条件，实现了利用非银行的金融机构作为通道进行实际放贷。根据《中国金融稳定报告2018》的数据，2017年我国商业银行理财产品余额达30万亿元，由于2017年以后的“金融乱象”整顿，2018年下降至22万亿元。不同金融机构之间的业务融合进一步加深，跨货币市场、资本市场、保险市场等至少两个以上金融市场或跨银行、证券、保险、信托等至少两个金融行业的交叉性金融工具不断涌现。

3. 新金融风险更具传染性、危害性和系统性

新金融在新的时代背景下蓬勃发展，促进了经济和社会发展；但我们不能忽视的是，风险是金融的伴生品，风险也是金融的基本要素。风险的存在决定了收益的存在，对投资收益的追逐必然导致金融市场参与者，对无论是互联网金融产品还是表外业务的热情不断高涨，进一步累积了风险因素。

新金融风险主要是网络金融风险及商业银行表外业务风险和交叉创新风险交织形成的影子银行体系风险。新金融风险有别于传统风险的根本之处在于出现的背景和运行机理有其独特性，多种各具特征的风险类型映射了现阶段我国金融业所面临的现实处境。新金融体系呈现快速扩张的态势，但伴随着实体经济增速的下行，资金“脱实向虚”及金融空转的现象严重，风险在金融体系和实体经济运行的各个方面逐渐积累，随着新兴金融服务的发展壮大逐渐演变成金融行业的系统性风险。

从2016年开始，新金融面临的背景环境有所“逆转”：货币政策和监管政策因为应对经济结构调整、抑制资产泡沫、美国发起对中国的贸易战和科技战而实行“紧平衡、强监管”，新金融累积的风险因素不可避免地被刺破。

总而言之，新金融风险的广度、深度、烈度、传染性，都较传统金融风险不可同日而语，需要正确认识这些金融风险并且防范它们不受节制地肆意恶化。以下具体分析这些新金融风险的形成机理与表现形式，以及防范和治理措施。

二、网络金融风险的形成机理与表现形式

（一）金融科技并未解决信息不对称问题，信用风险更具隐蔽性

网络金融具有去中介化的特征，通过第三方支付和网络渠道实现资金供给和需求的直接对接和远程交互，通过大数据、云计算、分布式账本等

技术的应用实现大数据征信、防欺诈和模型审批，这在一定程度上降低了金融信息不对称的风险。但是，由于网络的广泛连接和多方赋能，网络金融范围也在不断扩大并深入社会各个领域，多元化的参与主体使网络金融风险表现出极强的隐蔽性。同时，在虚拟的网络空间里，也存在着区别于传统金融的信息不对称风险。

一种信息不对称是网络金融平台对借款人的信息不对称。一些网络金融平台对于主体身份识别、信用违约记录、交易目的核查等信用风险评价要素并未设立系统的验证方案，信息存在不确定性，并不能完全识别欺诈风险，由于互联网交易的高频，更加大了互联网金融交易的信用风险；并且由于无法核实资金来源，所以也存在洗钱的风险。

另一种信息不对称是投资者对网络平台的信息不对称。由于前期对网络金融平台的监管并未实行持牌制度和资本监管要求，投资者对平台的资质和技术存在信息不对称。一旦某个网络金融平台“爆雷”，平台方欠钱不还甚至携款潜逃，可能会直接将风险传导至投资人及上下游合作企业。

（二）网络金融更具虚拟性、传染性和“羊群效应”，流动性风险更具爆发性

网络金融的瞬时爆发性和极度渗透性使网络金融风险的演化表现出交叉传染的特征，多部门、多领域参与及网络金融产品的跨行业、跨领域特征加剧了网络金融风险的交叉传染特征，这也使对于现代网络金融风险的监管面临着须跨主体、跨领域进行联合监管的问题。但同时，随着市场的扩大，网络金融的用户体量更大，“羊群效应”也更加明显。相比传统金融，网络金融风险将以更快的速度进行传播，并将扩展到网络的各个环节中，信用风险、流动性风险等金融市场系统性风险恐将因此放大。

以智能投顾为例，如果通过智能投顾得到的理财建议是不合宜的，便可能引发大规模的非理性投资行为，这意味着众多投资者可能将资金投入到一个盈利能力较差的项目，而真正优质的项目却得不到资金投入。不仅如此，智能投顾通过程序化的计算公式得到的投资建议往往趋同，且智能

投顾的影响范围较大，这便会造成大量一致的投资行为，同一时间同向的资金流动会给金融机构带来巨大的资金压力，引致流动性风险。这种一致的投资行为也会放大资产价格顺周期性，导致资产估值错误，加剧经济泡沫或经济危机。

再以网络平台资金流动为例，在一些特殊时期，客户需要大量撤出资金，比如临近购物节或赶上大促销活动，客户要取出资金购物，或是负面新闻爆出，客户失去投资信心要取出资金，若平台无法及时满足用户的取出资金需求，则可能导致整个资金链的断裂。同时，如果其他平台有业务需要，则可能无法完成最基本的金融服务，导致风险传导到这些平台，形成流动性风险。

（三）网络金融极度渗透，系统性风险更加广泛

现代社会对网络金融具有的高度依赖及网络金融随着网络信息实现高速发展的趋势，使网络金融逐渐渗透到社会经济生活的各个领域，同时，网络金融风险也伴随着网络技术的高速发展突破了地域限制，使其一旦爆发便可能迅速渗透到经济系统内部。由于网络信息服务范围的广泛性及隐蔽性，网络金融风险一旦发生，在短时间内便可能演变为大规模系统性风险，并将波及多个领域。在资金积聚方面，网络金融具有十分明显的优势，如果有大量的资金从传统金融分流出来，那么势必导致大量系统性和非系统性风险的转移。同时，如果风险从传统金融转移到网络金融，那么现有的网络金融监管体系可能无法满足其风险管控的需要。

（四）金融科技缺乏统一的技术标准，须关注信息科技风险和数据安全风险

目前，国内金融科技的发展主要由互联网行业主导，从标准层面来讲远远低于传统行业（如FIX、SWIFT协议标准，支撑了银行业的大发展），但在国内，无论是数据信息还是交易协议都是各自发展各自的。技术标准的不统一，会增加行业发展的成本，影响到整个行业生态体系的发展。

同时，技术的高速发展可能带来大规模的系统性风险，波及更多的领域，带来更大的危害，技术标准的不统一也为金融科技领域的风险管理增添了难度。

金融科技发展的时间并不长，许多新技术还不成熟，存在技术漏洞，这可能引发数据安全和网络安全问题。

第一，数据安全问题。技术的不完善可能会导致数据信息存在被窃取、泄露、篡改或灭失等风险。目前，大部分金融科技企业的数据存储在生产系统和备份中心中。用户通过用户名（账号）、口令（密码）和手机短信验证码等较为传统的验证方式访问网站，进行操作。网站上存储着包括用户的姓名、电话、登录密码、银行账号、身份证号等在内的重要个人信息，一旦被黑客盗取，再通过撞库尝试、木马植入，被盗用户的资金安全将受到极大的威胁。目前，很多交易平台还没有在数据的存储、传输、使用、销毁等方面建立完善和长效的保护机制。第二，网络安全问题。互联网天然的开放性使其自身容易遭到攻击、渗透、窃听、计算机病毒等威胁，进而导致网络通信安全风险、网站安全风险和客户端安全风险。例如，用户进入网站或App登录账户，并进行查询、交易等操作，而部分金融科技企业又没有建立保护敏感信息的安全机制，那么在网络传输过程中,客户的资金、账号或密码等敏感信息一旦遭到泄露或篡改，便可能对金融科技企业和客户双方造成严重影响。

综上所述，我们必须认识到，金融科技并没有改变金融业务的本质属性和风险属性[①]，加之技术的开放性和互联互通性，金融风险反而更为隐蔽，技术风险和操作风险明显提高，潜在的系统性、周期性风险越发复杂，同时也不可避免地衍生出诸多新的风险，如产品设计不合理、员工培训不充分和内部风控不健全等导致的金融科技企业的内部管理风险，以及金融科技没有被合理利用可能会造成的系统性金融风险等。

---

① 在2016年第一届中国金融科技大会上，全国人大财经委副主任委员吴晓灵做主旨演讲时表示，互联网金融与金融科技其本质是信息技术在金融领域的应用，不会颠覆金融的本质。

三、影子银行体系风险形成机理与表现形式

近年来，通过商业银行表外金融业务，金融产品向结构化、复杂化、通道化发展，跨机构、跨市场交叉创新，与美国影子银行高度证券化、衍生化的业务模式不同，中国影子银行由银行主导，实质是变相放贷和银行的影子，是金融机构创新、逐利与规避监管交错共生的产物。人民银行调查统计司曾对影子银行作出初步定义：从事金融中介活动，具有与传统银行类似的信用、期限或流动性转换功能，但未受巴塞尔协议Ⅲ或等同监管程度的实体或准实体。[①]广义影子银行业务主要包括银行的非传统信贷业务、非银金融机构（证券、基金、信托、保险资管）的资产管理业务，及少部分的其他融资类业务（融资性担保公司、财务公司、金融租赁公司的融资类业务及小额贷款公司、P2P网贷平台的借贷业务）。

中国影子银行的发展历经了以下三个阶段。第一阶段是2008—2010年：银信合作，银行发行理财产品募资、信贷出表，影子银行初具规模；第二阶段是2011—2013年：银信合作单一通道向银银、银证等多通道合作模式转化；第三阶段是2014—2017年：银信受限、银证被约束，银基接力，银银同业业务变异，多通道模式下套利链条拉长。从监管套利的角度，每一个阶段，银行都寻求与监管阻力最小的通道（机构、中介）合作，通过理财产品或同业负债（含同业存单）等方式募集资金，借助通道将信贷资产转移出表、投资受监管限制行业企业及权益、非标等资产，由此带来相关通道业务及机构的爆发式扩张。国内影子银行资金主要来源于银行表外理财产品和银行（同业）负债，资金主要流向房地产、地方政府融资平台、“两高一剩”行业及资金短缺的中小企业等实体经济领域和股票、债券、非标债权等资产。

① 中国人民银行调查统计司与成都分行调查统计处联合课题组．影子银行体系的内涵及外延［J］．金融发展评论，2012（8）．

（一）监管套利在政策边际变化下容易产生流动性风险

金融行业的监管套利被视为金融创新的重要推动力，2008年国际金融危机爆发后，各界才意识到监管套利也是引发危机的重要原因之一（Bernanke，2008；Stiglitz，2008；周小川，2011）。

1. 监管套利的表现

Donahoo和Shaffer（1991）较早地开始了对监管套利的研究，指出监管的实质是对经济主体进行征税，因而经济主体有动机以各种方式尽量减少或规避监管税收。当一个经济目标可以有多种交易策略时，经济主体往往会选择净监管负担最小的策略。Partony（1997）提出了更加权威的监管套利概念：监管套利是指金融机构利用监管部门制订的各项法规及制度之间存在的差异或真空，开展一系列业务活动，来达到规避监管、降低成本，进而获得超额利润的目的。这表明，价格不均衡、制度不完善是监管套利的前提。随着实体经济回报率下降，监管套利资金流向房地产，或滞留在金融体系内通过加杠杆、期限错配、信用下沉进行套利，形成了“同业存单—同业理财—委外投资”套利链条。

套利渠道主要有以下两种：

第一种是银行与信托、证券或基金资产管理子公司合作的监管套利。银信合作是商业银行向公众募集资金，然后以单一委托人的身份用募集到的资金向信托公司购买信托计划，信托公司再对资金进行管理和运作。银证合作是在银信合作受限之后大规模出现的，主要通过券商或基金子公司的定向资产管理计划实现。这类通道业务是将表内资产转表外、逃避信贷规模约束和资本约束的重要工具，当货币收紧时，商业银行将资金需求包装成信托计划或资管计划，通过将信贷资产表外化来变相放贷、规避监管，而当货币宽松时，商业银行又以投资者身份购买其他银行发行的理财产品，以规避监管部门对其资金使用的限制。

第二种与套利问题相联系的则是备受市场和监管关注的同业存单[①]。同业存单既不属于同业存款，也不属于债券，而是一种货币市场工具，因此不受各项关于银行同业业务的监管政策约束，同业存单发行运转的每一步都存在着息差。第一环节：大型商业银行获取中央银行流动性，结合自营资金主动购买中小银行同业存单（空转套利）。第二环节：中小银行发行同业存单，购买收益更高同业存单及同业理财。第三环节：同业存单和同业理财资金委外（委外套利）。中小银行将通过同业理财或者同业存单筹措的资金委托券商、基金和私募等代为管理，通过加杠杆、加久期和降信用增加利润。同业存单三个环节的套利增加了三大风险：中小银行“发短买长”，增加期限错配风险；委外增加信用风险和流动性风险；债市加杠杆易形成“踩踏”。刘士达等（2017）经过对影子银行的研究，指出商业银行利用同业存单发行成本低、利率市场化的特点，开展表内、表外影子银行活动，即通过同业存单获得资金再投资于同业理财，这导致资金空转，并在无形之中提高了实体企业融资成本，延长了融资链条，实质上是对市场主体经济利益的损害。

同业存单情况与债券市场产品情况对比见表8-1。

表8-1　同业存单情况与债券市场产品情况对比

债券	2014年		2015年		2016年	
	发行数量/只	募集规模/亿元	发行数量/只	募集规模/亿元	发行数量/只	募集规模/亿元
债券市场整体情况（不含同业存单）	3685	90504	5881	144179	6478	185644
同业存单整体情况	972	8975.6	5941	52975.9	16452	129731
同业存单占比/%	26.4	9.9	101.0	36.7	253.9	69.9

资料来源：刘士达，张明，王喆．中国特色的同业存单市场：国际经验、特征事实与潜在风险［J］．金融市场研究，2017（11）．

① 同业存单是2013年12月人民银行推出的一款金融产品，这款产品在问世之前就被认为是一个向大额可转让存单过渡的产品，也是存款利率市场化的一款主要产品。

2. 监管套利在政策边际变化和资金收紧时易引发流动性风险

目前，通道业务和嵌套产品等监管套利业务在商业银行理财中所占的比例超过60%。商业银行理财业务大多采用“资金池”等集合运作模式，资金来源和投资去向之间并没有明确的一一对应关系，更多的是通过滚动发售以筹集短期高流动性资金，并将资金投资于较长期限的低流动性领域，即利用分离定价以获取期限错配带来的溢价收益。商业银行理财业务的嵌套和叠加，规避了监管机构对基础资产的核查及在投资者门槛和投资范围等方面作出的限制，但却造成业务资金链条拉长、杠杆率高企和银行表外资产规模虚增，导致资金在金融体系内空转。投资者在追求较高回报时往往容易忽视产品的风险来源和风险程度，这可能导致风险承受能力较低的投资者反而配置了高风险理财产品。

中小银行的存款竞争能力远不及国有商业银行，同业存单的出现提高了中小银行资产负债管理的主动性，但由于这些中小银行过多地参与了同业存单，使它们在政策环境和资金环境收紧的情形下，承担了更高的资金成本和期限更短的还款压力。这也意味着中小银行面临更为严重的期限错配问题。与此同时，高成本的负债或将迫使中小银行通过更为积极的杠杆活动弥补亏损，由此进一步增加中国金融体系风险。

（二）交叉金融创新产生风险外溢效应易引致交叉传染风险

跨市场、跨业务、跨机构的交叉金融创新，虽然在一定程度上能补足实体经济的资金缺口，弥补市场失灵，但是在监管无法系统跟进的情况下，单一金融市场和单一金融产品的风险也扩散到了其他领域。随着传递载体的不断增加和产品的多层嵌套，单一的金融风险演化为错综复杂的风险传染网络，加剧了金融市场的风险负担。

1. 交叉传染风险含义及表现

交叉传染风险是指在银行、非银行金融机构及民间金融组织开展影子银行业务的过程中，由于宏观和微观层面的不确定性，导致非系统风险在各个市场主体之间相互传染，最终造成损失的可能性。交叉传染风险涉及多个关联方，风险传导可表现为不同关联方之间的接力传导，也可表现为各关联方在同一时间点同时发生风险。特别是随着信用链条的延伸，影子银行的交叉传染风险可能发生在每一个交叉点上，并通过资金的交叉流动向外延伸，由此形成连锁反应，进而导致整个金融体系爆发系统性风险。

尤其是在互联网金融平台上交易传统金融的资产管理产品时，非金融机构的风险可能会被叠加至金融体系中，其风险扩散的速度之快、影响范围之广或将远超传统金融风险。交叉金融业务复杂的资金通道和“过桥”环节提高了风险链式传染的可能性，并且交叉金融风险的外溢速度和外溢范围将超越单一市场风险的影响，这进一步增加了金融市场发生系统性风险的可能性。

2. 交叉传染风险形成机制

交叉传染风险的成因是复杂多样的，包括微观机制和宏观机制。

（1）微观机制。主要是影子银行机构和组织通过股权关系、融资担保关系和业务交叉关系紧密联系，构成了紧密交织的利益和风险输送链条。

一是股权投资关系引发的交叉传染风险。银行、券商、信托、基金和其他金融机构①之间母公司与子公司或子公司与子公司的股权关系为其开展影子银行业务提供了天然的便利，也带来了原生的交叉传染风险。

二是融资担保关系引发的交叉传染风险。影子银行机构之间存在的大量融资担保关系，一方面为业务的快速发展提供了重要的流动性支持和信用保证，另一方面也使影子银行机构之间资金交叉流转越来越频繁，从而提高了金融主体之间的风险相关性。

三是业务交叉引发的交叉传染风险。影子银行业务的开展有时会涉及多个管理主体，相关机构面临着同样的客户，自然也将承担相同的风险，

① 截至2017年底，已有18家商业银行投资基金管理公司、17家商业银行投资金融租赁公司、6家商业银行投资信托公司、7家商业银行投资保险公司、8家商业银行持有境外投资银行牌照、2家商业银行持有境内投资银行牌照、6家商业银行设立消费金融公司。5家证券公司持有商业银行股权，3家证券公司投资信托公司，56家证券公司参控股基金公司；5家保险集团投资控股了商业银行、信托公司、证券公司和基金管理公司等。此外，还有银行通过金融控股模式与小额贷款公司合作开展信贷业务。

这类风险在通道类业务中尤为常见。通道类业务往往存在管理主体权责不明晰的问题，因而金融纠纷较为常见。虽然通道方公司实际上不能真正掌握项目的主动权，但是从产品合同上看，通道公司是发行人，银行是代销方，一旦产品发生违约，双方都有不可推卸的责任。

（2）宏观机制。表现为同一市场风险因素如经济金融运行状况、“羊群效应”等给参与影子银行业务的主体带来的共同损失，这是一种间接的、广义上的风险传染。影子银行机构作为融资信用中介，其风险水平不仅受到实体经济的影响，还与金融市场资金状况、资产价格变动及货币政策走势密切相关。宏观经济下行时，企业整体盈利水平下降，偿债能力减弱，导致委托贷款、信托计划、理财产品等基础资产质量下降，违约风险上升，甚至可能出现兑付危机。而民间金融本身借贷成本高、缺乏约束机制，还具有很强的顺周期性，当借款人资金运作的效益受宏观经济影响而无法偿还本息时，民间借贷组织便可能因为流动性危机而破产，紧接着就是融资平台老板跑路，投资者血本无归，进而加剧了金融系统动荡。从货币政策调整的角度来看，如果中央银行基于经济发展形势收紧货币政策，提高银行存款准备金率或基准利率，银行则出售资产以补充存款准备金，那么去杠杆化将导致资产价格下跌，利率上升又进一步强化了股票、债券等金融资产的贬值趋势，企业股价下跌将导致企业净值减少，这种影响最终通过资产负债表效应进一步扩大影子银行体系的损失。

“羊群效应”最容易引起连锁反应，导致金融风险的交叉传染。由于影子银行体系得不到货币当局“最后贷款人”的政策支持，所以投资者的恐慌情绪可能比一般银行出现危机时更加严重。此时，一旦市场上有投资者要求影子银行进行兑付，“羊群效应”下，其他投资者跟风效仿，最终导致更大范围的流动性危机。

因此，考虑到宏观和微观两种机制的作用，影子银行的经营难以避免地交叉传染风险并造成损失的可能。随着影子银行规模的扩大，交叉传染风险将会在金融体系中进一步积累，传染渠道也将更加多样和复杂，这也意味着风险管理将面临更高的重要性和更大的难度。

（三）影子银行、房地产和地方债务三大风险交织易形成新的系统性风险

1. 影子银行推升了全社会债务杠杆率，导致信用风险急剧增加

中国经济整体的宏观杠杆指标近年来在不断攀升，可以解读为是影子银行业务快速扩张的结果。

一是信贷增速显著超过GDP增速，从银行业金融机构总资产与同期GDP的比值中可以看到，银行业一直处在高杠杆运行状态，即使是从2017年开始“降杠杆”，金融机构总资产/GDP也只是从304%下降到290%（见表8-2）。这既意味着经济整体杠杆率的上升，也意味着信贷质量的显著下滑。

二是我国M_2/GDP的比例处于历史高位，截至2018年底，这一指标已经上升到203%，远高于美国的71%及巴西的28%，甚至超过日本的178%。

三是根据BIS的数据，2019年第三季度，我国非金融部门宏观总体杠杆率为257.3%，其中政府为52.5%，非金融企业为150.4%，居民部门为54.4%。

2011—2018年银行业金融机构总资产及其与GDP比值见表8-2。

表8-2　2011—2018年银行业金融机构总资产及其与GDP比值

时间	银行业金融机构总资产/亿元	GDP/亿元	总资产/GDP/%
2011年12月	1115184.00	489300.60	227.91
2012年12月	1312658.00	540367.40	242.92
2013年12月	1480467.00	595244.40	248.72
2014年12月	1681611.00	643974.00	261.13
2015年12月	1941748.00	689052.10	281.80
2016年12月	2262557.00	743585.50	304.28
2017年12月	2457784.00	827121.70	297.15
2018年12月	2614061.00	900309.00	290.35

2. 影子银行是房地产和地方政府主要融资来源，三者交织成为系统性风险隐患

通过影子银行体系，银行借助理财、信托、资产管理等手段给非标债权项目，主要是不符合表内贷款条件和监管要求的政府部门的融资平台、

房地产领域等进行融资。并且，商业银行为维持理财产品的预期收益率，往往采用投资高风险资产、叠加嵌套产品及层层加杠杆等方式，这种贷款会提高项目的利息率，增加企业的融资成本，因此存在非常大的信用风险。

自2016年以来，我国经济出现小幅回暖，但却带有明显的需求侧政策刺激和供给侧行政性压缩的特点，这说明表征经济增长效率的指标没有出现显著改善。一方面，需求侧的改善仍然依靠传统动能：宽松的货币政策叠加房地产调控政策的放松，带来了新一轮房价泡沫的高企；积极的财政政策与地方政府债务的扩张，支撑基建投资增速长期维持在两位数的高位。另一方面，供给侧结构性改革推动过剩行业去产能，这大幅提高了上游大宗原料的价格，使大型国有企业盈利水平有所改善，中小企业中的过剩产能清出，有些企业举步维艰，而这些结构性问题却可能被规模以上宏观经济数据的平稳走势所掩盖。与此同时，表征经济增长效率的实体投资回报率、劳动生产率、全要素生产率等指标仍处于下行区间，意味着我国经济增长的效率没有得到根本性改善，尤其是影子银行体系与房地产和政府融资平台交织在一起，形成了我国主要的系统性风险的来源，深化供给侧结构性改革是解决上述问题的关键所在。

金融加杠杆的底层资产主要是房地产和地方融资平台。过去10年，基建投资快速增长，房地产销售波动起伏较大，制造业投资持续萎缩，表明主要是地方融资平台和房地产部门加杠杆，地方融资平台等一些低效率部门借助隐性背书和刚性兑付加杠杆占用了过多资源，而中小企业、制造业、生产性服务业等民生及高效率部门被挤出。因此，在金融秩序整顿的同时，亟须推动财税、金融等软约束部门的改革，并与中央信用剥离，打破刚兑。通过推动金融、财税等软约束领域的改革，大规模减税，放松服务业管制，并加强金融监管协调，提升实体经济回报率，使金融系统中空转的资金回流实体经济。

（四）统计制度缺乏面向影子银行的制度安排，影响货币政策目标和监管调控目标的实现

目前，国内还没有创建面向交叉性金融产品的针对性统计制度。中央

银行和监管部门现有的统计制度是根据金融机构的种类进行分业统计，因此很难在现有的金融统计制度框架内将交叉性金融产品整合进去，并按穿透后的实质风险信息进行统计。现有的金融统计制度不仅会影响统计数据的真实性，也影响对金融体系整体风险的客观评估，还会降低广义货币供给量指标的有效性，为货币政策的执行提供有失偏颇的信号，有可能误导我国宏观经济的调控方向。

中央银行实现经济政策目标的手段有三种，分别是再贴现、存款准备金率和公开市场业务。然而，互联网金融企业不受法定存款准备金体系的约束，对货币政策取向造成了影响。同时，互联网金融的融资额并未纳入社会融资总量的统计中，因此社会融资总量不能准确反映金融与经济之间的真实关系，以及金融对实体经济的支持程度。这种货币政策风险会从互联网金融传导到传统金融，进而影响整个金融系统。

四、新金融风险的防范与治理

2012年以后，国内经济进入“新常态”，由规模型发展阶段转为质量型发展阶段，政策层面也开始强调金融层面的供给侧结构性改革与防范金融系统性风险。货币政策和监管政策由宽松转为趋紧，金融去杠杆的背景下货币流动性阶段性下降，这对已经习惯扩张与高杠杆的中国实体经济与金融机构来说是巨大的冲击。那么，我们该如何在当下及未来经济发展中防范和治理新金融风险成为巨大而又重要的课题。

（一）以“金融服务实体经济”的新金融发展观指导我国金融供给侧结构性改革

2017年先后召开的全国金融工作会议和党的十九大强调，要主动进行供给侧结构性改革，金融机构从其主要职责出发支持实体经济发展，全面、多维、系统地防范金融风险，促进经济可持续发展，为新经济时代的新型金融目标与方向指明了发展路径。同时，2018年经济工作会议也将全面多维系统的防范金融风险作为主要任务之一。

2016年，“去杠杆、控风险”成为金融监管的重中之重，“一行三会”出台的一系列监管政策已经对治理影子银行存在的问题产生效果。从影子银行资金来源方看，理财和同业业务逐渐受到约束。2017年4月中国银监会部署的“四不当”专项治理中，有一项是要求机构自查“若将商业银行发行的同业存单计入同业融入资金余额，是否超过银行负债总额的三分之一”等内容，推测未来同业存单可能纳入同业负债，这将从资金源头降低金融机构杠杆率，收缩影子银行业务规模，并对影子银行机构间层层嵌套的交易模式产生抑制作用。各种严厉的监管和处罚措施都表明，决策层在促进金融回归本源。我们必须意识到，从长期看，从严监管将促使中国金融业回归本源。

新型金融业首先应具备如下特点：（1）金融机构与部门以促进实体经济发展为重点方向，两者相互促进、相互协调，以共赢为目的开展业务合作。（2）优化金融资源的行业投放导向，优先选择与支持新技术背景下有助于促进人类长远发展的行业与领域。（3）金融服务更加符合人类的发展需求，同时更加智能化与自主化。（4）风险机制更加完善，实现风险全责明确、风险共同承担的体系。（5）构建合理的利益长效回馈机制促进普惠金融长足发展。（6）从本源出发让金融机构主动选择合规经营，通过全面的监督监管机制有效规避以“监管套利”为目的的创新。（7）通过“一带一路”实现企业“走出去”发展，有效代替收购国外资产，实现资本剥离。（8）监管机制与货币政策互相补充，有效影响金融活动。

（二）将金融与科技进行结合，发展监管科技（RegTech）

1. 建设“大数据”系统，形成“数据集市”

将金融与科技进行结合的基础是加强数据的完备性，通过大数据实现政府与企业、企业与企业之间的数据共享。目前已有的大数据平台存在数据量较少、缺乏统一的数据定义与数据边界，因此无法实现数据“物尽其用”，无法将已有的数据资源转化为决策和行动，实现其应有的市场价值。

另外，如何在数据、平台共享与保障信息安全之间寻找到一个平衡点也是目前存在的主要问题，发展监管科技应以建立数据安全保障机制作为基础，这需要引入完善的制度与法律，明确用户的权责范围，更需要良好的数据开发及使用氛围。

2. 引入“监管沙盒”，发展监管科技

日新月异的金融科技是未来的发展趋势，金融科技对监管机构来说是把“双刃剑”。一方面，监管机构可以利用金融科技提高实时有效地监测、监督水平，同时利用大数据、人工智能等对数据进行分析，为制定有效的监管政策提供支持，同时，监管机构制度与政策方面的支持也将影响金融客户的发展速度与力度，金融科技在萌芽阶段尤其需要政策支持，如银行区块链技术的应用与普及、数据挖掘的应用与实现等。另一方面，金融科技对系统的依赖性强、管理难度更大，一旦出现问题，金融科技将引发较大范围的破坏，对金融体系产生较大冲击，需要监管部门的引导和规范。

未经测试的金融环境对金融体系意味着较大的潜在风险，因此要求金融机构需同时实现与坚持KYC（Know Your Customer）原则与KYD（Know Your Data）原则。从各国发展经验来看，面对金融科技，大部分国家以主动适应与调整的态度改变监管模式。英国将“监管沙盒”（Regulatory Sandbox）理念首次引入金融监管领域，新加坡和澳大利亚等国家也相继运用并推行。该理念主要提倡为特定的金融科技创新创设一个安全的测试环境，监管机构运用金融科技具体表现在监管机构相关资料的数据分析、结果判断与预测、行为模式分析、人工智能演绎等各个方面。随着监管科技的进一步探索与运用，监管部门将数据与技术系统直接与各金融机构的系统与平台相连接，监管部门可实时并直接地获取底层数据，同时按照统一的数据准则进行处理，完成监管的报告、建模与合规等工作。

人民银行于2017年5月15日成立了金融科技委员会，并提出“要强化监管科技，积极利用大数据、人工智能、云计算等技术丰富金融监管手段，提升跨行业、跨市场交叉性金融风险的甄别、防范和化解能力”。2019年12月，人民银行支持在北京市率先开展金融科技创新监管试点，探索构建

包容审慎的中国版“监管沙盒”。具体来看，这一套沙盒体系将运用信息公开、产品公示、共同监督等柔性管理方式，引导持牌金融机构在依法合规、保护消费者权益的前提下，推动金融科技守正创新，赋能金融服务提质增效，营造安全、普惠、开放的金融科技发展环境。

“监管沙盒”中国化需要重点考虑两个方面。一方面，扎实做好“监管沙盒”的顶层设计和特别授权。实现“监管沙盒”中国化的首要任务，是做好体制机制顶层设计，明确有关部门的业务职责和监管边界，避免监管主体的冲突、交叉和空白，提高监管的协调性和联动性。还需要通过法律授权确保“监管沙盒”测试的合法性，鉴于出台法律的程序较为烦琐且耗时较长，而部门规章较为灵活且与“监管沙盒”的需求一致，因此有关部门可以先行制定相关规章，赋予监管机构必要的授权以开展“监管沙盒”工作。另一方面，着力推动“监管沙盒”的数据共享和信息披露。监管机构要用自身掌握的有关数据充实“监管沙盒”，从而提高“监管沙盒”的仿真程度，使测试结果具有更高的参考价值；同时需要确保测试企业严格执行信息披露制度，保证信息披露的准确性、全面性和及时性，切实保障消费者的知情权，杜绝违背信息披露准则的行为出现。

（三）提倡制度先行，加强金融法律法规建设

结合中国的国情与环境，金融监管层面的法律法规的建设与完善是最快速、有效和直接的风险规范途径。目前，监管政策从严的趋势日益显著，监管政策对风险的管理发挥着重要的作用。

自2016年以来，人民银行通过宏观审慎评估体系（MPA）建立了对各个金融机构资本管理与风险防范的多方面评级体系。自2017年以来，监管机构加强对银行业与非银行业金融机构的市场整改与治理，提出全面风险管理的要求，对理财与同业业务加强管理，整治市场乱象，逐步消除套利空间。2017年7月4日人民银行发布《中国金融稳定报告2017》，以专题的形式对资管行业的业务类型、合作模式、存在问题、未来规范发展的方向做了详细论述。影子银行、资管行业、金控公司等监管套利行为，和互联网线上化违法违规金融业务将从游离监管重新纳入监管轨道。表8-3梳理了近

年来监管机构针对该类行为的主要政策与内容。

表8-3　近年来主要调控政策一览

类别	时间	发文部门	相关政策或会议主要内容
表外风险	2016年8月	中国银监会、工信部、公安部、网信办	研究起草《网络借贷信息中介机构业务活动管理暂行办法》，以负面清单形式划定了P2P业务边界，明确提出不得吸收公共存款、不得归集资金设立资金池等十三项禁令
	2016年12月	中国证监会	颁布实施《基金管理公司子公司管理规定》和《基金管理公司特定客户资产管理子公司风险控制指标管理暂行规定》，建立以净资本为核心的风险控制指标体系
	2017年1月	各地银监局	各地召开的年度工作会议上均强调了要对交叉金融业务实行穿透原则，对资金来源于银行体系的各类业务，按照实质重于形式的原则，纳入全面风险管理
	2017年5月	人民银行、中国银监会	发布《关于加强票据监管促进票据监管发展的通知》，要求强化票据内控，坚持贸易真实性要求，严禁资金空转，严格规范同业账户管理
	2017年7月	财政部、中国银监会	银行业理财登记托管中心有限公司正式成立，理财酝酿统一登记托管；对表外业务计提风险资本；银行理财加速向“净值型”“阳光化”转型，很难再成为银行出表工具
	2017年9月	中国保监会	印发《关于强化人身保险产品监管工作通知》《关于进一步完善人身保险精算制度有关事项通知》，针对万能险等中短期存续产品增加限制和监管
	2018年3月	国务院	政府工作报告指出：加强金融机构风险内控。强化金融监管统筹协调，健全对影子银行、互联网金融、金融控股公司等的监管，进一步完善金融监管
	2018年4月	人民银行、中国银保监会、中国证监会、外汇管理局	发布《关于规范金融机构资产管理业务的指导意见》（“资管新规”），针对资产管理业务的多层嵌套、杠杆不清、套利严重、投机频繁等问题，设定统一的标准规制，并规定开展资产管理业务时不得承诺保本保收益
	2018年5月	中国银保监会	发布《商业银行大额风险暴露管理办法》，针对资本净额2.5%以上的风险暴露要求报告，并引进匿名账户风险暴露，对通过多层嵌套的底层资产风险暴露和同业投资进行了限额管理，实质上不允许做大表外业务和同业业务
	2018年5月	中国银保监会	发布《商业银行流动性风险管理办法》，在计算流动性覆盖率和优质流动性资产充足率时，表外业务也要考虑进来，即表外业务也需要考虑流动性风险
	2019年4月	中国银保监会	发布《商业银行金融资产风险分类暂行办法》，将风险分类对象由贷款扩展至承担信用风险的全部金融资产，表外项目中承担信用风险的，应比照表内资产相关要求开展风险分类

续表

类别	时间	发文部门	相关政策或会议主要内容
互联网风险	2016年10月	中国证监会等十五部委	公布《股权众筹风险专项整治工作实施方案》，重点整治平台上的融资者欺诈发行股票等金融产品，证券公司、基金公司和期货公司等持牌金融机构与互联网企业合作违法违规开展业务等8类问题
	2017年5月	人民银行	成立金融科技委员会，旨在加强金融科技工作的研究规划和统筹协调，可视作监管机构大力发展监管科技的标志
	2017年9月	人民银行等七部委	发布《关于防范代币发行融资风险的公告》，全面取缔ICO融资
	2018年2月	互联网金融协会	工作会议表示，2018年的工作重点将在于继续完善行业自律管理机制，加强行业基础设施建设，深入推进互联网金融标准化工作，配合支撑互联网金融风险专项整治和规范发展长效机制建设
	2018年4月	互联网金融风险专项整治工作领导小组办公室	下发《关于加大通过互联网开展资产管理业务整治力度及开展验收工作的通知》，进一步加大对于通过互联网开展资管业务的整治力度；明确通过互联网开展资产管理业务的本质没变，依然属于特许经营行业，须取得中央金融管理部门颁发的相关牌照，纳入金融监管
	2018年7月	人民银行	人民银行会同互联网金融风险专项整治工作领导小组有关成员单位召开互联网金融风险专项整治下一阶段工作部署动员会：按照打好防范化解重大风险攻坚战总体安排，再用1~2年时间完成互联网金融风险专项整治，化解存量风险，消除风险隐患，同时初步建立适应互联网金融特点的监管制度体系
	2018年10月	人民银行、中国银保监会、中国证监会	发布《互联网金融从业机构反洗钱和反恐怖融资管理办法（试行）》，旨在建立监督管理与自律管理相结合的反洗钱监管机制和对全行业实质有效的框架性监管规则
	2018年12月	互联网金融风险专项整治工作领导小组办公室、P2P网络借贷风险专项整治工作领导小组办公室	下发《关于做好网贷机构分类处置和风险防范工作的意见》，定调坚持以机构退出为主要工作方向，并对网贷机构的分类处置和风险防范进行部署
	2019年8月	人民银行	2019年下半年工作电视会议要求，下半年的重点工作之一是加快推进我国法定数字货币（DC/EP）研发步伐，跟踪研究国内外虚拟货币发展趋势，继续加强互联网金融风险整治

综合上述这些监管措施来看，政府和监管部门将监管的重点放在网络金融风险和影子银行风险上，进一步修订和完善与金融创新规律不相适宜的规章制度，是有效防范风险的重要方面。

（四）在“一行两会”模式下，完善监管体系，促进协同监管

1. 加强金融监管的顶层设计和监管框架体系

在我国“一行两会”监管体系改革后，监管职责被重新划分，人民银行负责通过货币政策和宏观审慎政策的“双支柱”调控框架防范系统性金融风险，同时为整个金融业制定发展方向和规划；中国银保监会和中国证监会在机构和市场层面负责微观审慎监管，从机构监管到行为监管进行统一把控。中国银监会与中国保监会的合并，最直接的影响是可以统一监管标准、减少沟通成本与监管套利等问题。如何从顶层设计出发，将金融机构的定位与职责进行统筹安排，形成机构之间互相合作、监管机制有效结合的监管框架体系变得尤为重要。我们可以在原有基础上适当借鉴美国的“伞形监管”和英国的“双峰监管”，强调监管机构本身的统筹管理，强化资本在金融监管中的重要性，综合运用宏观审慎监管与微观审慎监管。

2. 统一监管规则标准，明确监管职责与权限

根据具体的金融业务与产品，明确银行业金融机构与非银行金融机构的监管对象、标准、要求，同时从风险角度出发识别与提出可能存在的风险与问题，明确相应的监管底线与管理要求，最大限度地缩小监管套利空间。鉴于混业经营、交叉金融风险的存在，要求金融业务进行穿透式管理，同时划分各监管机构的职责与权限，强调监管机构主体责任，加强各监管机构之间的合作与协同，有效管理风险与业务。

3. 有效压缩监管政策时滞，提升政策精准性和有效性

监管政策对现有新型金融创新活动的政策反应是相对滞后的，例如，交叉金融业务的创新探索与膨胀发展，在丰富投资品种、满足多元化投资需求方面功不可没，但是其产生的内因还是逃避政策监管与约束，摆脱政策约束实现监管套利，脱实向虚、刚性兑付、资产出表、规模虚增与期限错配问题异常严重，这种金融活动往往在产生问题阶段才被予以重视。同时，监管机构从识别风险、分析风险到制定政策约束风险，这个过程需要较长的时间。在这段政策空窗期，市场又会出现新的问题和风险，并影响新推出监管政策

的针对性和有效性。为有效缩短政策时滞，监管机构应动态评估金融机构最新的产品与业务，在业务发展的各个阶段及时跟进，以前瞻性和系统性的视角制定监管政策及配套措施，以保证政策落地的精准性和有效性。

4. 健全信息披露机制和系统平台

交叉性金融业务存在交易结构复杂、资金流向隐秘、呈现从传统金融领域传导至新金融领域的趋势，因此监管机构要求金融机构对客户与业务实行充分的信息披露与风险提示机制，清晰掌握资金的实际行业投向与运转路径，同时，穿透式的业务与资金的管理有助于客户根据自己的风险偏好，选择与自己承受能力相匹配的金融产品。

监管机构应从全局出发，集中整合各类信息管理与平台资源，建立集交叉金融产品发行、交易与终止的实时数据信息资料数据库及平台，设计系统与数据架构，综合利用已有的金融基础信息系统，对产品的客户流、资金流及风险与收益情况进行全面掌控。

（五）对交叉金融创新实施穿透式监管的路径及建议

为了进一步提升对交叉金融创新风险的识别、防控及快速处置能力，监管部门创设穿透式的监管模式，主动适应对金融创新业务的监管，在金融创新的基础上强化风险管理。2018年发布的《关于规范金融机构资产管理业务的指导意见》（银发〔2018〕106号）中明确以下实施路径与管理细则，主要分为以下两个方面：

一方面是往下穿透，识别业务底层资产。通过对底层资产进行全面详细的登记，追溯产品交易流转的全过程，明确底层资产的最终经营状态，同时，核查底层资产其本身是否符合产业政策要求与相关的监管规定，评判金融机构或投资人是否已进行充分的信息披露，监测与核查金融产品资金的最终去向及流动情况。利用“多层嵌套、分层登记”管理机制，对银行业金融机构的资产管理计划进行密切跟踪与监测，尤其是对资产管理产品中的非标投资业务明确限制要求与措施，禁止银行金融机构把风险较高的非标资产以表外化的方式进行转移，另外，还需分析资产管理产品的投资结构与期限结构，杜绝恶意多层嵌套、利用期限错配进行短贷长用、通过违规加杠杆等方式进行监管套利。

另一方面是往上穿透，查明最终投资人。通过该途径核查最终投资人的实际资质是否符合监管要求，投资人是否具有相应的风险承担能力及投资风险与收益是否平衡，防止通过错层嵌套的模式导致客户需求与产品模式错配，从而核实相应金融机构主体责任的履行情况，其销售过程是否严格执行投资者适当性要求相关规定。监管机构应当坚持风险与收益相匹配的原则，提出并严格执行投资者适当性管理的标准与要求，形成适用于交叉金融业务的投资者适当性管理制度；推进各金融机构风险等级评价、客户风险等级划分等制度的完善与修订，在金融产品的信息告知和风险提示等方面加强监督核查。

9 第九章

宏观杠杆、金融监管、金融风险管理发展趋势与防范

- 中国杠杆率现状及其风险防范
- 金融监管的新动向
- 全面风险管理历程及发展趋势

一、中国杠杆率现状及其风险防范

（一）中国宏观杠杆率现状及其主要风险

1. 宏观杠杆率处于全球中等水平，但杠杆上升速度较快

从宏观角度看，我国宏观杠杆率并不高，在全球仅为中等水平。根据BIS的数据，2019年第三季度，我国非金融部门（政府、非金融企业和居民部门）宏观杠杆率为257.3%，虽然较新兴经济体高76.9个百分点，但仅分别比全球和G20国家高18.3个和16.4个百分点，仍比发达经济体低18.6个百分点。当前我国宏观杠杆率在全球仍处于中等水平。但是，国际金融危机以来，在大规模扩张刺激政策作用下，我国杠杆率上升速度较快。2008年底，我国宏观杠杆率仅为142.7%，明显低于全球和发达经济体平均水平。2009—2018年，国际金融危机后的十年间，我国宏观杠杆率年均上升10.7个百分点，而全球、G20国家和发达经济体同期杠杆率年均仅分别上升3.1个、3.0个和2.6个百分点，新兴经济体同期年均杠杆率也仅上升8.1个百分点。

国际金融危机前后杠杆率比较如图9-1所示。

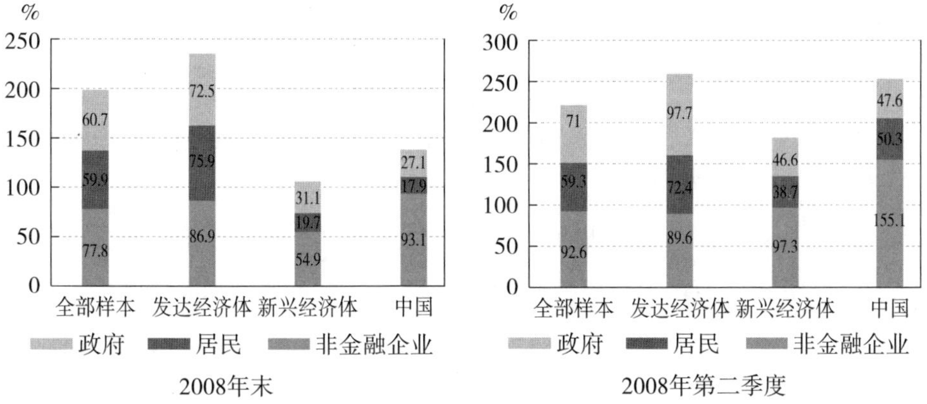

图9-1 国际金融危机前后杠杆率比较

宏观杠杆率过快上升，债务产出效率明显下降，经济金融风险明显加大。2008年，我国边际杠杆率（增量债务与增量GDP之比）仅为124.2%，2009年迅速攀升到579.2%之后开始下滑，2014年再度上升到高点395%，边际杠杆率上升速度明显快于存量杠杆率上升速度，这表明债务扩张速度已快于产出扩张速度，即同样新增1%的负债，杠杆率上升速度将大于1%。虽然杠杆率水平一度被视为系统性危机的预警指标，例如，欧盟将60%作为公共债务占GDP比例的警戒线，Reinhart & Rogoff（2010）①还提出了国际公认的90%作为政府杠杆率风险阈值标准，但大量国内外研究表明，有关杠杆率与金融危机的阈值关系尚无定论。事实上，杠杆率上升速度而非杠杆率水平与危机关系更为密切。野村证券在2013年曾提出著名的“5-30”规则，即发生危机之前的5年，信贷占GDP比例一般都要上升30%以上。Reinhart & Rogoff（2011）也认为，实体部门债务飙升往往是银行危机的前奏，且公共债务迅速上升与主权债务危机密切相关。类似地，国内很多学者（如宋立、牛慕鸿，2016）研究也表明，杠杆率快速上升将加大系统性金融风险的概率。

国际金融危机以来，我国宏观杠杆率上升速度较快，债务规模急剧膨胀，严重威胁经济金融的稳定健康发展。为此，党中央、国务院将去杠杆作为供给侧结构性改革的重要工作任务，将防范化解重大风险，特别是金融风险，作为三大攻坚战之首。自2017年以来，我国宏观杠杆率过快上升势头得到有效遏制，宏观杠杆率在2018年底较2017年底下降1个百分点，边际杠杆率降至239.3%，已接近2011年前后水平。

2. 中国杠杆率表面上集中在非金融企业部门，但债务风险主要集中在地方政府和国有企业

分部门来看，中国宏观杠杆率主要体现在非金融企业部门。2008年国际金融危机以来，在大规模扩张刺激政策下，非金融企业杠杆率出现较大幅度的上升，由2008年底的93.1%攀升至2015年底的150%以上。当前，中

① Reinhart C M, Rogoff K S . Growth in a Time of Debt [J]. The American Economic Review, 2010, 100 (2): 573-578.

国的非金融企业杠杆率仅次于卢森堡、中国香港、爱尔兰等经济体，但这三个经济体都是全球著名离岸金融中心，杠杆率始终较高，不能作为可比参照系。随着供给侧结构性改革的深入开展，非金融企业杠杆率呈总体下降态势，2019年9月已降至150.4%。不过，由于严监管背景下表外资产回表加快，并受GDP数据季节调整等因素影响，2019年第一季度非金融企业杠杆率反弹至152.3%，但从第二季度开始逐渐下降。根据国家金融与发展实验室的数据，2019年第一季度，非金融企业杠杆率较上年末上升3.4个百分点，同样从第二季度开始回落，2019年底杠杆率为151.3%，较上年底和第一季度分别下降0.3个和3.1个百分点。可见，2019年第一季度非金融企业杠杆率的上升，受政策和数据调整影响较大，并不足以说明去杠杆进程的逆转。

虽然政府部门杠杆率总体稳健，但很多企业债务实质上属于地方政府和国有企业，需高度关注地方政府隐性债务风险。国际清算银行（BIS）将国有企业性质的地方政府融资平台债务直接作为企业部门负债，这实际上高估了企业部门杠杆率，低估了政府部门杠杆率和政府债务风险。根据国际货币基金组织（IMF）的测算，2016年仅考虑显性债务的中国政府部门杠杆率为36.7%，但考虑隐性债务后的增广概念杠杆率已高达62%，超过欧盟60%的警戒线。而且，预计2023年，增广概念政府部门杠杆率将达到91.6%（见图9-2），超过国际公认的90%风险阈值标准。

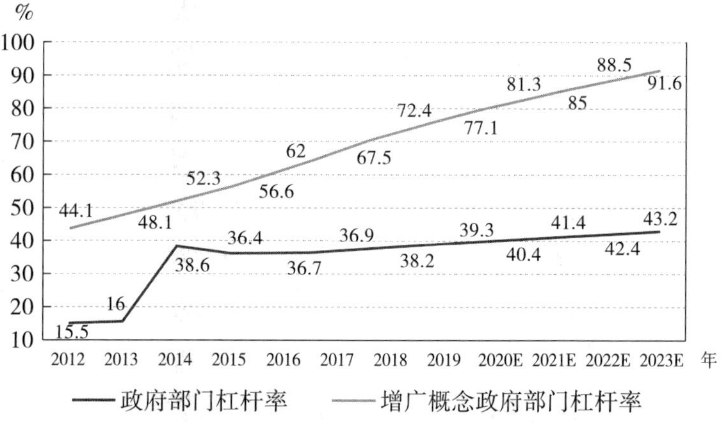

图9-2　IMF测算的中国政府部门杠杆率和增广概念政府部门杠杆率

国有企业去杠杆进程缓慢，民营企业杠杆水平较低。虽然我国去杠杆工作取得了积极进展，但这主要体现在民营企业。2017年底，规模以上工业企业资产负债率降至有数据以来最低的55.5%，这主要得益于2014年以来民营企业资产负债率的趋势性下降，全部国有企业资产负债率始终在65%左右。自2018年以来，随着监管政策加强和融资环境趋紧，民营企业资产负债率明显上升，主要是应付账款商业信用上升。2018年全年，小微企业贷款增速降至历史最低的8.3%。由此，2018年底，民营工业企业资产负债率增加4.8个百分点至56.37%，而国有及国有控股企业资产负债率下降0.2个百分点至64.7%。可见，民营企业资产负债率的上升属于被动加杠杆，其总体杠杆率较低，外部债务风险并不大，而国有企业去杠杆进程缓慢，债务风险依然较高。

3. 居民部门杠杆率水平相对较低，但上升速度较快，加大房价泡沫风险

根据BIS的数据，2019年第三季度，中国居民部门杠杆率为54.4%，虽然较新兴经济体高13.1个百分点，但仍分别比全球和发达经济体低5.7个和17.6个百分点，居民部门杠杆率水平仍相对较低。综合考虑中国居民消费特征、经济发展阶段等因素，中国居民部门杠杆率水平总体没有偏离合理区间。不过，国际金融危机后，中国居民杠杆率上升速度较快。2008年，中国居民部门杠杆率仅为17.9%，2008—2018年，中国居民部门杠杆率平均每年上涨3.05个百分点，显著高于其他国家。从横向对比来看，美国居民杠杆率水平从20%上升至50%历经近40年，而中国用了不到10年。

中国居民债务主要集中在房地产领域，杠杆上升速度较快加大房价泡沫风险。从住户部门贷款来看，自2007年以来，我国住户部门消费性贷款余额占比始终在60%以上，其中中长期个人住房抵押贷款余额占住户部门全部贷款余额的比重超过50%。长期以来，房地产业一直被作为国民经济的支柱产业，是社会资金的重点流向。2008年国际金融危机后的刺激政策推动资金进一步向房地产部门集中。2016年9月我国房地产市场分类调控以来，一线、二线热点城市调控政策日趋严厉，而非热点三线、四线城市政策环境相对温和，许多城市还采取“棚改+高货币化补偿”政策，三线、

四线城市房价涨幅明显快于一线、二线热点城市，这推高了市场热度，消化了库存，但一定程度上导致了盲目乐观。特别是随着房地产调控政策加强，在限贷政策作用下，很多短期消费贷款大量涌入房地产领域，2018年全年居民短期消费贷款增速较中长期消费贷款增速高12个百分点。如果进一步考虑通过互联网金融得到的贷款未计入居民负债，中国居民实际负债和杠杆率水平将更高。居民杠杆率的快速上升加大了房价泡沫风险，如果房价发生较大波动，将对居民财富产生重大影响，容易形成系统性风险，影响社会稳定。

（二）中国高杠杆风险的实体经济根源

中国较高的杠杆率和负债水平，与当前的高储蓄支撑的投资主导经济增长模式及银行为主的间接金融结构密切相关，高杠杆和债务风险主要并不是在于水平，而是在于结构，而这主要与作为资金需求方的实体部门扭曲密切相关。

1. 经济高速增长中存在大量预算软约束部门，倒逼信贷被动投放

改革开放以来，为调动地方发展经济的积极性，我国形成了以GDP为导向的“锦标赛”增长模式（周黎安，2007）。地方政府主要通过基础设施建设、发展以国有企业为主的重化工业等方式，促进地方经济增长。在政府过度关注经济增长导向下，我国存在着地方融资平台、国有企业和房地产企业等大量预算软约束部门，有着强烈的债务扩张刺激经济的内在动力（纪敏等，2017）。

虽然我国很早就认识到投资和GDP导向的传统增长模式弊端，2006年底的中央经济工作会议就提出经济要“又好又快”发展，我国也开展了针对性的宏观调控，但“锦标赛”模式下各地投资冲动无法得到有效抑制，反而进一步加剧了流动性过剩期间的经济过热和信贷扩张，货币政策更加易松难紧。2008年，为应对国际金融危机冲击，我国出台了4万亿元大规模刺激政策，在稳定金融市场、促进经济复苏、避免国内经济出现危机方面发挥了重要作用，相应地，国内社会融资规模增长较快，企业和政府部门

加杠杆动力明显，一定程度上出现了流动性过剩和经济过热。

2. 中央和地方财税关系尚未真正理顺，地方政府隐性债务过度膨胀

中央和地方财税关系是贯穿于中国几千年政治经济史的核心命题。从历史上看，由于我国中央和地方财政关系没有理顺，地方政府行为曾多次陷入“一收就死、一放就乱”怪圈。我国从2011年开始着手整顿地方政府债务，但这并未从根本上解决地方政府债务风险问题，因为中央和地方财税关系尚未真正理顺。

首先，我国不同层级政府权责划分不清，地方政府财税权责不匹配，致使地方政府隐性债务规模居高不下。从各级政府支出责任安排来看，很多地方政府的支出责任实际是中央政府的政策所导致的。例如，精准扶贫、棚户区改造、地下管廊建设等领域，主要是中央政府提出的政策目标。其次，地方政府债务发行和资金使用主体不一致，难以真正打破隐性担保和过度负债冲动。从地方财政支出主体来看，地市和县一级是财政支出的主体，省级政府占比相对较小。但是，在当前地方政府债务余额管理下，只能是省级政府作为发债主体，这实际上是以省级政府代发市县地方债，只是将原中央政府隐性担保转变为省级政府隐性担保，并未从根本上解决地方债务的激励相容问题，不同程度上存在着责任不清、债务缺乏约束等问题。另外，我国政府预算管理和财政信息透明度较低，公益性项目和非公益性项目、政府债务与非政府债务界限不清。金融机构很难充分掌握地方政府的未偿还债务及偿债能力等有关信息，按照“市场化原则”识别项目风险，只能将不同项目混在一起“打捆融资”，融资平台债务隐含着政府信用担保和兜底预期，成为刚性兑付的准政府债务。

自2017年以来，我国开始加大清理地方政府债务力度。但是，由于中央地方财税事权关系并未得到真正理顺，清理地方政府债务过程中可能的次生风险需高度关注。一方面，“一刀切”式的清理债务容易陷入“债务—通缩”循环，可能引发新型债务风险；另一方面，清理地方政府债务无法完全隔离政府偿债责任，将财政风险转嫁给金融部门反而加剧了地方融资困难。

（三）中国高杠杆风险的金融层面原因

高杠杆是宏观金融脆弱性的总根源，在实体部门体现为过度负债，在金融领域体现为资金供给和信用的过快扩张。与债务过度膨胀相伴随，同业业务与信贷业务、表外业务与表内业务、存款类机构与非存款类机构界限日益模糊，一些高风险操作打着“金融创新”的幌子推动泡沫在多个市场共同积聚，系统性风险迅速上升，反映出金融监管体制的缺陷和金融机构治理机制等方面存在的不足。

1. 以监管套利为主的影子银行体系迅猛发展，加剧了杠杆结构性风险

当前中国高杠杆风险和金融乱象，很大程度上与影子银行快速发展密切相关。中国的影子银行信用扩张主要是为了规避监管，资金主要投向具有预算软约束性质的地方政府融资平台、产能过剩的国有企业和房地产部门，并非真正服务于有效率的实体经济，加剧了资源配置的扭曲，推高了社会融资成本并使小微民营企业融资更加困难，进一步恶化隐性担保和刚性兑付问题（汪涛，2018）。大量监管套利的“金融创新”并没有改变影子银行信贷资产的风险性质，个别银行的真实资本数量和贷款损失拨备明显不足。随着结构化影子银行体系的发展，进一步加剧了金融机构的流动性风险和跨行业、跨市场的系统性风险。

长期以来，我国未能处理好监管与商业金融机构的关系，监管与行业发展职能没有分离，监管部门与中央银行的监管协调存在漏洞，致使监管套利为主的影子银行迅猛发展。2003年，人民银行着力对金融体系进行“在线修复”，随着金融机构历史包袱的逐步消化和改革后经营绩效的明显好转，监管部门更加关注本行业发展，强调要在发展中消化风险，这刺激了规避信贷调控的影子银行发展。在同业业务受到限制后，银行转向监管标准更低的基金子公司和券商资管扩大影子银行信贷投放，我国影子银行呈现日益结构化、复杂化趋势，风险集聚更加严峻。2014—2016年，结构化影子银行信贷规模迅速上升，规避监管和监管套利成为重要的驱动因素（Ehlers等，2018）。可见，正是由于金融监管的碎片化、部门化，致使监管

始终不到位，大量监管真空使影子银行过度膨胀，推升了宏观杠杆率和金融风险。

2. 金融机构公司治理存在明显缺陷，导致其存在刚性兑付幻觉，加剧了信贷风险和结构性扭曲

我国金融机构公司治理仍不健全，股东越位、缺位现象较普遍，内部人控制现象仍在一些金融机构中存在，发展战略、风险文化和激励机制扭曲，加剧了信贷风险和结构性扭曲。在完善的公司治理体系下，董事会和股东会对经营层的信贷行为起到足够的监督作用，贷款损失导致股东利益受损就会对经营层形成巨大的业绩压力和声誉损失。但是，公司治理实践很大程度上违背了所有有效的公司治理原则，很多矛盾和问题被经济高速增长所掩盖。例如，2017年某省农村商业银行与省信用联社针对高管提名权的公开争执，农村商业银行认为省信用联社行政干预，省信用联社则指责农村商业银行内部人控制，充分说明了金融机构公司治理的体制机制性缺陷。

随着中国经济增速趋势性下降并进入中高速增长的高质量发展阶段，公司治理改革滞后等体制性、结构性、长期性矛盾和问题逐渐显现。正是由于公司治理框架的不完善，致使部分金融机构的经营行为过度短期化，盲目追求规模扩张和短期收益，高杠杆和过度风险承担行为盛行，普遍忽视质量、风险及长期机制建设，在信贷投放过程中，具体表现在长期存在的刚性兑付幻觉，金融机构存在财政兜底幻觉，迷信地方政府债务“刚性兑付”，从而扭曲了自身行为决策。另外，与政府相关的项目资金金额较大，又被认为资产质量较高，与小微企业信贷相比，管理和经营成本相对更低。由此，金融体系普遍存在刚性兑付行为，银行理财和表外信托是典型代表。

（四）标本兼治，有效化解高杠杆和金融风险

有效防范化解高杠杆和金融风险，应当综合分析问题的成因，把握本质，着力实施破解杠杆率迅速升高的治本之策。同时，也要把握好节奏和方向，统筹施策，稳定市场预期，在稳定的宏观条件下保持政策战略定

力，防止道德风险，确保不发生系统性风险的底线。

1. 坚持结构化去杠杆的基本思路，稳妥有序去杠杆

在我国去杠杆过程中，应将地方政府、企业作为重中之重。同时，要防止各项政策的“一刀切”和叠加效应，引发“债务—通缩”风险，加剧金融脆弱性和系统性风险。去杠杆要与国家产业政策、经济结构调整及企业发展质量紧密结合，因而，应统筹协调，把握好政策的节奏和力度，采取差异化、有针对性的办法，在排查地方政府隐性债务基础上，根据各地实际情况差别对待，有序化解高杠杆债务风险。

2. 淡化 GDP 增长目标，理顺中央地方财税关系，提高地方政府收入和支出匹配度

随着人口结构的变化，我国潜在产出增速已趋势性下降，若追求更高增长目标，不可避免带来杠杆上升和债务效率下降，加大系统性风险。应进一步理顺中央地方财税关系，切实硬化地方政府预算约束。加强地方政府收入和支出的匹配度，逐步实现“一级政府、一级负债”。同时，对条件具备基本的地区，可赋予地方一定的税政权利（如开展房地产税或遗产税试点），促进其更好地转变职能，真正实现各级政府财政相对独立、自我平衡，有效拓宽地方政府融资的“前门”。

3. 完善金融管理制度，深化金融市场发展，防范金融市场异常波动和共振

要加强中央银行宏观调控职能，健全货币政策和宏观审慎政策双支柱框架，全面建立功能监管和行为监管框架。同时，充分发挥金融稳定发展委员会办公室的作用，形成工作合力，集中力量，优先处理可能威胁经济社会稳定和引发系统性风险问题。

4. 深化国有资本和金融机构公司治理改革，夯实防范金融风险的微观基础

需要进一步深化改革，完善企业和金融机构的激励相容的公司治理结构，提高财务约束。强化企业破产清算机制，推动国有企业及多种所有制经营部门、实体，深化公司治理改革，提升经营效益。在市场可以发挥作

用的领域，进行更长期跨期安排。

5. 深化改革开放，落实减税降费，放开市场准入，落实竞争中性，改善营商环境，通过提高生产效率化解高杠杆风险

发挥财政逆周期调节功能，落实已出台的减税降费政策，增强市场信心。将提升对外开放水平与深化对内改革相结合，以同等标准对待国内民营资本，彻底消除行政性垄断，切实放开市场准入。有效增强经济自生能力，优化杠杆结构，从根本上化解高杠杆和金融风险。

二、金融监管的新动向

自20世纪80年代以来，金融自由化逐渐成为全球金融发展的主线，尤其是伴随高通胀得到有效控制之后，减少监管、鼓励创新、促进市场一体化成为金融的发展方向。然而，2008年国际金融危机的爆发，暴露出之前金融自由化发展过程中蕴含的巨大的系统性风险。

实际上，针对个体金融机构的微观审慎监管在此次危机前就已存在，原因是当时全球对金融危机的风险来源认识在于，只要保证个体金融机构的稳定，就可以避免金融危机，即金融风险是外生性的。但事实证明，金融风险还可以在金融体系内部的不同机构之间互相“传染”，最终导致金融系统的整体坍塌，即金融风险是内生性的。另外，在危机前的货币政策框架中，政策制定者往往重视实体经济而轻视资产价格问题，认为只要把通胀管理到位，就能确保经济平稳运行。但现实表明，金融自由化导致信贷大规模扩张，而信贷扩张纵然没有带来通胀，也可能会催生资产泡沫，最终酿成金融危机。

在这一背景下，宏观审慎监管得到越发多的关注。与微观审慎监管不同，宏观审慎监管更多旨在寻求金融系统的稳定。巴塞尔协议Ⅲ于2010年通过，为全球宏观审慎监管提供了统一标准。该协议强调各国应通过加强宏观审慎监管来实现对金融系统的逆周期调控，并为此确定了三个主要核

心指标：一是资本要求方面，银行最低核心资本充足率（普通股构成的核心一级资本/银行风险资产）从2%调高至4.5%，同时专设资本留存缓冲资金，规模不得低于银行风险资产的2.5%；二是流动性方面，新提出了银行流动性覆盖率的概念（优质流动性资产储备/未来30天资金净流出量），各国根据不同计划完成100%覆盖率目标；三是杠杆率方面，要求核心资本/表内外总资产风险敞口不得高于3%。相应全球银行业也正式步入巴塞尔协议Ⅲ监管时代，各主要经济体先后设立了专司机构负责宏观审慎监管的机构（见表9-1）。

表9-1 各主要经济体在危机后设立的监管机构

经济体	机构名称	成立时间	机构简介
G20	金融稳定委员会（FSB）	2009年	FSB成立于2009年G20伦敦峰会，成员包括20国集团国家的财政部部长、中央银行行长及国际组织负责人，主要职责是监控全球金融体系的风险，并对全球金融治理提出建议
美国	金融稳定监管理事会（FSOC）	2010年	FSOC是《多德—弗兰克法案》的产物。该法案授权其对美国金融体系的风险进行评估和监控，并定期向国会提交报告。理事会还负责协调各部门间的监管活动。理事会主席由财政部部长兼任
欧盟	欧洲系统性风险委员会（ESRB）	2010年	ESRB是欧盟的独立机构，也是欧洲金融监管体系（ESFS）的一部分，其成员来自欧洲中央银行、各国中央银行、各国监管机构和欧盟理事会，主要负责欧盟内部金融风险的监控和评估，并定期对潜在的风险发出提示和预警
英国	金融政策委员会（FPC）	2009年	《2009年银行法》中确立了英格兰银行身为中央银行在维护金融稳定方面的核心地位。该行下设金融政策委员会（FPC），主要负责宏观审慎监管；金融服务局（FSA）被撤销，并在该行下设审慎监管局（PRA），同时单独设立金融行为局（FCA），上述两个机构共同负责微观审慎监管，其中，FCA重点负责金融服务行为的监管，旨在保护金融消费者的利益
德国	金融稳定委员会（FSC）	2013年	FSC对欧洲系统风险委员会（ESRB）在国际金融危机后就各国宏观审慎提出的要求予以落实，显著增强了中央银行于宏观审慎监管领域的作用。实际上，FSC的权限置于中央银行的指导和管理之下，也即中央银行在宏观审慎监管中发挥决定性作用
日本	—	—	日本采取金融危机对应会议、金融厅、日本银行、财务省、存款保险机构等共同负责宏观审慎监管的方式
韩国	—	—	韩国构建了韩国中央银行、财政部、金融委员会、金融监督院与存款保险公司共同负责宏观审慎监管的监管模式

经济体	机构名称	成立时间	机构简介
中国	金融稳定发展委员会	2017年	2017年7月在北京召开的全国金融工作会议上宣布设立金融稳定发展委员会，目的是强化人民银行的系统性风险防范和宏观审慎管理职责，以及加强“一行三会”之间的监管协调和统筹

（一）美国在宏观审慎监管方面的新进展

2008年国际金融危机之后，美国在宏观审慎监管框架的构建上作出以下四个方面的努力。

1. 建立监管协调机制，并赋予监管者更多权力

2010年7月，美国国会发布《多德—弗兰克法案》，被认为与《1933年银行法案》比肩的又一部美国金融监管重要法规基石。该法案授权美国政府设立了金融稳定监管委员会，由该委员会负责协调金融管理机构行动，统一金融监管标准，降低金融系统性风险。该机构共包含10名成员，牵头者为财政部部长，其他成员由美联储、证监会、联邦存款保险公司、货币监理署、美国商品期货交易委员会等机构的最高领导人组成。该委员会有权认定哪些金融机构或会对市场构成系统性冲击，继而在流动性、资本金方面对这些金融机构设置更为严格的监管要求。

另外，依照《多德—弗兰克法案》，在美国联邦储备委员会下新设消费者金融保护局，主要监管提供消费者金融服务及产品如抵押贷款、信用卡和其他贷款等的金融机构；同时，将此前缺乏监管的场外衍生品市场也纳入监管范畴；实施“沃克尔规则”，限制银行自营交易及高风险的衍生品交易；设立新的破产清算机制，旨在防止金融机构破产再度拖累纳税人救助；而美联储虽然被赋予了更多的监管职责，其本身也会受到更为严格的监督。

2. 实施“沃克尔规则”，限制银行的投资行为

“沃克尔规则”是美联储前主席沃克尔于2010年初提出的监管建议。2013年12月10日，包括美国证券交易委员会、美联储和联邦存款保险公司等在内的五大金融监管机构批准了该规则，并于2014年生效。

“沃克尔规则”主要内容包括：一是对金融机构的自营交易设定了基本原

则，明确自营交易仅限维持客户关系、利率和外汇掉期、风险对冲和做市；二是限制商业银行综合经营，规定商业银行投资对冲基金和私募基金的规模上限为一级资本的3%，单项基金投资额上限为该基金募集资本比例的3%。

危机前，美国金融混业经营发展迅猛，美国银行业也热衷于通过投机交易获取短期利差，频繁从事证券化交易和复杂的跨市套利、跨产品套利，积累了巨大的系统性风险隐患。为此，“沃克尔规则”对于金融机构的一系列原则性限制，虽然引起了实务界的诸多争议，但仍值得肯定。在“沃克尔规则”的约束下，银行业逐渐减少了投机行为，相应支持实体的基本功能逐步恢复。

3. 加强金融衍生产品交易方面的监管

金融稳定监管委员会制定了对交易工具和参与者包括交易行为和清算过程在内的全面的监管机制。例如，安全性较高的利率、外汇和金融掉期业务由金融机构母公司进行交易；而安全性较低的能源、农产品、大宗商品掉期则由附属公司承担。在清算过程的监管上，美国证监会和期货管理委员会负责制定保证金要求和交易规则，以规范交易商和参与者行为，并按照强制清算要求通过清算中心进行交易。

4. 加强对投资者的保护力度

在美联储内部设立消费者金融保护局，负责监管提供抵押贷款、信用卡及其他贷款等消费者金融服务的银行和非银行金融机构；在证监会内部设立投资顾问委员会、投资者律师办公室，加强对投资者的保护力度。同时，美国证监会负责对证券市场风险进行评估，为私人投资者提供投资建议；对经纪商、交易员、投资顾问的资质进行严格管理，并对其工作进行监管；有权根据投资风险的大小，决定是否需要制定新的监管标准和投资者准入标准。

（二）欧盟在宏观审慎监管方面的新进展

2008年国际金融危机凸显了欧洲金融分散监管框架的弱点。为加强欧盟对全部金融行业的监管构架，欧盟委员会组织了欧盟金融监管高级专家组，该专家组由IMF前总裁、法国中央银行前行长雅克·德·拉罗西埃尔所领导。2009年1月，该专家组提出了改革欧盟金融监管框架的建议。在此基础上，2009年3月欧盟委员会向欧洲理事会提出建立欧洲金融监管新构架的提案，5月进一步细化提案，并于9月提交正式改革提案。2010年9月22日，欧洲议会通过了2009年9月欧盟委员会关于金融监管改革的系列提案。欧盟新的金融监管架构将宏观审慎监管和微观审慎监管紧密结合起来，并且更注重成员国监管机构对欧盟规则的一致适用和紧急情况下的协调行动，同时也设立了保障条款，以保护成员国的财政权不受侵犯。

具体而言，欧盟金融监管体系改革方案以“三局一会”为基础构建。其中，“三局”是指欧洲银行管理局、欧洲保险与养老职业养老金局、欧洲证券市场局，主要负责协调和解决各国监管机构之间的争端，保证欧盟监管框架的一致性；“一会”为欧盟系统性风险委员会，由各国中央银行行长和“三局”委员会组成。欧盟的宏观审慎监管框架采取欧盟和成员国两大层面的分层设置模式。

欧盟层面，欧洲中央银行在宏观审慎管理架构中发挥着主导作用，具有某些单向权力，例如，欧洲中央银行可以在任何欧盟国家宏观审慎管理政策的基础上，实施更为严格的监管政策。成立于2009年的欧盟系统性风险委员会具有两大目标和三大职能。两大目标：一是限制信贷过度增长和杠杆率过高，纠正期限错配和补充市场流动性，防止直接及间接风险集中暴露，纠正不当激励和道德风险的中介目标；二是防止、消除金融系统性风险的最终目标。三大职能：一是预防和降低金融体系的系统性风险，有权要求金融监管部门和金融机构落实其提出的警告和建议；二是负责协调宏观审慎监管政策，促进监管机制的有效运作；三是确保持续的经济增长。

成员国层面上，欧盟所有成员国均确定了宏观审慎监管负责机构，其中18个成员国明确了宏观审慎监管框架。成员国的宏观审慎框架主要有单一架构和多部门成立委员会两种形式，但是无论哪一种形式，各国中央银行在本国宏观审慎监管中仍发挥主导作用，只是权力大小上的区别。

欧盟宏观审慎监管框架的主要特点如下：

一是超越主权的金融监管架构。在“三局一会”的架构下，欧盟构建了涵盖各成员国监管部门的完整监管网络，而且通过赋予系统性风险理事会最终裁决权，实现了欧盟体系内的超越主权监管体系。各国监管机构要向系统性风险理事会提交有关银行、基金风险监管的报告，相应地，理事会会提出风险监管建议。当欧盟监管机构与各成员国监管当局发生冲突时，系统性风险理事会可以基于整个欧盟的系统性风险情况，行使最终仲裁权，同时理事会还有权暂停、限制或永久禁止某些有可能威胁到欧盟金融系统稳定的特定金融活动或产品。

二是注重对投资者的保护。本次国际金融危机对投资者保护的重要性大幅上升，尤其防范金融机构因自身利益有可能造成投资者利益损害的行为。为此，欧盟系统性风险理事会明确要求市场上的卖空行为透明化，尤其是对基金卖空及金融机构重大投资策略变动提出更为严格的信息披露要求，限制裸卖空；严格管理对冲基金和私募股权基金的注册，并且通过加强对薪酬激励机制的监管，规范和限制投资基金管理人和经理人资质和行为。

（三）英国在宏观审慎监管方面的新进展

英国曾在20世纪90年代引领金融监管与中央银行分离的改革潮流，彼时，作为高度集中的金融监管机构，FSA一度因其高效性备受称赞[①]。但英国在2008年国际金融危机中所受波及相当严重，北岩银行的挤兑事件更是暴露了该国监管体制的缺陷。英国于2009年再次启动金融监管体系改革，撤销了FSA，并确立了中央银行即英格兰银行在维护金融稳定方面的核心地位，形成了“双峰监管+超级中央银行”监管模式，主要内容如下：

① 1986年，英国撒切尔政府进行了波澜壮阔的私有化改革，同时也推动了大规模的金融自由化，随之带来了英国的“金融大爆炸”和席卷全球的金融自由化浪潮。但英国当时分业监管的金融体系暴露出诸多缺陷，引发了公众对金融监管体系的质疑，迫使英国政府于1997年提出了金融监管改革方案，剥离了英格兰银行的银行监管职能，新设FSA负责对银行、证券和保险业进行统一全面的监管。《2000年金融市场与服务法案》确立了FSA对金融业统一监管的法律地位，同时财政部、英格兰银行和FSA成立三方委员会，由此形成了“财政部+中央银行+FSA三方共治”的统一金融监管体系，该体系并一直平稳运行至2008年国际金融危机爆发之前。

一是明确英格兰银行在宏观审慎监管上的主导地位，彻底改变了此前由财政部负责维护与金融监管相关的法律和框架、FSA负责金融监管，而英格兰银行虽然名义上负责金融稳定、实际却并无维护金融稳定的具体工具的金融监管格局，解决了职责不清和监管漏洞等问题。

二是设立新机构。在英格兰银行下设FPC，向英格兰银行董事会、财政部及英国议会负责，职责是监测系统性风险，并且采取有效的措施，维护金融体系稳定；英格兰银行下设PRA，同时单独设立FCA，由上述两机构共同负责微观审慎监管。其中，前者重点负责金融机构的监管，防范金融机构金融运作中可能形成的风险；后者重点负责金融服务行为的监管，以保护金融消费者利益。PRA和FCA协调合作，共同接受FPC的指导。

三是撤销FSA，将FSA的监管职能转到英格兰银行下属的新机构——PRA。

四是建立多层次监管协调机制，对财政部和英格兰银行在危机应对领域的职责分工予以明确。

（四）日本在宏观审慎监管方面的新进展

日本的金融市场在本次国际金融危机中受损较小，且在较短时间内就得以恢复，这主要得益于日本较早地意识到加强金融监管改革的必要性。针对20世纪80年代资产泡沫的破裂，日本国会于1998年通过法案，正式成立金融监管的专门机构——金融监督厅。相应原属大藏大臣的部分权限被转移到金融监督厅，且金融监督厅长官由总理大臣担任。后日本又于2001年对金融监督厅进行了改组，将其与大藏省金融企划局合并形成金融厅。2002年，日本中央政府机构调整，撤销金融再生委员会，而金融厅则成为内阁府的直属机构，并开始承担所有有关金融制度设计、检查和监督的职能。金融厅只有在处置金融危机和金融破产等相关事务时，才需与财务省共同负责。由此，日本打破了对银行、证券及保险进行分业监管的模式，实现金融监管的统一。

2008年国际金融危机之后，日本政府进一步加强了金融监管，主要包括以下三个方面：

一是加强中央银行和监管机构在宏观审慎监管领域的配合。日本银行和金融厅既分工明确，又相互协调，是该国宏观审慎监管体系的核心特征。作为政府部门，金融厅的作用侧重于实施行政处罚等举措，而日本银行则侧重于系统性风险的识别、监测和建议。国际金融危机后，日本银行和金融厅之间的协调进一步加强，包括法律层面上，明确规定向对方提供协助义务的条款；经常联名发布指导性文件；共同出席金融危机应对的会议，参与国家金融危机应对的决策。

二是加强系统性风险监管。即便国际金融危机对于日本金融体系的冲击不大，日本在此后仍实施了一系列增进系统性风险防控的措施。例如，进一步加强对系统重要性机构的监管。鉴于危机表明跨境风险传染日益增多，日本金融厅分别针对国外系统重要性金融机构在日本的分支机构，以及本国注册的全球系统重要性金融机构，建立相应的监督机制。同时，加强金融机构证券化资产的信息披露，要求增进风险管理，确保资产证券化产品基础资产的真实性，相关金融机构要严格审查相关资产的内容。

三是完善金融监管制度。2007年7月，日本金融厅开始施行“改善金融监管制度行动”，旨在通过改善金融监管制度的质量，提升日本金融市场的国际竞争力，打造更具竞争力的监管环境。日本金融厅于2008年3月对行动的实施效果予以调查问卷评估，重点考察行动实施前后被调查机构的反馈，并且制定了每隔半年公布行动实施进展报告的机制。

（五）中国在宏观审慎监管方面的新进展

2008年国际金融危机发生时，我国的金融监管格局是“一行三会”的形式，即人民银行行使中央银行职能，制定和执行货币政策，对金融机构活动进行领导、管理和监督；中国证监会负责证券监管职能；中国保监会承担保险监管职能；中国银监会专司银行监管职能。

2007年第三次全国金融工作会议及2012年第四次全国金融工作会议，逐步建立和完善我国的金融监管协调机制。国务院于2013年批复了由人民银行牵头设立金融监管协调部际联席会议的工作制度，但在实际运行中，由于各监管机构之间既无行政隶属关系，又无功能上的监督关系，部际联席会议仅起到沟通信息的有限作用，缺乏统筹协调，从而影响了政策效果。因此，作为国务院统筹协调金融稳定和改革发展重大问题的议事协调机构，国务院金融稳定发展委员会（以下简称金融委）于2017年正式成立，统筹协调我国的金融改革发展与监管，研究系统性风险防范处置和维护金融稳定重大政策等。金融委办公室设在人民银行，办公室主任由人民银行行长兼任，明确并强化了人民银行宏观审慎管理的职能和权限。同时，将原中国银监会和原中国保监会的职责整合，组建中国银保监会，统一对银行业和保险业的机构专门施行微观审慎监管职能。由此形成了“一委一行两会（中国银保监会和中国证监会）”的金融监管格局，解决原体制存在的监管职责不清、监管交叉盲区等分业监管问题，加强统筹协调，提升了宏观审慎监管的政策效果。

在加强宏观审慎管理方面，我国金融管理当局不断探索。人民银行在《2009年第三季度中国货币政策执行报告》中首次提出“要将宏观审慎管理制度纳入宏观调控政策框架”，2009年第四季度例会又进一步明确要研究建立宏观审慎管理制度，有效防范和化解各类潜在金融风险。此后，我国宏观审慎管理经历了从宏观审慎框架构建，到形成宏观审慎监管和评估体系，再到根据实际环境不断完善体系的过程。总体上看，我国近些年来的宏观审慎监管体系建设主要体现在以下三个方面：

一是建立系统全面的金融机构宏观审慎评估（MPA）体系。人民银行2011年通过差别准备金动态调整机制控制货币信贷增长，2015年在此基础上构建金融机构MPA体系，并自2016年起正式实施。根据MPA体系，每季度末要对银行的资本和杠杆情况、流动性、资产负债情况、资产质量、外债风险、定价行为、信贷政策执行七大方面予以考核，并进行综合评分，同时辅以奖惩措施，以更多发挥金融机构自身和自律机制的约束作用。在实践中，中央银行根据情况不断完善MPA评估体系。一方面，为更加全面准确地衡量风险，引导金融机构更为审慎经营，扩大了MPA指标体系的范围，如2017年第一季度将表外理财纳入MPA“广义信贷”指标，2018年第一季度将同业存单纳入“同业负债占比”指标。另一方面，调整有关政策参数，增强金融机构服务实体经济的能力，如2017年第三季度将绿色金融纳入“信贷政策执行情况”评估，2018年增设民企融资考核指标，提高小微企业贷款考核权重，鼓励金融机构解决民企和小微企业融资难、融资贵的问题。

二是构建外汇流动性和跨境资金流动宏观审慎政策框架。2015年开始引入远期售汇风险准备金，2016年1月对境外金融机构在境内金融机构存放执行正常存款准备金率，在人民币汇率贬值压力较大时期，通过提高准备金率，打击短期做空人民币汇率的套利行为，防范宏观金融风险，促进金融机构稳健经营。2015年以上海自贸区模式为基础，构建本外币一体化管理的全口径跨境融资宏观审慎管理框架，2017年1月完善相关政策，促进境内机构充分利用境外低成本资金，支持实体经济发展。

三是统一资产管理业务监管标准，为防范化解重大风险攻坚战创造良好条件。2018年4月27日，人民银行、中国银保监会、中国证监会、国家外汇管理局联合正式发布《关于规范金融机构资产管理业务的指导意见》（银发〔2018〕106号），根据资管产品类型制定统一监管标准，从而对各类机构的同类资管业务实现了一致性规定，体现公平的市场准入和监管，最大限度地消除监管套利空间，弥补监管短板，提高监管有效性。后续各监管机构在“资管新规”的原则下纷纷出台银行理财、信托、证券期货、基金的配套细则，规范投资运作，推动资管业务回归本源，防范多层嵌套积聚系统性风险。

三、全面风险管理历程及发展趋势

（一）金融机构风险管理模式的确立

1. 国际银行业风险管理走过的七个阶段

第一阶段，“我们只做好贷款”。自1944年通过的有关利率和汇率稳定的布雷顿森林体系，直至20世纪70年代末，由于对银行营业执照进行严格管控，导致银行多倾向于风险规避，风险准入标准趋同。

第二阶段，“贷款应该评级”。布雷顿森林体系在20世纪70年代末崩溃，利率和汇率的波动性骤然上升，对银行业的管制逐步放松。此前的封闭市场趋渐全球化，市场竞争激烈化，相应银行业的市场细分也自此开启，银行根据各自的风险偏好，确定其自身的信用风险准入标准，并据此进行客户信用风险评级。

第三阶段，“股权收益率（ROE）是目标”。伴随部分银行上市，投资者不再只关心资产回报率，而是更关心权益回报率，谋求资本的增值。这一阶段的标志是银行追求更高的ROE，但也伴生了监管资本套利现象（贷款给低信用级别的贷款人、将资产负债表内风险重构为表外风险、交易账户和银行账户的串换等）。由此，第一个银行业监管协议——《巴塞尔资本协议》于1988年应运而生。当然，ROE目标实际上也存在明显缺陷，即未经风险调整的收益考核很容易掩盖潜在的信贷风险问题。

第四阶段，“对风险进行定价”。利率市场化进程在20世纪80年代开启，银行不得不增强风险识别能力，通过贷款定价来补偿信用风险。1996年《巴塞尔资本协议》对市场风险的补充，也标志着国际银行业的信贷风险管理进入了第四阶段。

第五阶段，“像管理投资组合一样管理贷款”。国际银行业的风险管理伴随马柯维茨的资产组合理论在银行业的应用，进入了第五阶段，这对银行的信贷风险管理能力和IT技术水平提出了更高的要求。银行不能仅从某项业务、某个部门的角度考虑风险，必须根据资产组合的观点，从贯穿整个银行的角度衡量风险。风险集中度调整原则上不仅应在整体资产组合层面上予以运用，而且也应运用到所有银行敞口的非零售部分。这一阶段贷款组合管理的手段上比较有限，仅限于价格转移、限制增贷、限制资产组合成长、设计回收移位再贷等。

第六阶段，“股东要求风险与收益匹配”。21世纪以来，美国和西欧国家的银行监管当局对银行业的管制进一步放松，股东对有效资本配置的要求越来越高，对资产组合层面上平衡风险和收益的要求也更苛刻。相应地，股东价值最大化成为风险管理的目标，2001年的《巴塞尔新资本协议》草案，标志着伴随银行内部风险管理、外部监管及市场纪律约束这三大支柱的清晰化，银行业风险管理进入第六阶段。银行为了在一定风险偏好下设定最大的容忍限度，在业务内部资本配置的决策过程中，越来越多地采用经济资本回报率预期值，来估计不同业务分布和风险的多元化程度，这对于确定经济资本和经济资本回报率十分重要。

第七阶段，“分散资产组合风险至高无上”。银行在全部资产组合层面上进行风险分散，采用对自留风险定价、对部分资产组合从事避险交易、资产证券化等措施，相应银行只承担系统性风险。

对客户和行业风险敞口的再分配，使银行可在不降低盈利性的前提下控制风险。特别是，银行通过应用量化方法测量和变更资产组合结构，使风险分散化的效果更加明显，最优化风险收益配比。金字塔的形状较生动地展现了整体风险伴随资产组合层级的上升而呈现分散化的效果，即风险自下而上逐级分散。银行需要找出各资产组合分类的相关系数、共同点或互动关系，找出共同风险因素，进行抗压测试，包括利率变动、商品价格巨幅波动、经济景气循环，或科技、政治、社会变迁等，进行情景分析及风险预测。

银行风险管理的上述七个发展阶段，是叠加式的深化发展，而并非替代式的逐级演进。

2. 国际银行业风险管理的必要性

全球银行业已经进入全面风险管理的时代，原因在于，信用风险、市场风险及操作风险在实际经济生活中往往相伴而生，而全面风险管理计划能够契合银行股东、管理层、员工乃至客户的利益最大化。例如，1995年2月的巴林银行事件、2002年2月的爱尔兰联合银行事件，直至2004年11月的中航油（新加坡）事件，均是多重因素下的风险管理失控而导致整个机构遭遇灭顶之灾的案例。而一些著名的国际先进银行借助全面风险管理，在保持其资本实力和盈利能力长期超常提升的同时，还可以抵御单个信贷事件或经济周期所引发的危机的冲击。

3. 国际银行业风险管理体系整体框架

全面风险管理体系框架包括以下要素：

（1）风险治理架构。风险治理架构是商业银行风险管理的组织保障。建立组织机构健全、职责边界清晰的风险治理架构，需要明确董事会、监事会、高级管理层、业务部门、风险管理部门和内审等部门在全面风险管理中的职责分工，建立多层次、相互衔接、相互协调、有效制衡的运行机制。

（2）风险管理策略及风险偏好。风险偏好是商业银行风险管理的基本纲领，应制定清晰、适当的风险管理策略，明确风险偏好、风险容忍度、风险承受能力、风险状况及市场和宏观经济变化等，制定书面的风险偏好陈述书，做到定性指标和定量指标并重。风险偏好可通过高级管理层制定的资本规划、综合经营计划、绩效考核方案、风险政策、风险限额、标准、制度及计量技术工具等载体，逐级传导至银行所有机构、业务和经营管理流程中。

（3）风险管理政策、程序及限额。商业银行应制定与风险管理策略和风险偏好相一致、清晰的风险管理政策和程序，包括但不限于：全面风险管理的方法，包括各类风险的识别、计量、评估、监测、报告、控制或缓释，风险加总的方法和程序；风险定性管理和定量管理的方法；风险管理报告；压力测试安排；新产品、重大业务、机构变更的风险评估；资本和流动性充足情况评估；应急计划和恢复计划。

（4）风险管理工具和系统。建立健全的风险管理信息系统，支持在商业银行法人层面计量、评估、展示、报告所有风险类别、产品和交易对手风险暴露的规模、构成及风险变化的趋势。建立与业务规模、风险状况、复杂程度等相匹配的数据治理体系和信息科技基础设施。制定全面、科学、有效的数据管理制度，健全数据质量控制和问责机制，积累真实、准确、连续、完整的数据，用于风险识别、计量、评估、监测、报告，以及资本和流动性充足情况的评估。

（5）内控和审计体系。在公司治理架构下，就全面风险管理的健全性、合理性和有效性开展督察。定期分析全面风险管理体系的设计和执行结果、全面风险管理责任主体的履职尽责情况、全面风险管理政策制度及规定、要求的落地执行情况等，确保全面风险管理工作的有效性，并通过监督活动发现风险管理的薄弱环节，不断健全全面风险管理体系。

（6）系统性风险管理。制订应急计划，确保能够及时应对和处理紧急或危机情况，并定期更新、演练或测试，确保其充分性和可行性。建立系统性风险研究机制，加强对全球经济走势、政策变化、重大事件及国内外宏观经济环境的研究，探索风险规律，对可能危及银行生存、影响金融体系稳定的风险因素进行持续跟踪、分析、预判。

（7）风险管理责任制。建立全面风险管理责任制，根据监管要求和管理实际，不断充实细化责任书内容，明确各管理层级的风险管理责任。

（8）考核与激励。建立适应各经营主体业务的规模及复杂程度的全面风险管理评价体系，评价结果依照相关规定与综合性考评体系挂钩，并作为差别化风险管理政策的重要依据。

（9）风险文化。培育并推行稳健的风险文化，形成与自身业务相适应的风险管理理念、价值准则、职业操守。通过建立培训、宣讲、传达及监督机制，推动全员理解并转化为共识、自我行动和自我约束，不断加强风险文化的引领力、凝聚力和渗透力，为实施风险管理提供根本保障。

（10）风险管理队伍。围绕商业银行总体战略，从“选、引、用、育、留、酬”等方面推进风险管理队伍建设。确保风险管理人员数量充足、与前台经营人员配比合理，通过各层级、层面培训、指导、评价人才，提高风险管理人员的技能、经验和能力，培育专业专注的优秀团队。

（二）我国金融业要建立全面主动风险管理模式

1. 中国资本监管和金融风险管理的发展历程

我国金融业风险管理和资本监管发展历程，自改革开放以来，可分为以下四个阶段：

第一阶段：商业银行功能基本恢复期，20世纪80年代中期至1997年之前。这一时期的主要任务是恢复基本的管理理念、机构和业务。例如，通过推进商业银行自主经营、自担风险、自负盈亏，恢复了商业银行本应有的“面目”；在“自有资金”的基础上，恢复了“资本”；通过“拨改贷”，在一些银行恢复了“贷款”。

第二阶段：全面风险管理概念形成期，1997年到2004年。20世纪90年代中期以后，商业银行面对的主要是不良贷款，并采取了许多措施降低和控制不良贷款率，但普遍缺乏全面风险管理概念。直至90年代中后期，在亚洲金融危机的外部催化及不良资产不断累积的内部压力下，全面风险管理概念得以初步形成，即银行作为经营风险的机构，除了面对全面风险考验，还需要受到资本的约束。

第三阶段：全面风险治理结构改革期，2004年到2017年。伴随着2004年开始的国有银行股改上市，现代公司治理和经营理念逐渐落地，全面风险管理文化理念也初步形成，我国商业银行建立了全面风险管理体系，首次出现了专业化和职业化的风险管理团队。中国银监会于2007年要求大型商业银行全面施行《巴塞尔新资本协议》，以此为标志，各商业银行从风险体系建设、风险模型设计、资源配备等方面全面打造与现代企业制度相适应的风险管理和制度体系，各商业银行开始采购IT和咨询服务系统，进行风险管理系统建设，相关技术能力和人才队伍也快速成长。

第四阶段：全新发展期，2017年至今伴随中国经济发展步入新时代，2017年，全国金融工作会议以后，特别是党的十九大召开以来，党中央、国务院对金融工作要求越来越高。金融风险管理也迎来了新的发展阶段，并且面临更大挑战。

2. 中国金融风险管理的特殊性

（1）经济周期下行、结构调整和刚兑打破，风险进入集中爆发期。当前，我国经济运行处于经济增速换挡期、结构调整阵痛期、前期刺激政策消化期“三期叠加”，叠加中美贸易紧张局势，对总需求产生负面冲击。在经济周期性、结构性、体制性问题相互交织的背景下，企业盈利能力下滑，信用违约成为常态，前期负债扩张迅速、自身经营困难的企业面临较大的偿付压力，2018—2019年民营企业的信用债违约规模占比超过70%。地方政府隐性债务风险显现，城投融资平台和企业的再融资受到重创。2018年8月，首单城投债“17兵团六师SCP001”技术性违约；2019年12月，呼和浩特经济技术开发区投资开发集团发行的私募债“16呼和经开PPN001”未能如期兑付回售资金，两度冲击市场的城投信仰。2019年天津物产集团美元债重组、青海盐湖股份破产重整、北大方正集团违约，均表明政府的救助意愿下降，大型国有企业的信仰频频被颠覆。自2018年以来，进入破产重整程序的各类信用违约企业日益增多。据市场统计，2018年全年共有52家发行主体发行的134只债券违约，合计规模1223亿元。2019年第一季度，共有25家公司发行的49只债券发生违约，涉及债券金额309.88亿元。同期，金融同业的刚兑信仰也被打破，2019年5月24日，包商银行被中国人民银行接管，对5000万元以上的大额债权未全额保障偿付，中小金融机构在投资者和民众心目中的刚兑信仰已明显动摇。各类刚兑信仰的打破，是我国防范化解重大风险攻坚战的重要举措，但如果处置力度、节奏不当，很可能引发“处置风险的风险”，金融机构的风险管理面临全方位的严峻挑战。

（2）过度依赖抵押担保的风控模式存在缺陷。我国银行业长期以来对担保和抵押过度依赖，以抵押担保作为信用风险管理的主要手段，往往忽视第一还款来源的风险控制，存在“抵押依赖”和“担保依赖”，从多年实践结果看，其偿还贷款本息的效果非常不理想。这种风控模式不利于现代风险量化管理的发展，也不利于现代金融风险管理模式的建立，同时还加大了银行资产的关联性和系统性风险。

（3）金融科技的迅猛发展为全面风险管理创造了良好条件。当前，金融科技发展迅猛，并成为全面风险管理的关键驱动和重要支撑。大数据技术和人工智能的结合已成为风险管理的核心技术，能够对银行业务运转过程中产生的多维、海量、动态数据进行深度分析。相比传统风控手段，大数据技术能够拓宽银行数据来源、提高数据分析颗粒度，对风险进行快速有效的监测、识别和处置。通过机器学习进行模型构建和训练、性能监控和自我迭代，能够从更多维度的大数据中把握风险规律，提高全面风险管理的针对性和预见性。

3. 持续完善全面主动的风险管理

我国金融机构自改革开放以来，便不断完善风险管理体系，风险管理能力持续提升。第一，金融机构风险治理体系日益健全。在金融机构的章程中，均明确了董事会、监事会和高管层在风险管理中的职责，其中，董事会对风险管理承担最终责任，下设风险管理委员会；高管层为执行主体，风险总监或首席风险官已经成为常设的高管岗位；而监事会承担监督责任；同时，成立专门的风险管理部门。第二，金融机构普遍实施了全面风险管理、全流程风险管理和全员风险管理，前台、中台和后台协同配合，贯彻风险管理“三道防线”的理念。第三，金融机构风险管理的技术手段不断提升，信息管理系统日益先进，风险管理数据持续积累，风险管理文化也渐趋成型。第四，金融机构的资本和资产减值准备比较充足，资本管理制度和风险拨备制度不断健全。

风险管理是金融经营的核心，而金融又是现代经济不可或缺的“助力器”和“润滑剂”，这就决定了金融风险管理是一项复杂的系统性工程。持续完善全面主动的风险管理，可从如下方面展开：

第一，加强顶层设计和统筹协调。金融风险管理关乎国家金融安全，因此，中央在国家层面专门成立金融稳定发展委员会，主要职责是研究及制定维护金融稳定和金融风险防范处置的重大政策，强化金融风险防控的顶层设计与统筹协调，将维护金融稳定置于首要位置，确保守住不发生系统性金融风险的底线。

进一步发挥中国人民银行在宏观审慎管理和系统性金融风险防控中的作用。微观审慎监管则由银保监会、证监会及其他金融监管部门共同负责，全面做好机构、功能和行为的监管等工作。金融监管部门既要防止监管真空，又要避免监管过度，坚持依法监管、公正监管；既要避免监管“竞次”、监管放松，又要防止监管竞赛、监管竞争。金融监管部门要健全风险监测预警和早期干预机制，将金融风险的主动防范化解置于更为关键的位置，做到早识别、早预警、早发现、早处置。金融监管部门要推动金融监管和金融科技的融合，促进金融业综合统计、监管信息互联互通和共享，科学处理金融创新与金融风险的关系，整合监管资源并形成监管合力，增进统筹监管与监管协调。

第二，强化资本管理。资本管理是市场经济的基本概念和核心运行机制，在现代商业银行资本管理中，风险管理和业务管理有机融合，从流程管理和对冲管理的层面升级到业务限额、对手、定价和绩效管理，使风险管理通过风险偏好，与发展战略实现衔接。

第三，完善风险传导机制。一是以经济调整和推进资本监管为契机，强化破产机制，提升市场有效出清，并在有效风险配置的前提下搭建可靠的损失吸收机制，从而防范系统性风险的积聚及“处置风险”风险的积累。二是与破产和退出机制的建设相配合，减少和消除金融机构经营过程中的各类扭曲风险管理和不当风险阻滞，如担保抵押及刚性兑付等，在金融体系和实体经济之间建立起正常的风险传导和激励管理机制，从而促使金融产品回归实体经济，共担风险，共享收益，在有效服务实体经济中降低风险。

第四，完善风险文化建设。一是对风险量化和模型的作用要理性看待，不滥用和迷信量化模型，也不能因噎废食。要将定性和量化风险管理相结合，将前台业务风险实证分析和中台量化风险分析相结合，并以金融科技推进风险管理和业务的融合发展。二是要积极探索风险转移方式，如资产证券化、信用衍生产品等，确保风险合理对冲和缓释。三是要强化战略风险管理，通过风险偏好管理，促使日常业务管理同战略目标有效衔接，同时推进风险治理和文化体系建设，以覆盖性质复杂、来源广泛的战略风险。四是增进系统性风险管理，建立起微观和宏观目标协调统一的全面风险管理机制。

第五，优化全面风险治理结构。发挥董事会和各委员会在全面风险管理方面的顶层设计职能，提升风险管理的集中统一性和全面性，提高全面风险管理的战略地位，增强全面风险管理的权威性。

第六，充分运用大数据和金融科技手段，推进全面风险管理“数字化”管控。金融机构应主动拥抱变革，基于互联网思维，高度重视数据、模型、算法、IT系统建设，积极探索大数据、互联网、人工智能技术在风险管理领域的应用，结合场景全面收集信息，再造流程，强化全过程运用现代科学技术进行安全防范和机控，不断提升风险管控的智能化水平，培养专业人才，推动风控模式由“经验型”向“数字型”转变。

（三）全面风险管理中的大数据运用

1. 运用大数据进行风险管理的必要性

与基于样本分析的随机分析法和抽样法不同，大数据技术基于的是对全部数据的分析，而作为数据生产和驱动的行业，金融行业自然会受到大数据技术的显著影响。尤其是在风险管理方面，可借此进一步优化全面风险管理体系，通过应用大数据，解决金融领域中的“对价”也即信息不对称问题，重塑金融风险管理。

（1）解决信息不对称。根据经济学中的市场失灵理论，信息不对称是中小企业融资难、融资贵问题产生的根源。这一问题可借助大数据手段解决：一是开发上线客户风险预警系统，并应用于贷前、贷中和贷后的全流程，实现零售、信用卡、对公、同业客户风控应用的全面覆盖。二是进行关联风险分析，利用大数据深入挖掘客户的资金往来、担保、投资和实际控制人等多重关联关系和背后的潜在风险点。

（2）实现智慧化决策。大数据的应用能够构建同《巴塞尔新资本协议》标准相契合的内部评级技术，借助SAS工具建设零售分池、非零售评级和贷款定价等项目，增强风险管控的决策力。探索搭建机器学习型智能模型管理平台，实现各类模型和策略的统一管理，促进模型策略开发、监测、维护与优化的效率提升。

（3）加强自动化机控。大数据与互联网技术颠覆了金融机构从原有的经营方法、渠道和技巧，通过应用大数据，金融机构能够更大限度地进行自动化机控，提升风险控制的效率。比如，通过操作风险系统，对操作、内控和合规风险实现集中线上管控和闭环式管理。

（4）实施实时化扫描。通过借助大数据技术手段，可实现大数据身份扫描、立体人脸识别和多维度内控名单库扫描，确保更精确地监控防范各种网络金融风险。

2. 金融机构面向风险管理的大数据战略布局

国内金融机构在充分认识到数据的重要性后，在数据应用方面持续研究探索并尝试相关应用。例如，同第三方核心企业进行数据对接，封闭管理相关物流与现金流，为企业提供覆盖采买、生产和销售全流程的融资支持，并通过全程跟踪物流、资金流和信息流，解决信息不对称问题。再如，搭建社交网络信息数据库，打通外部社会化数据和银行内部数据，获取更为完整的客户视图，并据此实施精准化风险管理。或将本机构的业务与电子商务平台相结合，借助对客户在电商平台交易行为数据的分析，把握客户的经济实力和消费习惯，并进一步延伸至客户的风险偏好。此外，通过其开发的“指南针”风险预警系统，对司法、监管、网络舆情等信息同本机构授信客户信息予以关联分析，实现本机构授信客户异常信息的自动抓取、监测与预警。

各大金融机构均加快对大数据、互联网、人工智能等技术的应用布局，以工商银行、农业银行、中国银行、建设银行四家商业银行为例，分别和互联网巨头达成结对战略合作，在大数据智能精准营销、云平台、金融反欺诈实验室等领域展开合作。

3. 当前商业银行风险管理中数据应用存在的不足

（1）部分金融机构的基础数据采集仍依赖手工录入。当前国内金融机构大力加强在金融科技方面的投入，自动采集客户信息和业务数据等，但仍有不少金融机构获取、采集客户信息，仍依赖于客户自主提供，或是基层机构对客户进行现场调查。在从客户开立账户、建立信息，到整理授信业务基础资料、授信审批、贷款发放及贷后管理的各个流程中，仍需大批操作人员人工录入数据，而且因各业务操作系统（或同一业务操作系统的前端、中端、后端）对接程度较低，很多数据还需由业务发起端的操作人员反复手动录入，效率低下，并且信息质量的可靠性较差。

（2）数据模型应用技术相对落后。一是在模型建设方面，目前已经开始尝试自动化数据建模和应用，但还尚未达到大规模运用机器学习模型和数据挖掘进行量化管理和风险决策的程度。总体来看，在用模型的数量仍较少，且不成体系，很多模型所设置的指标维度单一，包括产品、区域、行业等个性化因素在内的部分关键数据维度可能未被纳入考虑。而且，模型应用技术也未能及时更新提升、与时俱进。二是在模型应用方面，现有模型的设计与实际业务的融合度偏低，多是基于监管规定的基础性监控指标，不少模型因此被搁置或空转，加上有效的模型使用、验证、反馈、再修正等“全生命周期”的良性循环机制也未能建立，致使形成恶性循环，导致已有模型与实际业务越来越脱节。

（3）现行风险管理模式不能很好地适应新形势。对于实践中存在的系统间割裂、数据标准不统一等现象，根源还在于组织架构和风险管理模式存在问题。当前的风险管理体制主要以业务条线为主导，即各部门根据其自身的管理职能去定义数据、采集数据，自行研发构建各自的业务操作系统。由此导致数据标准不统一、记载字段格式多样、采集不完整，甚至一些重要数据严重缺失，内部大量数据被人为分隔，不同业务系统之间难以实现数据的对接和共享，呈现局部化、碎片化、孤岛化状态。

（4）对境外机构风险管理尚有缺失。在全球化推进背景下，国内金融机构在境外设立机构已属常态，已基本实现对境内机构数据和系统的统筹管理，但部分机构尚未实现境内与境外机构信息系统的对接，导致境外业务数据和信息无法及时传送至总部，上级管理机构难以获取境外机构真实全面的资产质量和业务状况。加之对境外文化的不熟悉，以及境内外监管体系的差异，金融机构在对境外机构业务的风险传导和监管方面很容易出现盲区。

4. 大数据技术应用于风险管理的路径分析

（1）采集多维数据。金融机构本质上是产生数据和依靠数据驱动的行业。大数据产生于金融机构运作的每一步流程、每一笔交易，但这些内部数据距离准确、全面、综合地呈现客户的风险等级和信用状况而言，还远远不够。因此，还需在确保安全性的前提下，积极与外部机构及企业沟通合作，多渠道获取尽可能丰富的外部数据。在互联网信息技术飞速发展的当前，国内大批互联网创新型企业如雨后春笋般冒出。通过与这些企业和机构合作，能够获得种类丰富、体量巨大的外部数据，从而弥补自身数据来源的匮乏。

（2）处理和整合数据。在从内部和外部渠道获取海量数据后，便需开始考虑应如何运用这些数据来实现价值创造。而在确保信息安全性的前提下，向正确的人提供正确的数据，便是金融机构的价值创造之所在。由于数据来源于企业外部和内部数据的导入，存在原始数据标准不统一、口径不一致、分类不清晰和真伪难辨的问题，本身使用价值并不高。这就需要对原始数据去伪存真、加工处理，甄别出有价值的数据，从而实现稳定而高效的内部流程管理与运营。

（3）构建数据模型。构建金融数据模型，需要规范和整理所拥有的数据，明确定义内部的重要业务概念，以及主题域内部主要实体之间、各个主题域之间的关系。通过构建金融数据模型，能够形成具有自主知识产权的逻辑数据模型，并以此为基础，搭建自主综合性数据服务体系。数据模型的构建，有助于绘制其自身的业务信息视图，帮助管理者更准确地理解数据内涵，满足日常经营管理中的应用、分析和决策需求，实现对资产、负债、中间业务、金融市场和结算等业务的有效管理与全局认知。从战略角度对信息系统予以整体设计规划，降低信息不对称的负面影响，能够更好地实现横向跨系统、跨部门分析，支持成熟的服务应用在金融领域的顺利实施，搭建并完善符合业务现状和未来发展需求的管理服务与数据应用平台。

（4）在全面风险管理中应用分析结果。机构内部不同部门之间的信息应当互联、互通、互用，这样一方面能够确保采集到高质量的数据信息，另一方面有助于各部门共享信息分析和处理的结果，增进经营管理效率。其实，金融机构基于大数据技术的新型风险管理，而是视为统一整体，致力于实现各部门之间互联、互动，打造动态、全程、智能化的风险管理模式。

5. 应用大数据技术进行风险管理的建议

（1）树立大数据战略理念。李克强总理在2015年政府工作报告中，正式提出“互联网+”计划，彰显了政府改革的坚定决心。时下，利率市场化对商业银行存贷业务已产生重要影响，存贷差严重缩小，相应各金融机构经营管理收入显著缩水，与此同时，民营银行等新的金融业态的出现，也导致金融业竞争激烈化。如果金融机构不能有效提升客户满意度，便会导致客户流失和黏性不足。更具挑战的是，伴随大数据技术的应用越发广泛，互联网金融毫无疑问地将延续快速发展态势，进而对传统业务构成持续性影响。

因此，根据国内外实践，大数据技术的兴起对风险管理模式的转型升级具有重要启发意义。金融机构管理者及员工应逐步提升自身的大数据理念，制定并推进科学的转型战略。例如，建设银行于2015年在上海成立大数据中心，也是国内商业银行首家大数据分析机构。大数据中心的建立使建设银行建立和完善了所有业务的规范统一、集成互联的数据基础，实现了企业级、全流程管控。截至2017年底，建设银行累计制订数据规范8000余项。通过数据的集成，加强内部各部门间的合作共享，最终实现对客户服务风险动态、全程、智能化的管理。

（2）完善风险管理机制。金融机构的“流程银行”建设至关重要，要理顺部门间职责，淡化部门色彩，用大数据思维去构建“以客户为中心”的全面风险管理体系，建立起按客户进行集中统一管理数据的高效管理协调机制，从而彻底打破机构、部门、条线、系统和产品间的数据分隔、各自识别风险等“小数据”模式下形成的传统做法。确保通过总部建立的信息系统，在数据收集、清洗、分类、钻取、挖掘的基础上，勾勒出360° 全景的客户视图，并以此为基础，建立健全数据应用授权和安全管理制度，完善按岗位、机构、部门、条线分类分级授权的数据共享机制。

（3）优化组织架构和操作流程。在整体规划全面风险管理的基础上，应调整风险管理组织架构，明确部门职责，优化操作流程，令风险防控的各个环节均落实到部门。一是在业务流程设计方面，全部流程设计均应以风险控制与数据管理目标为前提，确保自客户的第一项数据输入系统起，便符合标准化规定，尽可能将客户的全部信息结构化，并且形成在各操作流程中对数据不断进行补充完善的良性循环，力求尽量完整地展现客户全生命周期的动态、连续行为曲线。二是在组织架构方面，“自上而下”地推动全面风险管理，金融机构董事会与高管层要以事实数据说话，秉承“数据治行”管理理念，充分借助大数据提升决策的科学性。三是在风险管理理念方面，应深刻认识到，风险控制和管理不仅是风险岗位人员和风险管理部门的职责，而且是集团每条业务条线、每个部门、每名员工的职责，应当将风险管理的触角前置到客户营销，延伸至与客户接触的各业务环节，覆盖集团各个角落，实现对业务的全流程控制。

（4）强化数据、模型、系统管理与应用。一是要严把数据准入的质量关，建立数据清洗、审核和钩稽关系验证的常态化机制，力求数据从底层开始就要准确、真实。二是要对各系统间的数据进行贯通，实现各条线、各部门间的信息共享。整合、改造、优化各条线和各部门分别管理、分散运营的信息系统，搭建并应用和各条线、各分支机构、各部门可安全、广泛共享数据的信息系统集成平台。三是要最大限度地对非结构化数据予以结构化、标准化，以提升数据的可应用程度。

（5）多方式、多渠道收集外部数据，推进机构与社交网络的融合。外部数据具有可信性强、客观、独立等优点，因而丰富、挖掘和运用外部数据，有助于强化风险管理。首先，批量接入外部数据，可以极大地减少对相关内部数据收集、验证、审核的工作量，降低成本、提高效率。其次，内外部数据互相钩稽验证、互相补充，信息量的丰富化也能够有效缓解信息不对称，提升风险管理效果和效率。例如，从国家工商管理系统直接获取的企业信息的可信度，要高于企业向金融机构提供的信息。

当然，在大数据时代，外部数据的获取渠道远比上述丰富得多。在传统数据来源以外，可以加强同各大互联网企业与机构的沟通，接入电子商务、社交媒体等新型数据，以获取尽量多的客户特征信息，绘制出更为准确、全面、完整的客户信息视图。此外，也可发挥自身优势，将自身风险管理功能与网上购物、网络电信、社交平台等相结合，与互联网企业或机构展开战略合作，交换和共享数据信息。

（6）整合提升系统。以大数据思维建设系统集成平台，为全面风险管理提供系统支持。一是统一整合优化已有系统，打通各系统间信息的相互割裂局面。在传统模式下，不同环节的信息验证，可能需要分别进入相应的操作系统进行单独查询、验证。而大数据应用下的风险审查审批模式，可集中各内外部信息源，自动整合形成客户调查报告或分析视图，实现对核验申报机构就借款人风险判断的校验，从而摒弃当前主要依赖申报机构提供复印资料、调查报告而可能产生的主观判断误差。二是加大系统“空档”模块的开发力度，尽早实现系统与业务高效对接。例如，某些商业银行对海外机构系统的对接存在“空档”问题，部分商业银行对不良资产催清收处置的审批还在依靠电话跟进、邮件传送、手工记录的方式，系统开发已严重落后于业务发展。上述问题俨然已成为高效风险管理的“绊脚石”，而且伴随业务规模的增大，更是会形成可观的“堰塞湖”。只有当系统建设契合业务发展水平，并具有一定的前瞻性时，才能将市场人员、风险管理人员从烦琐的事务性工作中解放出来，从而将更多精力投入到更具建设性的价值创造活动中。

（7）健全人才培养机制。在复杂的日常活动中，人类每天都会面对和产生海量的信息，因此，对数据的分析处理需要专业的技术人才。这些人才一方面要具备业务知识，另一方面还须熟谙大数据技术理论和实操，方能在实际工作中将两者有机融合。应注重培养大数据技术人才，将资源在一定程度上向专业人才培养方面倾斜，打造属于自身的大数据技术团队。金融机构有较强的大数据建立基础，声誉较好，资金支持稳定，人才吸引力较强，应充分发挥自身上述优势，制定切实可行的专业人才培育战略，塑造大数据技术核心竞争力。此外，也可从其他互联网企业和机构招聘优秀技术人才，推动自身技术水平的提升，增强大数据技术核心优势。

6. 全面风险管理的大数据应用方案

利用大数据，融合风险计量模型和IT技术，从超大规模的多样数据中有效地提取风险因子，实现全面风险管理的数字化。

建立大数据计量、自主式学习、可视化展示、精细化管理的智能风控体系，实现全流程自动控制、全机构的信息共享、全业务智慧分析。基于大数据应用的智能风控体系，将全面风险管理的数字化覆盖所有的分支机构；覆盖信用、市场、流动性、操作、国别、利率及汇率、声誉、战略、科技等各类风险；覆盖信用卡、消费类信贷、普惠金融、大中型客户、交易对手等各种客户类型；覆盖客户识别、信用评级、信贷审批、贷后监控和绩效考核等经营管理流程；覆盖风险识别、计量、评估、监测、报告、控制及缓释等风险管控手段，实现集中风险排查、精准风险评估、全方位风险监控、智能高效逾期催收、及时有效风险处置。

（1）提升外部数据覆盖度，形成覆盖全部可获得信息的风险信息网络。接入外部风险信息，推进负面舆情、征信、中国银保监会、法院、工商、税务、海关、社保、环保、互联网企业等外部数据接入，整合内外部数据。探索利用知识图谱等最新技术，准确关联内外部信息。

（2）挖掘应用客户财务信息和内外部多渠道数据，实现客户信用评级的智能化升级，提升“智慧风控”能力。一是构建客户财务分析体系，实现套用报表识别、财务报表粉饰程度判断、可疑数据提示等系统功能。二是构建客户财务数据的智能预测体系，提高风险管理前瞻性。三是依托内外部大数据，探索定性评价指标定量化，提升评级自动化水平。四是推动建立报表智能识别录入平台，实现对客户财务报表的智能识别、差错分析和统一自动化录入。通过加强评级流程“机控”，严格落实对突破“机控”规则的监测管理，形成覆盖评级发起、风险评价、评级重检的有机风险“机控”体系，前移管控环节，推动管理方式由人工事后管控向动态系统化管控转换升级。

（3）打造智能化模型研发平台，实现风险计量模型体系的科学性和精确性。引入新算法、自动化建模方法，提高模型迭代速度，形成适应市场和客户特征变化的能力强的风险计量模型体系。一是梳理完善风险数据集，搭建基于多数据源自动化生成的机器学习数据集，实现自动化特征发现。二是构建丰富的算法工具箱，集成并持续更新模型算法工具。三是逐步研发自动化模型调优程序，支持自动化参数调优，提升模型研发效率，加快模型升级迭代。四是持续跟踪前沿性风险计量技术和最新科技在风险计量领域的应用，如引入设备指纹、关联关系图谱、机器学习技术提高申请反欺诈的准确性，加强对非结构化信息抓取、稀疏变量处理、多维对象关系特征识别等人工智能领域先进技术的研究。

（4）应用大数据，提升风险预警的前瞻性、精准性和有效性。在引入外部数据的基础上，实现贷前准入、贷后管理的系统自动预警或机控，健全反欺诈体系，实现预警信息充分共享。同时，打造定制化、差异化监控预警模式，深化预警信息在各场景中的应用，嵌入流程，落实机控，实现动态优化预警规则，扩展预警规则库。此外，运用关联图谱、机器学习、深度学习等前沿技术，实现单户管控向“系、圈、链”管控模式转变。由此建立监测指标体系，系统自动监测各机构预警管理质效，定期通报，并将相关指标纳入评价体系。

（5）开发实用型的压力测试实施工具，有效防控极端风险。建立并不断完善宏观经济指标库和历史危机事件库，研发宏观情景生成器；借鉴国际领先银行经验，建成适用各类风险和业务的压力测试模型算法库；开发压力测试实施工具和压力测试结果多维视图，实现压力测试全流程的系统化管控。打造情景生成科学高效、模型算法先进多样、数据指标全面丰富、实践操作便捷灵活、开放共享的实用型压力测试实施和管理平台。

附录 1

数字货币风险管理

- 引言
- 全球稳定币
- CBDC

一、引言

自2008年国际金融危机后，加密资产得到迅速发展。虽然加密资产的总市值在2018年初达到了历史最高点8000亿美元，但与全球金融体系相比，加密资产市场仍然相对较小，银行或其他金融机构的加密资产敞口仍然有限。即便如此，它的绝对数量仍有意义，并且在持续快速增长，因此广泛的利益相关者也增加了对它的关注。

巴塞尔委员会（BCBS）认为，加密资产和相关服务的增长引发了金融稳定性的顾虑，并为银行增加了风险。加密资产缺乏标准化并且处于持续进化中，因此被视为不成熟的资产。某些加密资产呈现高度的波动性并为银行带来风险，包括流动性风险、信用风险、市场风险、操作风险（包括欺诈和网络风险），洗钱和恐怖主义融资风险，以及法律和声誉风险。

BCBS对银行加密资产和相关服务的风险敞口提出了审慎处理。至少，银行在从事此类活动之前，应进行全面的尽职调查，建立明确和稳健的风险管理框架，披露任何重大风险敞口或相关服务，并告知其监管机构实际或计划的活动。BCBS已经发布针对加密资产的审慎监管处理的讨论稿，以征求各利益相关方的观点。

很多相关的问题在不同的标准制定机构进行讨论，包括BIS/CPMI、FATF、FSB和IOSCO和IMF。BCBS目前聚焦于审慎处理，并与其他组织密切协调，为加密资产的监管制定完整并稳健的监管框架，要求对加密资产交易所和平台、加密资产生态所涉及的其他代理人（如钱包提供商）提供有效的监管和标准。

2019年6月以后，被称为“稳定币”的加密资产获得了广泛关注。此外，全球大多数中央银行都在持续评估和实验发行中央银行数字货币（CBDC）。目前稳定币和CBDC是数字货币领域最受关注的主题，本文将对稳定币的监管及CBDC的潜在金融稳定性风险展开讨论。

二、全球稳定币

G7稳定币工作组于2019年10月提交的《全球稳定币调查报告》指出，稳定币具有九个方面的挑战与风险，包括金融诚信、数据保护、法律确定性、完善的治理、市场诚信、消费者/投资者保护、支付系统、网络风险及税收合规。而具有潜在全球影响力和规模的全球稳定币（GSC）还会带来额外的公共政策挑战，包括竞争政策、金融稳定、货币政策传导机制及国际货币金融体系的长期影响等。FSB的稳定币工作组已经于2020年4月向G20提交全球稳定币监管政策建议的草案，该草案提出了针对全球稳定币的十条建议，分别去应对前述九个方面的挑战与风险。

（一）GSC特定组件内的脆弱性

用于稳定GSC价值的机制需要纳入高标准的金融风险管理，以应对市场、信用和流动性风险。如果未充分解决风险，这可能会破坏信心并引发类似于银行存款的"挤兑"，在此情况下，用户都将尝试以参考值赎回其GSC。

GSC的信誉高度依赖于该安排本身的信誉，这意味着破坏GSC安排声誉的事件可能会导致突然的GSC售出流动。依赖于做市商在开放市场稳定价格的GSC可能会很脆弱，如果这些做市商没有义务在所有的情况下稳定价格并可能在当GSC承受强大抛售压力时退出市场，即使GSC致力于履行赎回，它仍然容易遭受置信度受损并导致挤兑。如果GSC发行人的储备持有不透明或其报告缺乏可信度，这种情况更易发生。治理不善，如储备中的非独立基金，发行人的法律义务含糊不清或被误解，或者使稳定币持有人能够从发行人实现或赎回价值的机制很弱，可能会导致GSC易挤兑或置信度受损。

参考资产包括银行存款的GSC可能暴露于银行的信用风险和流动性风

险中。违约或流动性问题可能意味着GSC无法满足赎回要求。持有债券等广泛资产的GSC可能会面临这些资产的市场和流动性风险及发行人的信用风险。由整体市场状况或资产基本面价值的特殊变化触发的储备资产价值下降可能会降低GSC的价值。此外，如果GSC有一个名义价值，降低的储备资产价值可能会导致名义和储备价值的缺口。这种缺口可能会引发“挤兑”，用户尝试赎回GSC的标的资产，可能需要发行人低于市场价值清算其资产（火线出售）。持有更广泛资产的GSC需要进行流动性安排，以确保即使在稳定币承受巨大卖压情况下，也始终有可用资金来兑现赎回。

（二）稳定币系统作为整体的脆弱性

组件的治理和其间的关系可能很复杂。如果不同组件（如发行人和做市商）之间的义务和责任不明确，可能出现脆弱性。在任何单个组件破坏之后，组件之间也可能存在不可预测的互动。这种复杂性可能使端到端的风险管理变得困难，并且使整个系统中的财务风险承受能力变得模糊，而没有适当的控制（如在中央治理机构、储备管理者和钱包之间）。此外，损失吸收能力在不同组件之间的位置、程度和可转移性可能不清楚，或者在危机情况下可能会遇到法律或操作上的困难。

（三）GSC可以通过几种渠道增加更广泛金融体系中的漏洞

第一，如果用户在存款类账户永久持有GSC，银行的零售存款可能会下降，银行不得不更依赖更昂贵、更不稳定的资金来源，包括批发融资。在那些（构成GSC）储备金的货币的国家中，一部分从银行系统中流出的部分存款（当零售用户购买GSC时）可能会（通过稳定币发行人）回到国内银行存款和短期政府证券。这意味着某些银行可能会从稳定币发行人那里获得比大量零售储户那里更多的批发存款。批发存款比零售存款对利息更加敏感，因此银行的融资变得更不稳定，从而增大银行的利率风险和运营风险，进而影响银行向社会提供信贷的能力。这种风险对Libra是成立的。

第二，如果新的金融中介在GSC生态系统获得大部分金融中介活动，这可能会进一步降低银行的盈利能力，可能导致银行承担更多的风险，或收缩给实体经济的贷款。这有可能特别影响较小的银行和非篮子货币国家的银行。虽然不能由公共当局来保护银行免受竞争或技术进步的影响，但需要评估和管理这些风险。

第三，根据吸收水平，为稳定币购买安全资产可能会导致某些市场中缺乏优质流动资产（High Quality Liquidity Assets，HQLA），从而可能影响金融稳定性。优质流动资产一般来自债券市场。一个国家债券市场严重缺乏深度，可能因为政府财政状况优良而发行很少量国债（如澳大利亚），也可能因为经济体量小债券市场不成熟（大部分小国即是如此）。如果Libra在这些国家运营涉及购买大量的国债，就会导致这种结果。

第四，在许多国家，挂钩一篮子外汇的稳定币可能比国内货币更稳定。连接到标的资产或是其索偿权的稳定币可能提供对主要（国际）货币和发达市场资产的访问，它们被认为比国内货币更稳定。因此，在国内金融不稳定时，居民可能涌向特定的GSC（类似于突然美元化）。从国内银行账户转移到主要是国外资产的GSC安排（取决于其所在地）可能会导致资本流出该国。这种“数字美元化”的过程比传统美元化发生更迅速，并有更大的破坏性，不仅针对货币体系羸弱的国家，对拥有稳定货币的经济体也同样如此，只要后者在经济或社交上对GSC开放。Libra即是拥有这种潜力的GSC，因此引起了全球几乎所有主权国家包括欧盟成员国和中国的高度警惕。

三、CBDC

CBDC分为批发型和零售型，前者对现有货币政策几乎没有影响；但零售型CBDC对商业银行的流动性、盈利能力和银行中介行为会产生潜在的负面外部性，带来潜在的金融稳定性风险（如银行存款到CBDC的“挤兑”DC

会削弱已有货币政策传导机制的有效性）。中国的中央银行法定数字货币DC/EP属于零售型方案。下面着重讨论零售CBDC潜在的风险。

（一）银行存款到CBDC的转换存在潜在的挤兑风险

第一，CBDC比银行存款安全，这是发生“挤兑”的根本原因。CBDC方案设计中，最重要的金融稳定性风险来自银行存款到CBDC的转换引起的银行“挤兑”。CBDC定位为M_0，是中央银行的一种负债，银行存款定位为M_1/M_2，是商业银行的一种负债。中央银行的负债是无风险的，而商业银行的负债是有风险的。考虑到CBDC的无风险特性，储户有很强的动力把银行存款切换为CBDC。

第二，存款转换到CBDC的挤兑速度和规模远大于传统银行“挤兑”。CBDC是电子形式的货币，它的“印刷”、分发和保管成本为零，即无摩擦成本。因此这个时候的“挤兑”发生是即时的，瞬间引爆，且规模可能大得多。此外，这时候的“挤兑”，一般不再是针对单个银行的行为，而是针对整个银行体系，储户希望把银行存款转化为CBDC，所以相比较传统场景，“挤兑”规模大了不止一个数量级。

第三，银行存款到CBDC“挤兑”将摧毁银行商业模式。从商业银行存款到CBDC切换，实际上逼迫银行将对等规模的存款，从部分准备金转到100%准备金，这将迅速消耗掉商业银行所持有的流动性资产，因此会严重影响信贷的数量和价格。考虑到货币乘数，一般情况下，银行即使耗光流动性资产也无法支持用户的存款到CBDC的兑换，银行不得不折价回收贷款资产。银行可能迅速陷入无清偿能力的境地。

第四，DC/EP模式仍存在银行存款到CBDC挤兑风险。DC/EP实践中，由商业银行向中央银行发起CBDC的发行/回笼工作，同时扣减/增加等额的储备金。因此，可以认为中央银行允许商业银行以储备金自由兑换CBDC。在这种情况下，单个银行愿意对存款支付CBDC就足以威胁金融稳定。

传统货币发行制度中，中央银行和商业银行一直在管理存款到物理现金的挤兑。考虑到物理现金的摩擦成本，传统挤兑发生的速度和规模有限。如果中央银行的DC/EP方案，商业银行继续担保银行存款到CBDC的兑换将是非常危险的。中央银行确实已经识别这种风险，并且通过DC/EP钱包的多级身份认证来为钱包设置不同的DC/EP可用额度。这种设置能缓解但无法消除平价（存款与DC/EP面值一致）风险。

（二）DC/EP可部分替代银行存款

CBDC与银行存款也有很多共同属性——支持批发支付、电子化和便携。因此，CBDC也可以部分替代银行存款。但中央银行明确表示CBDC是为支持零售支付场景，因此谨慎推断，DC/EP实践将设置适当机制来限制CBDC批发支付的能力，如为CBDC账户设置持有上限来限制可交易的数量或价值。中央银行学者Gürtler和Nielsen等2017年论文指出，CBDC账户持有上限的设置将变得很艺术，如果上限设置足够高，则不能有效限制批发支付功能，且可能引发银行存款到CBDC的挤兑；如果上限设置过低，将损害CBDC作为支付工具的有效性，且可能引发平价风险。

（三）DC/EP可能削弱中央银行货币政策工具有效性

第一，DC/EP可能削弱中央银行利率工具的有效性。如果CBDC供给因为各种原因超过实际需求，在零利率情况下，中央银行将无法回收CBDC流动性。假设CBDC将占M_2供给量的20%，英格兰银行2016年的研究成果显示，CBDC流转效率为银行存款的两倍，因此CBDC对社会总体流动性的贡献接近1/3。

在CBDC对全社会流动性的影响与银行存款可比较的情况下，如果全社会流动性供给过量，中央银行将缺乏有效的货币政策工具来回收CBDC流动性。中央银行传统地使用利率和公开市场操作工具来调节流动性，但现在接近1/3的流动性不受利率工具的影响，这将显著削弱现有利率工具的有效性。

第二，DC/EP削弱中央银行对准备金总量和无风险利率的控制。DC/EP实践的核心原则之一是储备金和CBDC总量保持不变，因此可以维持现有（数量型）货币政策工具有效性。通过部分准备金制度，中央银行通过控制储备金总量来控制银行总体创造信贷的规模。当银行存款被转化为CBDC时，银行创造信贷的能力将被削弱。虽然中央银行可以控制（储备金+CBDC）总量不变，但前文分析过，银行倾向于保持CBDC零库存，因此市场处于均衡状态时CBDC的数量将由非银金融机构、家庭和企业部门联合决定，而非由中央银行决定，然后储备金的数量才因此能够被确定。这意味着，中央银行失去了直接精确控制储备金总量和银行总体信贷规模的能力。保持对储备金的控制使中央银行可以继续影响经济体中的无风险利率。因此DC/EP实践中的CBDC削弱了中央银行对无风险利率的控制。

第三，DC/EP实践将对银行信贷数量或价格产生影响。储备金兑换为CBDC，将直接削弱银行创造信贷的能力。此外，这种兑换也影响银行监管指标。例如，巴塞尔协议Ⅲ要求对“不稳定”银行融资（通过“净稳定融资比例”）的份额进行限制，并要求最低的流动性资产持有量，以覆盖某些类型资金潜在流出（通过“流动覆盖比率”）。这些限制反过来会影响银行的放贷能力。银行存款到CBDC的切换不仅使银行面临相对稳定的零售存款的流失，还可能去除相对较高流动性的债券。商业银行可能不得不用批发融资来取代银行存款。这些情况可能会影响监管比率，从而影响信贷的数量或价格。

第四，DC/EP实践对社会总流动性供给的影响将是不确定的。进一步考虑商业银行基于储备金派生存款货币，情况将变得更加复杂。因为CBDC同时替代物理现金和银行存款，超过传统现金需求数量的储备金会被兑换为CBDC，商业银行创造存款货币的能力将被削弱。由物理现金和存款货币贡献的流动性将减少，但会增加一部分由CBDC贡献的流动性。如果CBDC的流转效率高于物理现金和银行存款（大概率是），那么物理现金和派生存款减少的流动性是否足以被相应增加的CBDC流动性所弥补将是不确定的。

第五，DC/EP实践有助于银行部门去杠杆，对金融稳定有利，但不应过高预期。不过，去杠杆的效应因为中央银行的妥协（保护商业银行的利益而限制CBDC对银行存款的替代程度）而打折扣，DC/EP去杠杆效应不应给予过高预期。

附录 2

2020 年美国股市熔断和经济衰退

- 美国2020年金融危机和经济衰退
- 国际金融恐慌
- 熔断机制的定义和背景
- 熔断级别
- 2020年金融崩盘与以往历史上的崩盘不同之处
- 美国联邦储备银行的对策：量化宽松（QE）
- 美国经济会进入大萧条吗
- 供应链暂时断了与需求减少

美国2020年金融危机和经济衰退

一场始料未及的世纪疫情让世界各国措手不及，损失惨重，刻骨铭心。特别是美国，到2020年6月底，感染的人数已经超过256万人，死亡人数超过12万人。与此同时，美国华尔街上演了一场股市大崩盘，四次熔断，纽约证券交易所历史上第一次没有交易员在场交易。美国的失业率也快速上升，将达到2000万人以上。作为世界上最大的经济体，会不会把世界经济带入一次大萧条（Great Depression）？疫情以后，世界经济会是怎样一种改变，全球化和产业供应链能否为续？在以下的文字中，我们做一些简单的阐述和思考。

国际金融恐慌

国际金融恐慌指自2020年1月以来，因2019年冠状病毒疫情（COVID-19）向全球蔓延，并加上其他因素共同影响，全球金融市场出现大幅震荡。自2020年2月20日起，美国三大股指数经历2008年国际金融危机以来最差交易周，随后几周内包括美国、加拿大、欧洲、日本、韩国等国家和地区股指创下单日最大跌幅，10余国股指触发熔断机制，大宗商品和虚拟货币的价格也出现波动。

熔断机制的定义和背景

熔断机制（Circuit Breaker/Trading Curb）指的是在股票市场的交易过程中，当价格波动的幅度达到某一个限定的目标（熔断点）时，对其暂停交易一段时间的机制。此机制与电箱中的保险丝在电流过大时候熔断比较相似，故而得名。熔断机制是一种监管措施和限制市场的机制，旨在通过暂时停止证券交易所的交易，遏制恐慌性抛售。

美国熔断机制的设立要追溯到1987年10月19日的股市崩盘，即“黑色星期一”。最开始，美国熔断机制的基准指数是道琼斯工业指数（DJIA），后来修改为标准普尔500指数（S&P 500）。熔断机制推出的目的是防范系统性风险，给市场更多的冷静时间，避免恐慌情绪蔓延导致市场波动，从而防止大规模股价下跌现象的发生。但是，熔断机制切断了资金的流通性，同样会造成市场情绪波动加大，并令市场风险在熔断期结束后继续扩大。一些金融分析师认为，熔断机制具有破坏性，如果允许市场在没有停顿的情况下自由波动，市场就会形成更一致的均衡，而无法交易可能会迫使投资者改变其交易行为和交易计划，这可能会加剧交易订单失衡，而基金投资组合经理们可能无法重新平衡其投资组合，并可能会引起长期分散波动性。

熔断级别

在美股交易时段，熔断机制可以分为三级。

一级熔断：当标准普尔500指数下跌达到7%时，触发一级市场熔断，此时要暂停交易15分钟；这里暂停交易的是所有股票，不仅仅是标准普尔500指数的成分股。

二级熔断：当标准普尔500指数跌破13%时，触动二级市场熔断，同样暂停交易15分钟；一级和二级熔断一天内只允许触发一次，还要注意的是并不是在交易时段内的任何时间都会被暂停交易，而是只有在美国东部时间9：30—15：25，会触发一级和二级熔断，从而全市场暂停交易15分钟，而美国东部时间15：25以后（股票市场每天16：00收盘和停止交易），即使触发熔断，也不暂停交易。

三级熔断：当标准普尔500指数下跌20%时，三级市场熔断，当天交易即宣告终止。与一级和二级熔断不同的是，在全天的任意交易时段内触发三级市场熔断，都会停止交易，直到下个交易日开盘。

1997年10月27日，道琼斯工业指数暴跌7.18%，收于7161.15点，这是熔断机制在1988年引入之后第一次熔断。

第二次熔断事件是2010年5月6日所谓的“闪电崩盘”（Flash Crash），当时道琼斯工业平均指数在短短10分钟内就下跌了近1000点（超过9%）。虽然大多数股票价格在当天股市关闭前恢复到之前的水平，但是熔断机制没能阻止股市崩盘，监管者考虑更新熔断系统。

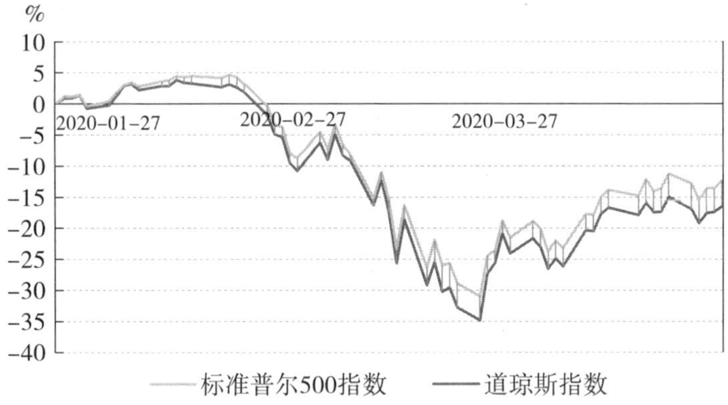

附图2-1　道琼斯指数与标准普尔500指数变化（2020年1月至2020年4月）

（资料来源：标准普尔Capital IQ 2020）

受2019年新冠疫情和油价崩盘的影响，美股在2020年3月出现四次熔断（见附图2-1）。

一是2020年3月9日，标普500指数开盘后跌7%，触发第一层熔断机制。

二是2020年3月12日，标普500指数开盘后短时间内跌幅超过7%，再次触发第一层熔断机制。

三是2020年3月16日，标普500指数开盘下跌220.60点，跌幅8.14%，触发当月第三次熔断。

四是2020年3月18日，标普500指数盘中下跌177.29点，跌幅7.01%，触发当月第四次熔断。

附表2-1是标准普尔500指数历史上下跌幅度最大前20位。请注意2020年3月18日标准普尔500指数下跌177.29点，跌幅7.01%，触发熔断，但是，下跌百分比没有进入历史上前20位。加阴影部分为触发熔断。附表2-2是标准普尔500指数历史上最大上升前20位，其中一半是2020年3月发生的，可见股市震荡之剧烈。

附表2-1　标准普尔500指数历史上下跌幅度最大前20位

日期	收盘指数	下跌点数	下跌/%
1987-10-19	224.84	−57.86	−20.47
1929-10-28	22.74	−3.2	−12.34
2020-03-16	2386.13	−324.89	−11.98
1929-10-29	20.43	−2.31	−10.16
1929-11-06	20.61	−2.27	−9.92
2020-03-12	2480.64	−260.74	−9.51
1937-10-18	10.76	−1.1	−9.27
2008-10-15	907.84	−90.17	−9.04
2008-12-01	816.21	−80.03	−8.93
1933-07-20	10.57	−1.03	−8.88
2008-09-29	1106.39	−106.62	−8.79
1933-07-21	9.65	−0.92	−8.7
1987-10-26	227.67	−20.55	−8.28
1932-10-05	7.39	−0.66	−8.2
1932-08-12	7	−0.61	−8.02
1932-05-31	4.47	−0.38	−7.84
1934-07-26	8.36	−0.71	−7.83
2008-10-09	909.92	−75.02	−7.62
2020-03-09	2746.56	−225.81	−7.6
1940-05-14	10.28	−0.83	−7.47

资料来源：标准普尔Capital IQ。

附表2-2　标准普尔500指数历史上上升幅度最大前20次

日期	收盘指数	上升点数	上升/%
2008-10-13	1003.35	104.14	11.58
2008-10-28	940.51	91.59	10.79
2020-03-24	2447.33	209.93	9.38
2020-03-13	2711.02	230.38	9.29
2020-04-06	2663.68	175.04	7.03
2020-03-26	2630.07	154.51	6.24
2020-03-17	2529.19	143.06	6

续表

日期	收盘指数	上升点数	上升/%
2008-09-30	1166.36	59.97	5.42
2001-01-03	1347.56	64.29	5.01
2018-12-26	2467.70	116.6	4.96
2020-03-10	2882.23	135.67	4.94
2000-03-16	1458.47	66.32	4.76
2020-03-02	3090.23	136.01	4.6
2020-03-04	3130.12	126.75	4.22
2015-08-26	1940.51	72.9	3.9
2019-01-04	2531.94	84.05	3.43
2020-04-08	2749.98	90.57	3.41
2020-03-30	2626.65	85.18	3.35
2018-03-26	2658.55	70.29	2.72
2018-11-28	2743.79	61.62	2.3

资料来源：标准普尔Capital IQ。

2020年金融崩盘与以往历史上的崩盘不同之处

第一是震荡剧烈，附表2-1和附表2-2列出的标准普尔500指数最大下跌和上升前20位，几乎有一半发生在2020年3月。第二是振幅剧烈，短短20天内股市四次熔断。第三是时间短，通过附图2-2金融危机比较图来看，2020年3月的股市崩盘时间最短，而2008年股市下跌的时间最长，超过一年。第四是市场恐慌，从芝加哥期权交易所（CBOE）波动指数（恐慌指数）看（见附图2-3），2020年3月16日达到最高，人们预期未来市场会进一步动荡。

从宏观经济来看，美国股市崩盘并不是因为经济问题，美国的经济和就业在疫情暴发前都还是不错的。美国特朗普政府为了能够在2020年的大选中获胜实施了一些有利于经济发展的政策。问题是由于对疫情轻视，准备不足，造成恐慌和经济活动暂停。

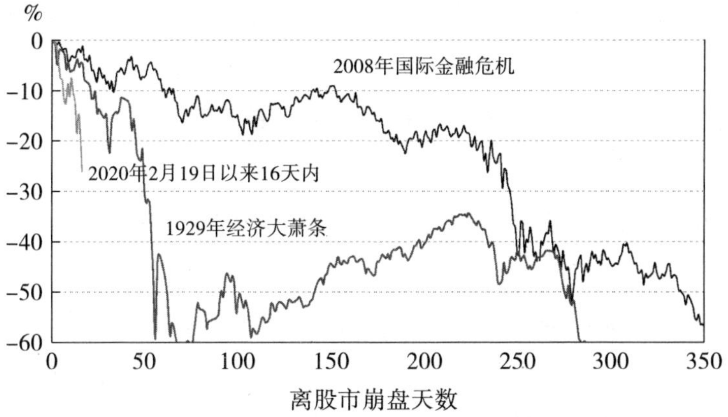

附图2-2　金融危机比较图：标准普尔500指数
（资料来源：标准普尔）

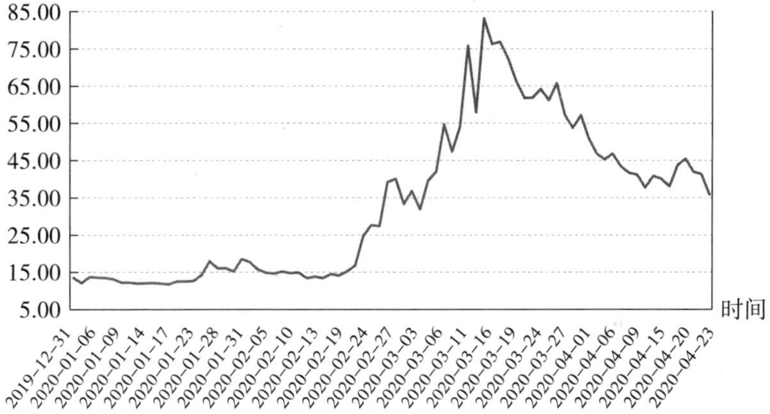

附图2-3　芝加哥期权交易所波动指数（恐慌指数）
（资料来源：标准普尔S&P Capital IQ）

美国联邦储备银行的对策：量化宽松（QE）

美联储为应对疫情所引起的经济衰退采取了相当积极的态度。2020年3月初，华尔街开始认识到这一不断扩大的疫情对经济构成了现实的威胁，一周内主要股指下跌了10%以上，美联储紧急下调美联储基金利率50个基点。3月15日，不到两周后，美联储的基金利率直接降至零，并宣布了一项7000亿美元的量化宽松计划。此后，美联储还采取了其他几项措施，以努力保持金融市场的有效运作。接下来，美联储将实行无限制的量化宽松政策来稳定市场，保障银行有足够的流动资金来帮助企业应对由于疫情造成的影响。

量化宽松指美联储通过公开市场业务的扩张来刺激经济，使企业更容易借到钱。在量化宽松政策下，美联储将从其成员银行购买抵押贷款支持证券（MBS）和美国国债，从而增加资本市场资金流动性。资产购买由纽约联邦储备银行的交易部门完成。量化宽松与增加货币供应量具有同样的效果。这种扩张性货币政策的目的是降低利率和刺激经济增长，特别是在经济衰退的时候，并确保美国经济的财政政策和货币政策在不确定时期持续平衡。美联储刚刚采取了迄今最大的行动，以缓和投资者在货币方面的担忧。2020年4月9日，美国联邦储备委员会宣布采取额外措施推出2.3万亿美元的一揽子方案用于支持经济。美联储承诺无限量购买美国国债和抵押贷款支持证券，并通过临时购买债务向企业和市政机构进一步提供数万亿美元的贷款。在这一背景之下，截至4月15日的一周时间里，美联储的资产负债表以每天约410亿美元的速度扩张。同时，美联储资产负债表总规模已经扩大至6.42万亿美元，刷新历史新高。

自2008年国际金融危机以来，美国已经有三次大的量化宽松（见附图2-4）：第一次是2008年国际金融危机期间，第二次是2010年11月到2011年6月，第三次是2012年第四季度。量化宽松过后，美联储的资产显著增加。

从过去的经验看，量化宽松可以在以下几个方面发挥作用：一是减少银行机构的不良贷款，重建银行信誉和营运；二是稳定经济发展并提供资金发展经济，使其走出衰退；三是维持低利率，让房地产市场重回生机；四是刺激经济增长。同时，量化宽松没有造成通货膨胀。

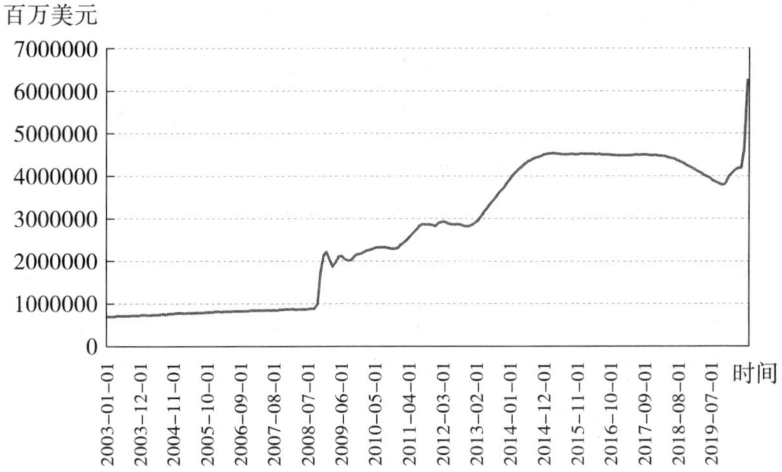

附图2-4　美联储资产总额

（资料来源：美联储，2003年至2020年4月）

此外，在过去短短一个月的时间里，美联储资产负债表的规模已经暴增了2万亿美元；需要注意的是，在2008年国际金融危机时期，美联储资产规模3个月内扩张1.33万亿美元；换算下来，美联储当前的印钞速度已经达到2008年的5倍多。

美联储疯狂印钞的背后，其实是将危机通过美元转嫁至其他国家。由于美元资产一直以来都被投资者认定是类似黄金的避险资产，投资者也习惯性地大量购买美国国债，以求避险；而当前疫情在全球蔓延的危机之下，市场甚至将美国国债规模推上24万亿美元的超高纪录。

美国经济会进入大萧条吗

美国经济进入衰退不言而喻。这是因为美国在疫情发生后，经济处于暂停状态，这对经济增长肯定是负面的。由于这次疫情造成的经济衰退会不会把世界带入1929年的大萧条？尽管当前有些表象，但我们还不能就此确定。这个要取决于各国疫情是否能够得到控制以及各国的经济刺激计划，特别是美国的经济状况。

我们从三个方面看看美国经济是否会进入大萧条。

首先，上次大萧条时，美国的失业率在1933年达到24.9%，而在大萧条开始的前几年，失业率一直在3.2%。而目前的经济衰退已经造成近2000万人失去工作，到2020年4月底，美国的失业率上升到14.7%（见附图2-5）。美国联邦储备委员会圣路易斯银行主席詹姆斯·布拉德（James Bullard）说第二季度美国的失业率会达到30%。但是，美国财政部长姆努钦（Mnuchin）认为如果美国没有通过经济纾困计划的话，应该在20%。姆努钦强调"我们不会让它发生"。也有经济学家认为非常时期失业率已经没有意义了。

其次，要看GDP。上次大萧条中，美国的GDP在1930年缩减了8.5%，1931年又缩减了6.4%，到了最严重的1932年，美国的GDP再缩减了12.9%。到目前，美国GDP第一季度下降了4.8%。詹姆斯·布拉德悲观地估计美国第二季度GDP会下降50%，而高盛集团估计是下降24%，摩根大通银行估计是下降14%，摩根士丹利估计是下降30.1%。如果是这样的话，这将是大萧条以来最糟糕的了。

GDP的增长可能出现三种类型：一是V形（反弹），由于疫情，经济短暂快速下降，但是疫情快速得到控制，经济很快反弹回来；二是U形（短期衰退），由于经济受疫情影响下降后，经过一段时间（如3个月或者半年）开始恢复；三是L形（长期衰退），即如果疫情失控，失业增加，经济陷入长期衰退。

最后，我们还要看美国股市的表现如何。大萧条时，1931年，美国股市在一个月内下跌了30%多一点。而2020年3月，美国道琼斯指数下跌了24.%（最严重的两个星期内），同时期标准普尔500指数下降了34%（20世纪大萧条时还没有该指数）。

除了以上三点，我们还要看供给和需求。

供应链暂时断了与需求减少

从以上的分析数字来看，有些悲观。但是，我们要看到这次经济衰退与大萧条的不同。这次疫情对美国的经济影响是突发性的。如附图2-2所示，这次股市崩溃和四次熔断仅仅发生在十几天之内，就像巴菲特自己说的从没有见过短时间内数次熔断。而2008年国际金融危机和之前的大萧条都比这次下跌的时间要长，凸显了此次经济衰退的突发性。而美国股市也开始回升。如表2-1和表2-2所示，美国股市单日下跌和回升，大起大落，都排在前20名之内。

拿就业来说，2020年4月美国申请失业救济的人数达到了2000万人，占整个就业人口的15%, 而且还有上升之势（见附图2-5）。申请救济金的人太多，网上申请都因为负荷太重，断网好几次，不得不重新设立新的网站来应对。失业增加，预示着消费减少，需求减少。尽管美国政府的救助纾困支票已经开始发到个人手中，但只能在短期内刺激需求，中长期来说还要看经济能否重新启动。这也是美国总统特朗普急着要美国各州尽快开门恢复经济活动的原因。否则，会影响他在11月的总统大选。

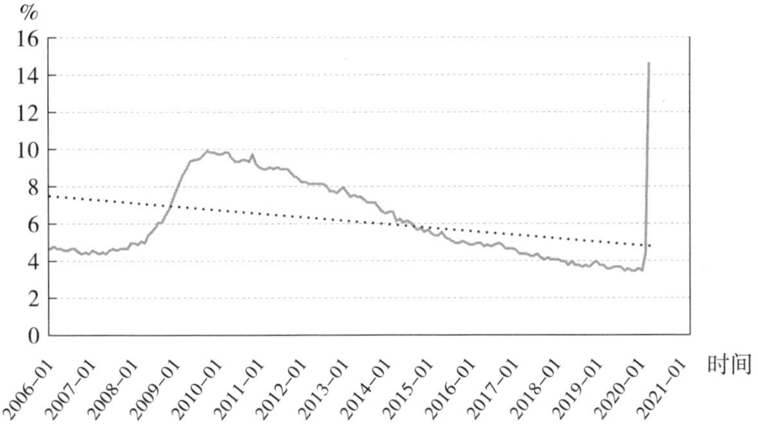

附图2–5　美国失业率（2006年1月—2020年4月）
（资料来源：美国劳工部统计局）

未来的世界必将是多极的，美国、欧洲和中国是最重要的三极。“以镜为鉴可以正衣冠，以史为鉴可以知兴替”，我们要记住这段历史，在危机中找出生存之道。历史也许会有重复和相似之处。各国特别是美国开始救市，刺激经济，扩大QE，债务增加，如果中美在经济上脱钩和在政治上对抗，会不会导致新的经济危机？特别是在现有国际体系面临坍塌之际，我们拭目以待。

参考资料

［1］中国银行保险监督管理委员会．商业银行流动性风险管理办法，2018.

［2］巴曙松，王璟怡．王茜．流动性风险监管：巴塞尔协议Ⅲ下的新挑战［J］．中国金融，2011（1）：23-24.

［3］包永全．银行系统性风险及其防范与控制研究［M］．北京：中国财政经济出版社，2006.

［4］梁枫．宏观审慎视角下商业银行流动性风险监管研究［M］．太原：山西经济出版社，2017.

［5］尚航飞．我国商业银行“存款荒”的成因、挑战与应对［J］．南方金融，2018（10）：88-94.

［6］张吉光．中小银行流动性风险与应对［J］．中国金融，2017（5）：33-34.

［7］葛晓鹏．银行机构危机管理［D］．四川：西南财经大学硕士论文，2005.

［8］王芳艳．应对挤兑风潮　东亚银行危机48小时［N］．21世纪经济报道，2008-09-26.

［9］巴曙松，慈庆琪，郑焕卓．金融科技浪潮下，银行业如何转型［J］．当代金融研究，2018（2）：22-29.

[10]苏宁金融研究院．乘势而上发展新金融［J］．群众，2017（6）：19-21.

[11]方先明，谢雨菲．影子银行及其交叉传染风险［J］．经济学家，2016，207（3）：60-67.

[12]蔺鹏，孟娜娜．商业银行交叉金融创新的风险防控与监管策略——基于“穿透式”监管视角［J］．南方金融，2017（6）：10-16.

[13]刘士达，张明，王喆．中国特色的同业存单市场：国际经验、特征事实与潜在风险［J］．金融市场研究，2017（11）：101-116.

[14]马轶群，崔伦刚．论国家审计对金融行业监管套利的监督——以交叉金融创新为例［J］．审计研究，2016（5）：27-31.

[15]璩涛．试析交叉性金融业务存在的风险与对策［J］．商场现代化，2017（4）：133-134.

[16]人民银行呼和浩特中心支行调查统计处课题组，王晓中，陈新行．商业银行资产管理业务特点及风险监管研究［J］．北方金融，2018（1）：72-79.

[17]魏伟，陈骁，张明．中国金融系统性风险:主要来源、防范路径与潜在影响［J］．国际经济评论，2018，135（3）：9+127-152.

[18]伍旭川，刘学．金融科技的监管方向［J］．中国金融，2017（5）：55-56.

[19]谢雨菲．我国影子银行的风险溢出效应研究［D］．南京：南京大学，2018.

[20]新时代、新金融、新科技：科技助力金融服务实体经济——

2018中国金融创新论坛发言实录［J］. 银行家，2018（6）：25.
［21］徐庆炜，张晓锋. 从本质特征看互联网金融的风险与监管［J］. 金融理论与实践，2014（7）：64-68.
［22］姚海放. 治标和治本：互联网金融监管法律制度新动向的审思［J］. 政治与法律，2018（12）：12-22.
［23］袁义炜. 互联网金融的风险传导机制及监管问题研究［D］. 北京：北方工业大学，2017.
［24］朱太辉，陈璐. FinJech的潜在风险与监管应对研究［J］. 金融监管研究，2016（7）：18-32.
［25］HARRIS, L.. Liquidity, Trading Rules and Electronic Trading Systems [M]. New York：New York University Salomon Center, 1990.
［26］O'CONNOR JAMES. The Meaning of Crisis：A Theoretical Introduction [M]. Oxford：Basil Blackwell, 1987 (6): 54-55.

后记

从2017年开始，我们组织有关金融机构对风险管理有较深研究的理论工作者和从事金融风险控制方面的专家、学者、实务操作者编撰《中国金融安全与风险通论》一书。该书尝试对各类金融业务中我国金融风险的主要问题进行比较清楚的阐述和解读，力争对我国的金融风险理论研究有所贡献，对金融风险的历史经验和教训有所总结，对各类金融风险发生和控制提供方法，对新的环境下金融风险产生的可能性作出揭示。在编撰过程中，我们感到，限于我们的水平和知识获得的面不够，本书很难达到编写的初衷。但是，从历史发展上看，金融改革仍在路上，金融发展也不会一蹴而就，金融风险会不断地以不同形式显现，作为金融从业者，对已经发生和得到控制的风险进行分析、评估和经验总结，是历史赋予我们的一份责任。同时，金融监管者、从业人员也需要不断地跟踪、分析，从中摸索规律，提供风险防控和处置经验，为不发生系统性金融风险作出贡献。

在本书的写作过程中，我们试图采取夹叙夹议的方式，将风险管理理论和实务操作相结合，把风险表面形态和对策经验还原清楚，把情况分析明白。书中内容呈现了作者多年从事金融风险管理工作的经验和思考，可以做为大专院校教学课程，亦可为理论和实践者做为研究与工作之用。当然，本书还有不足，如涉及系统性金融风险与金融安全之间的关系、新金融风险今后发展趋势及管控方法等，我们的探讨尚未深入。对书中可能存在的疏漏与错误，欢迎广大读者批评指正。

本书由王洪章担任主编，各章执笔人：第一章张晓燕（中国建设银行博士后），第二章周月秋（中国工商银行），第三章邓艾兵（中国建设银行），第四章丰习来（建银国际（控股）有限公司），第五章杨军（中国建设银行），第六章宋海林（中国建设银行），第七章何振（中国建设银行博士后），第八章郭世邦（平安银行），第九章张涛（中国建设银行）、徐忠（中国银行间市场交易商协会）。在编写过程中，王巍对本书内容和表述方式提出了很好的建议，并推荐龙白滔、盛溢两位专家对数字货币风险和2020年初发生在美国的股市熔断事件做了分析和介绍，列为本书附录。本来还有一篇关于“国际账户原油产品风险分析”的研究文章，考虑到此次风险事件产生的背景比较复杂，涉及期货规则、客户服务、产品设计、风控体系及监管等方方面面，就不列在本书附录内了。王洪章、俞勇做了全书总撰，丰习来写了前言，宋海林负责本书的沟通协调，薛胜利、刘进、汪兴隆、郝爱群、彭彬哥、孙建政、李秀昆、陈刚、段小茜、王雪磊等在书稿修改过程中提出了宝贵意见。

中国人民银行原行长戴相龙对本书提出了重要修改意见，并欣然为本书作序，在此一并表示衷心的感谢！

编者

2020年7月